GUIDE BELLES LETTRES

Collection

dirigée

par

Jean-Noël Robert

DES CIVILISATIONS

DU MÊME AUTEUR

Avec E. Cassin, *Anthropologie et anthroponymie de Nuzi*, Undena Publ.,
   Malibu, 1977
La chute d'Akkadé, l'événement et sa mémoire, Dietrich Reimer Verlag,
   Berlin, 1986
Chroniques mésopotamiennes, Les Belles Lettres, Paris, 1993
Écrire à Sumer, l'invention du cunéiforme, Seuil, Paris, 2000

En préparation

Que reste-t-il de Sumer, d'Assur, de Babylone ?, Seuil, Paris
Le devin historien en Mésopotamie, Brill, Leyde.

Crédit des illustrations

   – 01-90 UMS-844 Catherine Finetin : pp. 21, 22, 26, 30, 33, 36, 40-41.
   – Éditions Armand Colin, J.-C. Margueron, *Les Mésopotamiens*, Paris, 1991 : pp. 70 bas,
73 haut, 82.
   – British Museum (D. R.) : p. 287 bas.
   – Éditions Gallimard, dessin de Claude Abeille : p. 271.
   – Éditions Hachette, J.-C. Margueron et L. Pfirsch, *Le Proche-Orient et l'Égypte antiques*,
Paris, 1996 : pp. 64, 66, 124, 234, 268-269.
   – Éditions Peeters (*Babylonian Topographical Texts*, A. George, *Orientalia Lovaniensia
Analecta*, vol. 40, Louvain) : pp. 74-75, 76.
   – *Reallexikon der Assyriologie* (D. R.) : pp. 81, 255.
   – Éditions du Seuil (Georges Roux, *La Mésopotamie*, Paris, 1985) : pp. 273, 274 bas, 295 bas.
   – R. Vallet, thèse inédite (D. R.) : p. 70 haut.
   – L. Woolley, *Mésopotamie, Asie antérieure. L'art ancien du Moyen-Orient*, collection « L'art
dans le monde », Albin Michel, Paris, 1961 (D. R.) : p. 265 bas.

JEAN-JACQUES GLASSNER

LA MÉSOPOTAMIE

LES BELLES LETTRES

DANS LA MÊME COLLECTION

Rome par J.-N. Robert

La Chine classique par Ivan P. Kamenarović

La Grèce classique par Anne-Marie Buttin

L'Islande médiévale par Régis Boyer

L'Inde classique par Michel Angot

L'Empire ottoman, XVᵉ-XVIIIᵉ siècle par Frédéric Hitzel

À paraître

Les Espagnes
L'Égypte des pharaons
Le Moyen Âge en France des XIᵉ et XIIIᵉ siècles
L'Empire carolingien
Les Khmers
Le Tibet
L'Iran médiéval
La Mongolie de Gengis Khan
Le Siam
L'Amérique espagnole
Le Japon d'Édo
Les Mayas...

Pour consulter notre catalogue et découvrir nos nouveautés :
www.lesbelleslettres.com

© 2002, Société d'édition Les Belles Lettres
95, bd Raspail, 75006 Paris.

ISBN : 2-251-41017-1

Mésopotamie est un toponyme qui invite au voyage. À leur manière la Bible et les auteurs classiques ont conservé le souvenir de cette antique contrée qui se situait, comme son nom l'indique en grec (*mesos*, « milieu », et *potamos*, « fleuve »), entre les fleuves, à savoir le Tigre et l'Euphrate.

Le mot, à vrai dire, est étranger au pays lui-même. Ce n'est, tout au plus, que dans la langue des Amorrites de Syrie du Nord, au XVIIIe siècle avant notre ère, et dans quelques sources tardives, qu'il apparaît pour désigner les espaces qui s'étendent entre les cours moyens des deux fleuves bibliques.

Du reste, cachées derrière ce terme unique, ce ne sont pas moins de trois cultures, fort dissemblables et toutefois très proches, qui se laissent découvrir par l'observateur : celle de Sumer, en Irak méridional, qui fleurit entre le IVe et le début du IIe millénaire ; celle de Babylone, au cœur de la plaine alluviale, qui s'épanouit aux IIe et Ier millénaires ; celle, enfin, de l'Assyrie, plus au nord, à l'est du cours moyen du Tigre et sur les premiers contreforts du Zagros, qui brille également aux IIe et Ier millénaires. Des sensibilités différentes les séparent ainsi que des façons spécifiques de se voir dans le monde, même si des références textuelles communes, souvent, les unissent.

C'est toujours grâce aux témoignages de la Bible et des auteurs classiques que nous connaissons les noms de quelques capitales prestigieuses : Ur en Chaldée, réputée pour avoir été la patrie d'Abraham ; Ninive, l'orgueilleuse capitale de l'empire assyrien, vouée à la ruine par les imprécations des prophètes ; Babylone, enfin, la grande prostituée, avec sa

COMMENT UTILISER CE GUIDE ?

Il est, certes, possible de lire ce livre chapitre après chapitre, pour découvrir un panorama des sociétés mésopotamiennes ; mais il est aussi conçu pour que le lecteur puisse y trouver rapidement (et en extraire) des informations précises sur un sujet qui l'intéresse. Il est donc conseillé :
– de se reporter au sommaire : chaque chapitre est divisé en rubriques (avec des renvois internes) qui permettent de lire, dans un domaine choisi, une notice générale. En outre, les autres rubriques du chapitre complètent l'information. Au début de chaque chapitre, une introduction situe le sujet dans une

tour, que fit ériger le tyran Nemrod, et ses jardins suspendus, attribués par les uns à la reine Sémiramis, élevés par les autres au rang de merveille du monde. Et la Bible ne donne-t-elle pas le nom d'**éden** au paradis originel, **un terme qui n'est autre qu'un vieux mot sumérien désignant une terre cultivée, un jardin ?**

Si l'on excepte ces témoignages auxquels on peut ajouter ceux des quelques rares voyageurs qui sillonnèrent la région à partir du XIIe siècle de notre ère, on ignorait tout ou presque, jusqu'à la fin du XVIIIe siècle, de ces civilisations qui avaient fleuri dans l'Antiquité. Leurs vestiges dormaient dans l'oubli sous les **tells, ces éminences postiches faites de débris accumulés et de vestiges architecturaux de toutes époques plus ou moins mêlés les uns aux autres** (et non de sable, comme on le croit trop souvent !) et qui parsèment le bassin des deux fleuves.

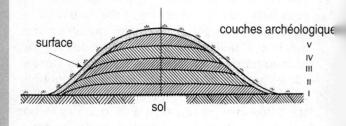

Un tell.

Les guerres incessantes, étrangères ou civiles, ont mené ces cultures, épuisées par l'effort, à leur ruine et à leur disparition. C'est à l'archéologie, au cours du XIXe siècle, que l'on doit leur redécouverte. Mais des travaux d'envergure ne commencèrent qu'après que G.F. Grotefend, en 1802, eut interprété avec succès une inscription, une épitaphe royale achéménide ; avec lui, le premier pas vers le déchiffrement des écritures cunéiformes était franchi. À sa suite, en 1836, E. Burnouf et Chr. Lassen furent à même de publier une liste très complète des signes de l'écriture vieux perse. Leurs travaux, cependant, demeurèrent ignorés. En 1843, en effet, H.C. Rawlinson, consul britannique en Perse, en déchiffrant la version vieux perse de l'inscription royale achéménide trilingue de Béhistun qu'il copia, suspendu au-dessus du vide, reprit à son point de départ tout le travail accompli par ses prédécesseurs. Huit ans plus tard, il publia la version babylonienne de la même inscription. Au même moment, E. Hincks découvrit le caractère à la fois syllabique et logographique de l'écriture babylonienne. En 1857, enfin, H. Fox Talbot proposa à Rawlinson, Hincks et J. Oppert de traduire simultanément un texte babylonien dont il avait fait l'acquisition ; les traductions concordant sur les points essentiels, l'écriture cunéiforme babylonienne était déchiffrée !

Dans l'intervalle, les fouilles archéologiques avaient débuté, même si le souci de découvrir des merveilles, au premier rang desquelles figuraient les désormais célèbres tablettes d'argile inscrites, prévalait au détriment de recherches qui privilégient des démarches et des techniques plus scientifiques. À partir de 1842, les missions archéologiques se succédèrent à un rythme intensif. En Assyrie, tout d'abord, la seule région à fournir des vestiges monumentaux en pierre et non exclusivement en argile, furent conduites les fouilles de Kuyundjik, l'antique Ninive, commencées par P.E. Botta et continuées par A.H. Layard, H. Rassam et W.K. Loftus ; celles de Khorsabad, l'antique Dur-Sharrukin, menées par P.E. Botta et V. PLace ; plus récemment, celles de Nimrud, l'antique Kalhu. Plus au sud, en Babylonie et en Susiane, dont les sites ne livraient que des ruines en argile, des recherches systématiques ne furent entreprises que plus tard. En 1877, toutefois, E. de Sarzec trouva à Tello, l'antique Girsu, des monuments jusqu'alors inconnus et que J. Oppert attribua aux Sumériens.

Parallèlement, les méthodes de fouilles firent des progrès spectaculaires ; en 1887, R. Koldewey, déjà célèbre pour avoir introduit la méthode des réseaux de tranchées parallèles et perpendiculaires, repéra pour la première fois des niveaux archéologiques.

Depuis lors, à l'exception des périodes de guerres ou de crises graves, les travaux se poursuivent inlassablement. Toutefois, on n'insistera sans doute jamais assez sur ce point, sans l'appoint des textes, la Mésopotamie serait demeurée un champ de ruines indéchiffrable promis à un prompt retour à l'oubli. Passée une première période d'euphorie où l'on vit dans les documents nouvellement exhumés et fraîchement interprétés les témoignages venant confirmer l'historicité des récits bibliques, on peut aujourd'hui étudier dans la sérénité et pour elles-mêmes la Mésopotamie et ses diverses composantes.

Ce guide n'a pas la prétention d'être autre chose qu'une introduction sommaire à un vaste sujet. Il ne vise aucunement à une connaissance exhaustive. Il n'y est présenté que ce qui est le plus sûr, ce sur quoi l'on est le mieux informé, ce qui est commun à l'ensemble de l'aire envisagée, ignorant au passage certaines particularités locales pour privilégier l'essentiel ou, du moins, le mieux connu.

Il s'adresse au lecteur débutant et n'a d'autre ambition que de lui suggérer quelques clés utiles pour une première approche. Du reste, même pour ceux qui ne cessent de l'arpenter et de la parcourir, la Mésopotamie antique conserve encore sa part d'ombre. Nos connaissances dépendant entièrement des résultats des fouilles archéologiques, inégalement réparties dans le temps et l'espace et dont nul n'ignore le caractère aléatoire, nous ne bénéficions d'un éclairage qui projette une lumière vive que sur certains moments historiques et certaines contrées, lesquels, de ce fait, se trouvent privilégiés, alors que des pans entiers de l'histoire ainsi que des provinces entières sont maintenus dans l'ombre parce que non encore explorés. C'est jusqu'à la chronologie des événements elle-même qui, à partir d'une certaine date, nous échappe.

Pour toutes ces raisons cumulées, mais également la brièveté de mise, on choisit un mode rhapsodique de présentation des faits, en laissant libre le lecteur, grâce à la bibliographie sommaire qui lui est proposée, de poursuivre l'enquête.

Il ne sera question, en outre, que de la Mésopotamie au sens étroit du terme. On ne traitera de la Syrie et du Levant, avec leurs États, comme Ébla ou Ugarit, et leurs populations, on pense par exemple aux Hurrites, que de manière allusive. Il en sera de même pour les Hittites d'Asie Mineure, pour le royaume d'Urartu en Arménie et les Élamites d'Iran et de Susiane. D'autres guides viendront, sans doute, à l'avenir, pour combler ces lacunes.

S'agissant de la transcription des termes vernaculaires, la voyelle *u* vaut pour « ou » ; les consonnes qui s'articulent toutes sont en général dures, ainsi *h* traduit-il un son fricatif.

SOMMAIRE

LA MÉSOPOTAMIE

*Entre l'atomisation et l'unification, une succession et une imbrication
de cultures hybrides*

La Mésopotamie, une terre d'oasis, de villes, de mégapoles

SOMMAIRE

L'HOMME MÉSOPOTAMIEN

L'HOMME MÉSOPOTAMIEN

SOMMAIRE

CARTES, TABLEAUX, ILLUSTRATIONS

ANNEXES

SOMMAIRE

LA MÉSOPOTAMIE

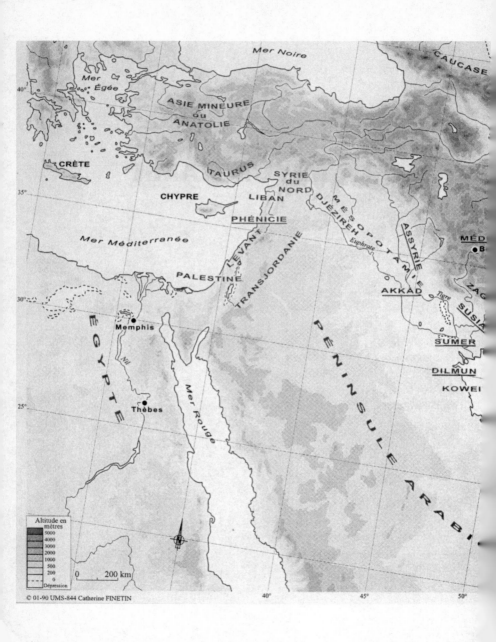
© 01-90 UMS-844 Catherine FINETIN

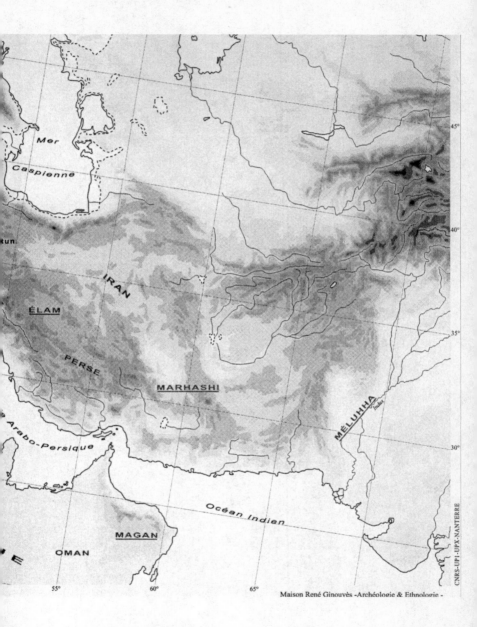

La Mésopotamie et son environnement.

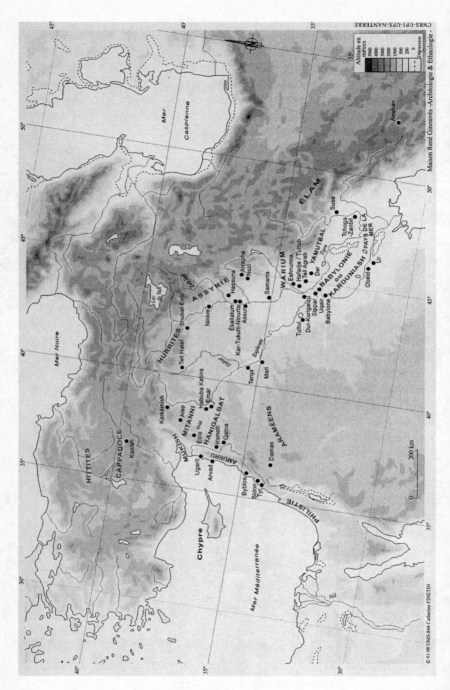

La Mésopotamie et le Levant.

I
L'HISTOIRE

Le cadre chronologique. L'histoire de la Mésopotamie s'inscrit dans la longue durée. Après d'interminables prémisses, elle commence au xxxive **siècle avant notre ère** avec l'invention de l'écriture cunéiforme pour s'achever en **539 avant notre ère** avec la conquête perse et la chute de Babylone en tant que puissance politique indépendante. Cette dernière date, toutefois, ne vaut que pour les régimes politiques : la Mésopotamie perd, certes, son indépendance pour devenir une province de l'empire perse achéménide, mais l'événement ne coïncide nullement avec l'acte de décès de sa culture ; des textes sumériens et akkadiens sont encore copiés, voire transcrits en alphabet grec, par des scribes jusqu'au iiie **siècle de notre ère**.

Nomades et sédentaires. Le cadre d'habitation habituel de la population sédentaire est **la ville**. Tout au long de l'histoire plusieurs fois millénaire de la région, l'essor urbain est ponctué par les fondations de cités. Mais à côté du citadin, un second élément de peuplement existe, le nomade éleveur de petit bétail. La Mésopotamie ancienne ne connaît guère le grand nomade chamelier qui n'apparaît qu'au dernier millénaire avant notre ère. La silhouette du nomade moutonnier qui suit le mouvement pendulaire de la transhumance de ses troupeaux lui est, par contre, tout à fait familière. On parle souvent, à propos de la Mésopotamie, de **nomadisme enclavé**, les nomades occupant l'espace non cultivé qui sépare les territoires des États urbains.

Il arrive constamment que des populations sédentaires, marginalisées ou rebelles à leur groupe d'origine, se convertissent à la vie nomade. Inversement, des pans entiers de la population nomade, attirés par le mode de vie citadin, sont régulièrement absorbés par la ville. Les membres de mêmes tribus peuvent ainsi se partager entre les deux modes d'existence, comme c'est le cas en haute Mésopotamie, au xviiie siècle.

23

D'un mot, nomades et sédentaires vivent dans une proximité telle qu'à la frange de la steppe et des terres agricoles le pasteur nomade peut se confondre avec le berger appointé d'un grand propriétaire foncier.

L'interculturalité. Dès l'instant où l'écriture nous fait connaître les langues en usage, on voit que des populations diverses, parlant des langues différentes, sont en présence et que, non contentes de voisiner sur une même aire, elles ont tendance à se mêler les unes aux autres. Les **Sumériens** (le sumérien est une langue de type agglutinant qui ne se rattache à aucun groupe linguistique connu) et les **Sémites**, ces derniers apparemment des **Akkadiens** (la langue akkadienne est une langue sémitique qui s'actualise, à partir de la fin du IIIe millénaire, dans les langues babylonienne au sud de la Mésopotamie et assyrienne au nord), cohabitent dès le IVe millénaire.

D'autres populations sémitophones se rencontrent, comme les **Éblaïtes**, au milieu du IIIe millénaire en Syrie du Nord ; d'autres se joignent à eux, au même moment ou plus tard, comme les **Amorrites**, à la fin du IIIe et au début du IIe millénaire, ou les **Araméens** et les **Chaldéens**, à la fin du même IIe millénaire.

Dans l'intervalle, les populations sumérophones ont adopté la langue babylonienne, le sumérien n'en demeurant pas moins, jusqu'au début de notre ère, un véhicule de culture comme le sera le latin au cours de notre moyen âge et à l'époque moderne. Les **Hurrites** (la langue hurrite est une nouvelle langue de type agglutinant mais sans rapport ni avec le sumérien, ni avec aucune autre langue connue) qui sont établis en Syrie du Nord dès le IIIe millénaire, s'étant agrégés quelques groupes **indo-iraniens**, fondent, au milieu du IIe millénaire, toujours en Syrie du Nord, un puissant État, le **Mitanni** ; leurs cousins, les **Urartéens**, sont installés en Arménie à la fin du IIe et dans la première moitié du Ier millénaire. Aux alentours du XVIIe siècle, les **Cassites**, une population montagnarde de l'Est et dont la langue est très mal connue, pénètrent en Syrie du Nord et en Babylonie où ils s'établissent en maîtres. En Susiane, enfin, les **Élamites** (leur langue est un ultime exemple de langue de type agglutinant, sans relation avec aucune langue connue) d'Iran luttent contre les Mésopotamiens pour la prise du pouvoir, avant d'être eux-mêmes chassés par les **Perses**.

Bref, chaque contrée, chaque province a son histoire particulière et chaque population apporte avec elle ses propres traditions tout en se laissant insensiblement couler dans le moule commun. La Mésopotamie est une **terre de métissage** ; les cultures qui y ont vu le jour sont des **cultures métisses**.

Entre l'unification et l'atomisation. La coulée de l'histoire mésopotamienne n'est pas uniforme. Ni le pays, comme on verra, ni le peuplement, comme on vient de le voir, ne s'y prêtent. Toutefois, s'agissant de la longue durée, il est possible de reconnaître trois traits qui la caractérisent :

– sous l'effet de forces antagonistes, centrifuges et centripètes, le pouvoir politique connaît une alternance entre des périodes d'unification (le centre étant rarement le même) et de morcellement. Un phénomène de bipolarisation, l'affrontement entre la Babylonie et l'Assyrie, revêt, dans ce contexte, par sa durée et son ampleur, une importance toute particulière ;

– l'arrivée périodique, l'établissement à demeure et l'assimilation relative de populations étrangères. On évoque souvent à tort, à ce propos, une théorie de la pénétration des nomades dans le milieu sédentaire qui suivrait un mouvement lent, dans l'ensemble pacifique, mais que des crises répétées ébranleraient périodiquement. La réalité est beaucoup plus complexe, des populations urbaines pouvant générer en leur sein des groupes marginalisés qui adoptent pour un temps un mode de vie nomade avant de revenir en vainqueurs dans leurs terres d'origine. Le parcours du roi **Idrimi de Mukish** est emblématique de ce point de vue (cf. Repères biographiques, sous ce nom) ;

– un état de guerre quasi permanent oppose les États mésopotamiens entre eux comme à leurs voisins étrangers, ces derniers étant, selon les époques, les **Élamites** du Plateau iranien, les **Hittites** d'Anatolie, les **Urartéens** d'Arménie ou les **Mitanniens** de Syrie, sans parler de la lointaine **Égypte**.

Ce chapitre propose **une notice sur les grandes périodes de l'histoire de la Mésopotamie,** puis une **chronologie essentielle** qui couvre les trois millénaires de l'histoire. Des **notices biographiques** de quelques acteurs de cette histoire sont regroupées en **fin de ce volume.**

LES PRÉMISSES

Entre le XIIe et le VIIIe millénaire, les chasseurs-cueilleurs nomades se muent en agriculteurs-éleveurs sédentaires, montrant une grande capacité à s'adapter à des conditions difficiles et changeantes. **De**

prédateur, l'homme devient producteur. En Mésopotamie, au milieu du VIIᵉ millénaire, avec la maîtrise de l'agriculture, débute la période que l'on appelle le **néolithique.** Une première phase en est caractérisée comme a-céramique. La seconde, qui débute au VIᵉ millénaire, se distingue par une relative homogénéité des modes de vie. De grandes familles culturelles y font successivement leur apparition (elles sont toutes désignées conventionnellement d'après le nom du site où elles furent découvertes pour la première fois) : celle de **Hassuna** (6500-6000) avec son architecture rectangulaire en brique, son habitat pluricellulaire et ses immenses greniers où toute la production est mise en commun ; celle de **Samarra** (6200-5700) avec la maîtrise des techniques de l'irrigation et l'usage de la brique moulée ; celle de **Halaf** (VIᵉ millénaire) et son architecture à plan triparti, avec salle centrale cruciforme flanquée de bas-côtés perpendiculaires.

Toutes ces cultures se développent en Mésopotamie du Nord. Avec celle d'**Obéid** (6500-3700), l'homme occupe pour la première fois la basse Mésopotamie. Cette culture connaît une expansion importante jusqu'aux côtes de la Méditerranée et du Golfe arabo-persique. Sur le plan architectural, les maisons présentent toujours une structure tripartite avec un espace central flanqué de deux ailes latérales ; par contre, nouveauté importante, de petites et multiples structures de stockage à caractère privé remplacent les grands greniers des époques antérieures.

La naissance de la civilisation urbaine

La culture d'**Uruk** (3700-3000) est la continuation de celle d'Obéid. L'architecture demeure en grande partie identique, mais elle prend des dimensions imposantes. Des constructions gigantesques au décor ostentatoire (niches, mosaïques de cônes de pierres de couleur) font leur apparition, qui sont autant de résidences des élites sociales. Elles sont érigées sur des acropoles ou des terrasses hautes artificielles au sein d'agglomérations que l'on peut désormais qualifier d'urbaines.

Avec **la ville**, une nouvelle organisation du travail se développe qu'autorisent les inventions de la roue, du tour du potier, de la voile et de la charrue. C'est également l'époque de la première métallurgie et celle, enfin, vraisemblablement entre 3400 et 3300, de l'**invention de l'écriture par les Sumériens.**

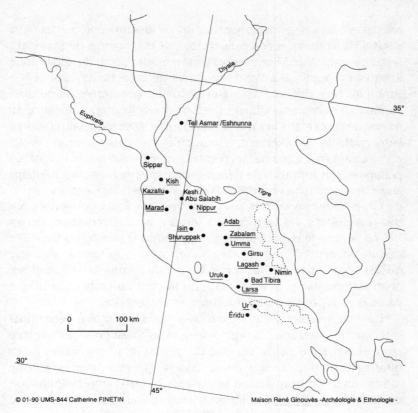

Les royaumes sumériens du IIIᵉ millénaire.
Les toponymes soulignés sont ceux des capitales d'États.

LES PREMIÈRES MONARCHIES ET LES PREMIÈRES TENTATIVES D'UNIFICATION

Les États sumériens et sémitiques du IIIᵉ millénaire

On ne connaît guère le mode d'organisation politique caractéristique de la culture d'Uruk, à la fin du IVᵉ millénaire. Le peu que l'on en sait donne à croire que l'on est en présence de petits États gouvernés par des notables siégeant en assemblées.

Au milieu du IIIᵉ millénaire, lorsque la documentation devient suffisamment explicite, un certain nombre d'États se partagent la plaine

27

alluviale et les vallées avoisinantes ; on en identifie une quinzaine. Il s'agit d'États urbains et l'on parle d'eux, souvent, comme de cités-États, un terme emprunté à l'histoire romaine mais dépourvu de signification lorsqu'il est appliqué à la Mésopotamie de cette haute époque. Ce sont, plus précisément, des unités politiques composées de groupes sociaux en nombre variable qui reconnaissent leur appartenance au même ensemble et s'inscrivent dans l'espace sur lequel ils étendent leur contrôle et exercent, de manière exclusive, leurs droits communautaires. Certaines sources laissent entendre que leurs régimes politiques, s'ils sont tous de type monarchique, se montrent hésitants entre des monarchies héréditaires et des monarchies électives.

On a voulu y voir des cités-temples, des États gouvernés par des rois-prêtres. Cette thèse est fondée sur l'observation, certes très réelle, que le temple domine de sa masse le paysage urbain. Elle déduit un peu hâtivement de ce constat que le temple possède nécessairement toutes les terres de la cité. L'idée est aujourd'hui abandonnée par la quasi-totalité de la communauté scientifique parce que dépourvue de toute base documentaire.

Par l'affirmation de droits exclusifs sur un territoire déterminé, la nature de la relation politique avec les voisins est donnée d'emblée comme négative : c'est un état de guerre quasi permanent. Les guerres sont des conflits de voisinage qui ont pour objet une modification de frontière ou la prise de butin et non l'élimination de l'adversaire. La confrontation la plus connue est celle, plus que centenaire, qui oppose les deux États voisins de Lagash et d'Umma. Un autre conflit oppose Ur à Uruk ; il s'achève au XXIVe siècle par l'unification des deux royaumes.

Les tentatives d'unification

On peut déceler dans les ambitions de certains monarques la tentation de rompre cet équilibre. On perçoit également, dans certaines sources de la première moitié du IIIe millénaire, la volonté de créer des institutions dépassant le cadre purement local et cherchant à associer plusieurs puissances au sein d'une même alliance, mais il pourrait ne s'agir que d'un effort pour assurer en commun la gestion d'un grand sanctuaire honoré par le pays de Sumer tout entier, celui du dieu Enlil à Nippur.

Si l'on excepte les cas de **Mésalim** de Kish qui arbitre certaines querelles entre royaumes voisins, d'**Éanatum** de Lagash qui conquiert plusieurs royaumes pour une courte durée, et d'**Enshakushana** qui gouverne les deux royaumes d'Ur et d'Uruk, il apparaît clairement que les équilibres sont rompus vers 2300, lorsque **Lugalzagesi** d'Umma impose son hégémonie à tous ses voisins et jette les fondements d'un premier État ayant vocation à englober tout le pays de Sumer.

Le royaume d'Ébla en Syrie du Nord

La découverte, à Ébla, au sud d'Alep, entre 1974 et 1976, d'archives du XXIVe siècle, non moins de 1 727 tablettes entières et un peu moins de 10 000 fragments importants, a porté une vive lumière sur un important royaume syrien du IIIe millénaire ; l'exploitation de ces archives, en cours, ne permet malheureusement pas encore d'en écrire l'histoire de manière satisfaisante. Le royaume est défait, au cours du XXIIIe siècle, par les rois d'Akkadé ; il ne se relèvera pas de ses ruines.

LES PREMIERS EMPIRES

Les anciens Mésopotamiens ignorent le terme d'empire dont les historiens modernes, seuls, font usage. Le mot est employé aussi bien par commodité que par habitude ; il est un réceptacle vague qui a, du moins, le mérite de contenir plusieurs notions, celles d'unification politique de la Mésopotamie, d'expansion géographique et de pouvoir royal universel.

L'empire d'Akkadé

Fondé au XXIIIe siècle, il est l'œuvre de **Sargon l'Ancien** ou **Sargon d'Akkadé** qui défait, après une guerre interminable, son principal rival, Lugalzagesi, brisant en plein essor la tentative de ce dernier de réunir la Mésopotamie sous sa houlette. Sargon est le premier souverain qui unifie la plaine mésopotamienne entière sous sa seule autorité. Le règne de **Naram-Sin**, son petit-fils, marque l'apogée de l'empire qui emprunte son nom à sa capitale non encore localisée avec certitude sur une carte et qui dure près de deux siècles.

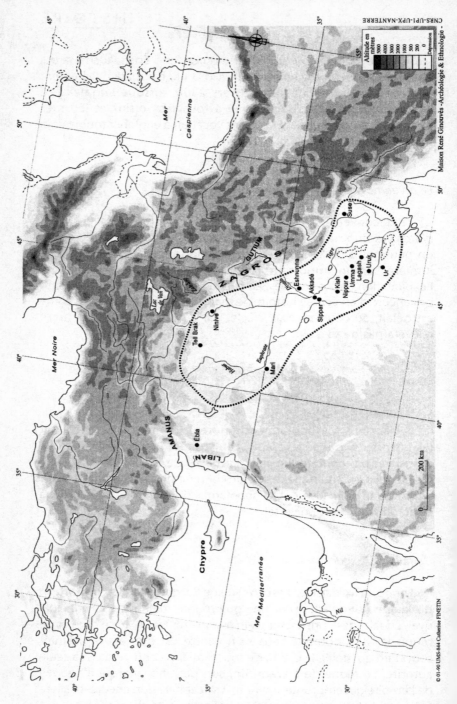

L'empire d'Akkadé.

S'agissant d'Akkadé, plutôt que d'empire qui fait référence à un ensemble de territoires reconnaissant l'autorité d'un souverain ou d'un gouvernement central, ce qui est loin d'être toujours réalisé, les interminables et incessantes guerres mésopotamiennes des rois d'Akkadé en témoignent, on préfère parler d'impérialisme dans le sens de « déploiement d'une agressivité [...] qui trouve dans le succès même de ses entreprises un nouvel aliment et qui est elle-même sa propre fin ».

L'entreprise se caractérise par son dessein universaliste qu'exprime avec force le titre de « roi d'Akkadé et roi des quatre rives (du monde) » par lequel Naram-Sin affirme ses prétentions à la souveraineté sur la terre entière conçue comme la somme de cinq parties, un centre et quatre contrées périphériques. Ce projet s'actualise dans un effort centralisateur et dans la fonction agonistique de la royauté ; il se concrétise enfin dans la constitution d'un important patrimoine, ce qu'on peut appeler l'assise foncière du régime.

a) L'effort centralisateur : **l'empire n'est jamais autre chose que l'addition des territoires des anciens royaumes vaincus placés bout à bout**. La légèreté arachnéenne des structures institutionnelles et administratives montre assez que les anciens pouvoirs locaux conservent une grande partie de leur place. La centralisation n'est autrement indiquée que par la place de la nouvelle capitale dans l'État. Mais cette centralisation est aussi personnelle, le souverain s'arrogeant tous les pouvoirs et faisant de sa présence physique un procédé de gouvernement.

b) La conception agonistique de la souveraineté : **l'existence de l'empire est subordonnée au sort des armes**. Les campagnes mésopotamiennes et les guerres lointaines sont les deux facettes d'une seule et même réalité, la victoire. C'est elle qui, constamment répétée, assure la pérennité de l'entreprise impériale. Mais la guerre n'est pas une fin en soi. Les souverains akkadiens la conduisent dans une double perspective : vaincre les forces d'opposition pour prendre en charge quelques-uns des moteurs de l'économie qui leur sont essentiels ; rapporter du butin. La guerre est une activité économique régulière.

c) L'assise foncière du régime : **les vainqueurs reçoivent en partage une partie des biens fonciers des vaincus**. La possession de la terre est subordonnée à la victoire comme elle l'est à l'appartenance à la caste des vainqueurs. Les grands domaines ainsi créés se caractérisent par leur capacité à produire directement tout ce qui est nécessaire à la satisfaction des besoins matériels de leurs détenteurs, les activités y étant guidées par la nécessité de répondre aux besoins de consommation des castes dirigeantes et à la réalisation matérielle de leurs projets politiques et militaires.

Aux yeux de la postérité, l'époque d'Akkadé est conçue comme la plus brillante et la plus glorieuse de l'histoire mésopotamienne.

La chute d'Akkadé

Le système institué par Sargon suscite les rivalités autour de la personne du roi et la défaite finit par chasser le vainqueur d'hier. **La compétition pour le pouvoir provoque la ruine de l'empire.**

À la charnière des XXIIe et XXIe siècles, les rois d'Akkadé perdent le contrôle du Sud sumérien. Leur pouvoir ne s'exerce plus guère qu'aux alentours de la ville d'Akkadé et dans la vallée de la Diyala. Ailleurs, c'est le temps des épigones. Uruk, Lagash, Umma, Ur, d'autres villes encore proclament leur indépendance. Alors que certains roitelets revendiquent l'héritage de l'empire défunt, comme Utuhégal d'Uruk, ou que d'autres se contentent de régner sur une principauté, comme Gudéa de Lagash, à Umma, pendant un temps apparemment très court, des souverains étrangers, d'origine guti (les Guti sont une population du Zagros qui vit de l'élevage de troupeaux), s'installent sur le trône. Cette division est mise à profit par les Élamites qui conduisent plusieurs raids en Mésopotamie centrale et méridionale. Mais le roi d'Ur, Ur-Namma, très vite, rétablit la situation.

L'empire d'Ur

Le pouvoir paléo-akkadien est encore solidement installé en Mésopotamie centrale lorsque le Sud sumérien fait défection. L'autorité royale menace d'être remise en question lorsque **Ur-Namma** et, après lui, son fils **Shulgi** réagissent vivement à cette situation en fondant l'empire d'Ur qui dure approximativement un siècle. Ils font reposer leur pouvoir sur une bureaucratie dont l'importance est si frappante que les historiens en font la marque essentielle de leur État. **Le nouvel empire se dote de limites stables qui prennent un sens politique, fiscal et militaire. En deçà de cette frontière, les souverains imposent leur justice, leur administration, leur fiscalité, leurs poids et mesures, leur calendrier, en un mot leur ordre.**

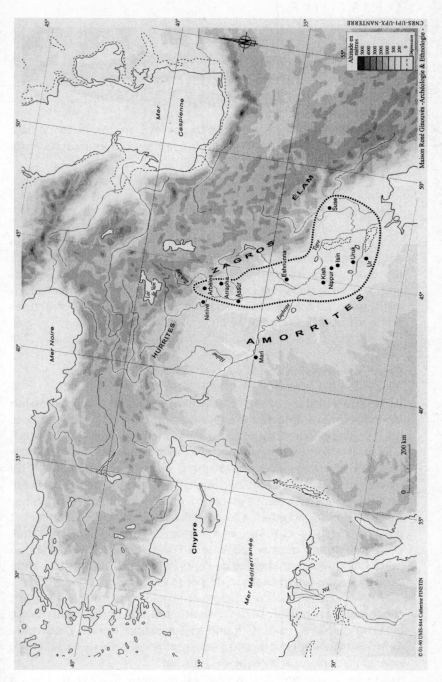

L'empire d'Ur.

LA MÉSOPOTAMIE

LA SUCCESSION D'UR ET LE TEMPS DES ÉQUILIBRES ÉPHÉMÈRES

Entre **2004**, date de la prise d'Ur par les Élamites, et **1595**, date de la prise de Babylone par les Hittites, la Mésopotamie oscille entre l'unification et l'éclatement.

L'héritage d'Ur

À **Isin**, **Ishbi-Erra**, un haut dignitaire de l'empire d'Ur et l'un des principaux artisans de sa chute, fonde **une dynastie qui**, pendant un temps, **se pose comme le successeur des rois d'Ur**. Ses rois empruntent à Ur les titulatures, le mode de gouvernement et les institutions. La fin de la dynastie marque l'abandon des structures étatiques faisant référence à l'empire d'Ur.

L'équilibre incertain

Les rois d'Isin ne peuvent durablement empêcher ni la **progression des populations amorrites** (le terme amorrite ne dit pas autre chose que l'origine géographique de ces populations qui viennent du nord-ouest), ni la constitution de royaumes rivaux dont les uns réclament leur part d'héritage alors que d'autres, au contraire, s'éloignent du modèle que leur offre l'empire défunt. Dans le même temps, nombre de petits royaumes voient s'établir à leur tête des dynastes amorrites, car les Amorrites accèdent à tous les échelons de la vie politique. Les principaux États sont : au sud, les royaumes de **Larsa**, de Lagash, d'Uruk et de **Babylone** ; dans la vallée de la Diyala, celui d'**Eshnunna** ; au nord, l'**Assyrie** ; dans la vallée de l'Euphrate, **Mari**. **La Mésopotamie est redevenue une mosaïque de petits États rivaux.**

À la fin du xixᵉ siècle et durant la première moitié du xviiiᵉ, cependant, un équilibre se dessine entre trois royaumes, celui d'Alep, en Syrie du Nord, celui de haute Mésopotamie qui est l'œuvre de **Samsi-Addu** et qui comprend l'Assyrie et Mari, celui de Larsa, enfin, principalement sous le règne de **Rim-Sin**.

Les gesticulations des rois mésopotamiens n'échappent pas à l'Élam qui intervient militairement, avec des succès relatifs, dans les affaires mésopotamiennes. Car la grande puissance du temps est alors extérieure à la Mésopotamie proprement dite, elle se trouve en Iran. Il s'agit du royaume élamite dont la capitale est **Anshan** et dont le souverain porte le titre de *sukkalmah*, un emprunt au vocabulaire institutionnel de l'empire d'Ur.

Hammurabi de Babylone

Mais le vrai vainqueur de toutes les guerres est **Hammurabi** de Babylone. Héritier d'un royaume obscur sis sur les rives de l'Euphrate, par son sens aigu de la diplomatie et ses qualités de chef de guerre, il parvient à éliminer tour à tour ses rivaux et à unifier pour un court moment la Mésopotamie entière sous sa houlette. Ses victoires contre Larsa et Mari sont les plus importantes et les mieux connues. Son œuvre législative : il lègue à la postérité un **code** qui porte son nom ; l'activité culturelle et littéraire développées sous son règne marqueront l'histoire ultérieure de la Mésopotamie. Mais la construction politique qu'il érige disparaît peu après sa mort. À dire vrai, il lègue à son successeur **Samsu-iluna** une ébauche que celui-ci n'aura pas le loisir d'achever. Le sud du royaume fait défection. L'entreprise n'est qu'éphémère.

LES RIVALITÉS ENTRE LES GRANDES PUISSANCES

Les siècles obscurs

Dans les premières années du XVIe siècle, la ville de Babylone est prise d'assaut par le roi hittite Mursili Ier. Elle n'est plus, alors, que la capitale d'un royaume moribond. Le sud du pays est sous l'autorité de rois du « Pays de la mer ». Après le départ des Hittites, un Cassite monte sur le trône, apparemment laissé vacant. **Les Cassites sont une population étrangère**. Ils font leur apparition au XVIIIe siècle, offrant alors leurs services comme mercenaires ou comme manœuvres aux souverains du temps. Mais ils finissent par menacer militairement et politiquement la plaine alluviale. Leur mouvement est d'abord détourné vers la Syrie du Nord et la moyenne vallée de l'Euphrate.

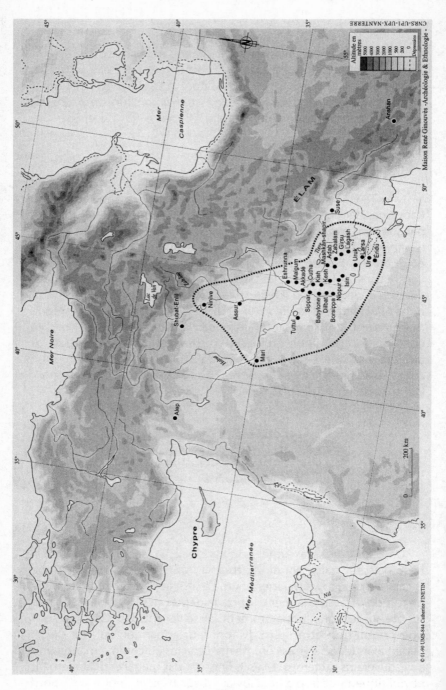

Altitude en
mètres

5000
4000
3000
2000
1000
500
200
0

Dépression

Mer Caspienne

ELAM

Suse

Eshnunna
Maigum
Akkadé
Cutha
Zimu
Kish
Masihân-shapir
Kesh
Adab
Sippar
Babylone
Dilbat
Borsippa
Nippur
Isin
Zabalam
Girsu
Lagash
Uruk
Larsa
Ur
Eridu

Anshan

Lac de Van
Lac d'Ourmiah

Ninive

Assur

Shubat-Enlil

Tuttul

Habur

Mari

Mer Noire

Alep

200 km

0

Chypre

Mer Méditerranée

Nil

© 01-90 UMS-844 Catherine FINETIN

Le royaume de Hammurabi.

La dynastie qu'ils fondent s'apprête à régner sans partage sur la Babylonie, désormais désignée sous le nom de **Karduniash**, jusqu'au milieu du XIIe siècle.

Toujours au XVIe siècle, l'Assyrie est peut-être une principauté vassale du royaume du **Mitanni** ou **Hanigalbat** (les deux termes sont en usage) qui englobe toute la Syrie du Nord et exerce sa suzeraineté, également, sur deux autres royaumes au moins, ceux de Mukish et d'Arrapha. À sa tête se trouvent des Hurrites auxquels sont mêlés des groupes indo-aryens ; la langue diplomatique en est le hurrite ; la capitale, Washukanni, n'a pas encore été retrouvée.

L'histoire du royaume est mal connue ; ses rois combattent en alternance, avec des succès inégaux, les troupes hittites venues d'Anatolie et les armées égyptiennes, l'Égypte cherchant à étendre ses possessions asiatiques. Vers 1300, le Mitanni, en proie à la guerre civile, est vaincu et annexé par l'Assyrie.

À partir du XVe siècle, deux grands États existent en Mésopotamie qui n'ont rien, comme c'était le cas précédemment, de sommes d'anciens royaumes vaincus et agrégés les uns aux autres. Ils sont, en outre, formés pour durer. Il s'agit de l'Assyrie, au nord, où se développe rapidement un fort sentiment national, et de la Babylonie, au sud, unifiée autour de sa capitale, Babylone, et dont l'unité devient la règle.

Assyrie et Babylonie : la confrontation

La jeune Assyrie se lance immédiatement dans une politique expansionniste en direction de l'Arménie, de la Syrie du Nord et de la Babylonie. Sous **Tukulti-Ninurta Ier**, Babylone est soumise et occupée, le monarque assyrien se revêtant des deux couronnes. Après sa mort, l'Assyrie connaît des difficultés intérieures et Babylone recouvre son indépendance. Mais les **Araméens** apparaissent à l'ouest, coupant les routes commerciales. Au même moment, l'**Élam** s'engage une nouvelle fois dans une politique annexionniste en Babylonie : le roi **Shutruk-Nahhunté** consacre tout son règne à la conquête du pays. Aucune ville de Babylonie n'est épargnée ; les principaux témoins de son passé prestigieux, depuis une stèle de Naram-Sin d'Akkadé jusqu'à un exemplaire du code de Hammurabi, sont emportés comme butin en Élam.

À la fin du XIIe siècle, **Téglath-phalasar Ier** rétablit la puissance assyrienne, menant une guerre acharnée contre les Araméens, toujours plus agressifs, et conquiert une seconde fois Babylone. L'opération est toutefois sans lendemain.

Dans l'intervalle, une **nouvelle dynastie originaire d'Isin** s'est installée sur le trône de Babylone dont les Cassites ont été évincés. Son principal représentant, **Nabuchodonosor Ier**, met fin aux ambitions élamites, mais essuie des revers face à l'Assyrie.

L'EXPANSION ARAMÉENNE

Antérieurement à 1200, les **Araméens** ne sont évoqués que sporadiquement dans les sources. Cette appellation générique voile le fait qu'ils ne forment pas un groupe unifié. Or, seule la langue est ce qu'ils ont en commun ; elle appartient au groupe des langues sémitiques du Nord-Ouest. Dans la poussière des petits États et des petites principautés levantines, ce sont des marginaux issus d'environnements divers. Dès 1200, ils constituent un facteur majeur, sur le plan politique et culturel, de l'histoire du Proche-Orient ancien. À partir du XIe siècle, ils se répartissent entre une pluralité d'entités politiques indépendantes et d'importance variable, principalement au Levant, sur le cours supérieur de l'Euphrate et, plus à l'est, sur le cours oriental du Tigre. Au Levant, plusieurs petits États urbains, souvent désignés comme cités-États, sont centrés sur une capitale, généralement une ville au brillant passé. Les plus connus sont Damas, Hamath, Bit Agusi avec sa capitale Arpad, Bit Adini avec sa capitale Til Barsip, Sam'al, Bit Bahiani avec sa capitale Guzana. À l'est, sur le cours inférieur du Tigre, ils forment plusieurs groupes tribaux, les Gambuléens, les Puqudéens et les Ituéens. À partir du IXe siècle, certains de leurs groupes adoptent l'alphabet phénicien pour noter leur langue.

C'est l'affaiblissement des grands États en compétition qui leur ouvre la possibilité, au cours du XIIe siècle, de s'organiser en petits royaumes, leurs rangs étant grossis par l'arrivée de paysans ruinés ou de nomades appauvris. Dans cette hypothèse, il ne se produit pas, à proprement parler, d'invasion, mais on assiste à un mouvement progressif vers une prise du pouvoir par une population qui occupe d'une manière toujours plus massive des territoires dépeuplés ou laissés en déshérence par des pouvoirs affaiblis. C'est au Levant que les Araméens remportent leurs plus grands succès et constituent leurs États les plus puissants.

La résistance assyrienne et babylonienne

Les Assyriens réussissent, dans un suprême effort, à détourner le flot araméen vers la Babylonie qui se montre incapable d'organiser la résistance. Les cultes y sont interrompus, les temples livrés au pillage, comme à Sippar ; c'est jusqu'à la fête du nouvel an à Babylone qui ne peut être célébrée régulièrement.

Du fait des nouveaux venus et de la guerre qui l'oppose à l'Assyrie, la monarchie babylonienne, affaiblie, n'est plus en mesure de contrôler l'ensemble du royaume, principalement les parties centrales et méridionales. Si certaines villes sont placées sous la coupe de l'Assyrie, d'autres acquièrent une autonomie plus ou moins grande. Par ailleurs, des populations dont on ignore l'origine, les **Chaldéens**, s'établissent sur une partie substantielle du territoire où elles fondent divers petits États, principalement le Bit-Dakkuri, le Bit-Yakin et le Bit-Amukkani. Ces nouveaux États semblent avoir, à leur tête, des membres de riches familles babyloniennes partis s'établir loin des désordres de la capitale.

LES GRANDS EMPIRES DU Ier MILLÉNAIRE

L'empire néo-assyrien

Du moment de sa renaissance, l'État assyrien inclut les Araméens au rang des populations de l'empire. Un témoin particulièrement éloquent de cette araméisation est la statue de Tell Fekheriye (IXe siècle) : le personnage représenté porte un nom araméen, alors que son père porte un nom araméen noté selon la prononciation assyrienne ; en outre, le personnage principal est qualifié de « roi » dans la version araméenne de l'inscription et de « gouverneur » dans la version assyrienne ; il s'agit donc d'un roitelet araméen ayant accepté de faire allégeance à l'Assyrie et ayant intégré la haute administration de l'empire. Un autre témoignage de cette politique consiste dans l'araméisation de la langue assyrienne dès le VIIIe siècle, laquelle se développe parallèlement avec l'emploi de peaux comme support de l'écriture alphabétique. Pour préserver l'usage de la langue assyrienne et de l'écriture cunéiforme sur tablettes d'argile, les rois

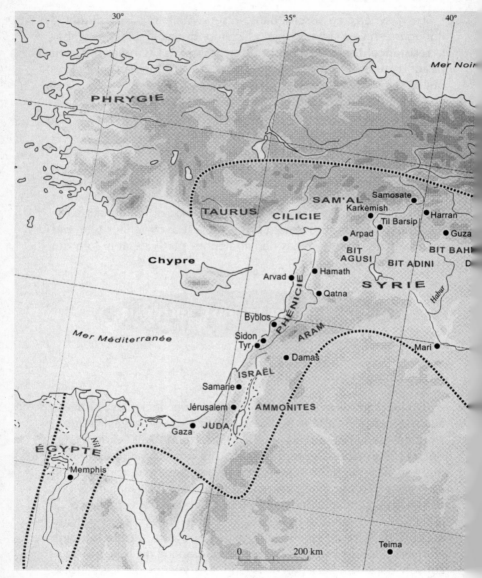

L'empire néo-assyrien à son apogée.

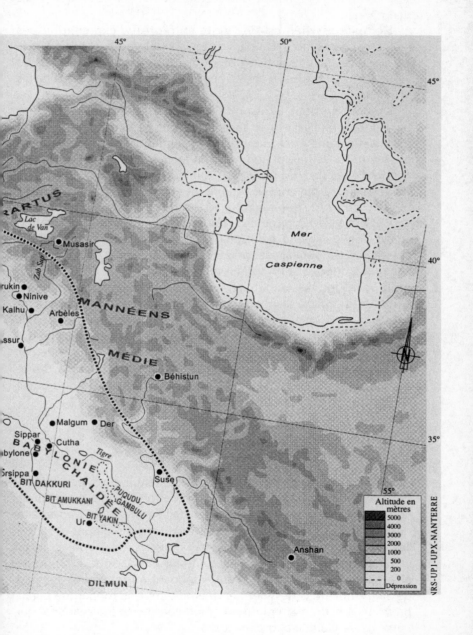

RARTUS

Lac de Van

Musasir

Zab Sup

rukin
Ninive
Kalhu
Arbèles
ssur

MANNÉENS

MÉDIE

Béhistun

Mer Caspienne

45°

50°

45°

40°

35°

55°

Malgum ● Der
Sippar
Cutha
BABYLONIE
bylone
Srsippa
BIT DAKKURI
BIT AMUKKANI
BIT YAKIN
Ur

CHALDÉE

Tigre

PUQUDU
GAMBULU

Suse

Anshan

DILMUN

Altitude en mètres
5000
4000
3000
2000
1000
500
200
0
-------- Dépression

NRS-UPI-UPX-NANTERRE

41

sont contraints de prendre des décrets, de manière erratique. Mais rien n'y fait.

L'empire assyrien est une vaste entreprise d'exploitation des ressources des vaincus. Les pays conquis sont intégrés et transformés en provinces ; au Levant subsistent des États vassaux contraints de verser un tribut annuel et étroitement surveillés par des fonctionnaires assyriens.

De bout en bout, d'Assurnasirpal II à Sennachérib, en passant par Téglath-phalasar III et Sargon II, pour ne citer qu'eux, le fait militaire tient une place immense ; les grandes batailles sont de vraies catastrophes, détruisant hommes et matériel, épuisant les ressources économiques par des ponctions toujours plus lourdes. C'est sans doute le prix à payer pour réduire les ennemis les plus puissants : l'Urartu au nord, qui convoite les grandes routes commerciales conduisant à la Méditerranée ; l'Élam à l'est, qui entretient l'agitation en Babylonie ; l'Égypte, enfin, plus éloignée, qui soutient les rébellions et les actes de résistance des principautés levantines, et qui est envahie par Asarhaddon, à la fin de son règne.

Tout au long de son histoire, l'Assyrie, malgré diverses tentatives, se montre incapable d'apporter une solution satisfaisante à la question babylonienne. Sous le règne de son frère, Assurbanipal, c'est depuis Babylone que Shamash-shum-ukin déclenche la guerre civile qui secoue l'empire jusque dans ses fondements. L'Assyrie ne s'en remet pas. Elle disparaît en un laps de temps fort court, victime d'une guerre civile, de la révolte de Babylone et de l'assaut d'un nouvel adversaire étranger, les Mèdes.

L'empire néo-babylonien

Il n'est guère qu'un prolongement de l'empire assyrien. L'Élam rudement traité par Assurbanipal, les Mèdes préoccupés par d'autres horizons, l'Urartu anéanti, seule l'Égypte fait encore figure d'adversaire de taille. Partant, c'est en Syrie, pour réprimer des séditions et contre ses armées, que les rois néo-babyloniens, Nabopolassar et Nabuchodonosor II, font porter tout leur effort. Sous le règne de Nabonide, des réformes religieuses tendant à promouvoir le culte de Sin semblent se dessiner ; en même temps, le monarque paraît prêter beaucoup d'attention au grand commerce international qui passe par le Golfe arabo-persique.

LA MÉSOPOTAMIE

ÉPILOGUE

À la fin de l'été 539, Babylone tombe entre les mains de **Cyrus**. C'est la fin de son indépendance politique. **Province de l'empire achéménide** de 539 à 331, la Mésopotamie connaît deux siècles de paix. Terre agricole particulièrement prisée, les centres ruraux s'y développent au détriment des villes. Centre de l'empire sous **Alexandre**, elle devient sous les **Séleucide**s (310-milieu du IIe siècle) l'une des principales provinces de l'empire. À partir du milieu du IIe siècle avant notre ère, la partie orientale est rattachée à **l'État parthe**.

Mais la culture mésopotamienne ne disparaît pas pour autant. Le dernier texte cunéiforme daté est écrit à l'aube de notre ère, et l'on sait qu'il existe, en Syrie et en Mésopotamie, jusqu'au IIIe siècle, des savants capables d'enseigner les langues de la Mésopotamie ainsi que l'écriture cunéiforme à des élèves qui continuent à copier des textes et, parfois, à les transcrire en alphabet grec. Certes, il n'existe plus, du temps d'Alexandre, qu'un monde sclérosé ayant abandonné le babylonien au profit de l'araméen, et seules quelques familles de scribes assurent encore un semblant de continuité.

CHRONOLOGIE FONDAMENTALE

[NB : sont mis entre crochets les événements survenus hors de Mésopotamie, en Iran ou au Levant.]

La chronologie de la Mésopotamie est soumise à de nombreuses incertitudes. Plusieurs systèmes chronologiques utilisés par les historiens sont en présence, fondés notamment sur des données astronomiques repérées dans des textes. Ils dépendent principalement de la date que l'on attribue au règne de Hammurabi de Babylone ou à la prise de Babylone par les Hittites. Quels qu'ils soient, nous savons au moins qu'ils sont tous faux. D'autres computs, propres aux archéologues, sont également en usage, surtout pour les hautes époques, le IIIe millénaire et antérieurement ; ils prennent appui, notamment, sur les méthodes de datation fondées sur la déperdition du carbone radio-actif ; ils n'offrent pas autre chose que des ordres de grandeur. Seules les dates postérieures à 1200 sont assurées.

LES ORIGINES

VIIe millénaire : cultures de Hassuna et de Samarra en Mésopotamie du Nord ; culture d'Obéid en Mésopotamie du Sud.
VIe millénaire : culture de Halaf en Mésopotamie du Nord.
V^e millénaire : culture d'Obéid.
IVe millénaire : culture d'Uruk.
XXXIVe siècle : invention de l'écriture.

LA MÉSOPOTAMIE ATOMISÉE : L'ÉPOQUE DITE DU « DYNASTIQUE ARCHAÏQUE »

XXVIIIe siècle : Mébaragesi, roi de Kish : la plus vieille inscription royale connue.

XXVIe siècle : Mésalim, roi de Kish. Meskalamdu, roi d'Ur. Dans cette dernière ville, certains rois et certaines reines sont enterrés dans des tombes avec dépôts funéraires d'un luxe inouï, sans compter les corps de palefreniers, de soldats, de servantes et de musiciens dont le nombre peut dépasser les soixante-dix individus. Ur-Nanshé, un homme nouveau, fonde à Lagash une dynastie qui dure plus d'un siècle.

XXVe/XXIVe siècles : une guerre de cent ans oppose les deux royaumes de Lagash et d'Umma. À Umma : règnes de Ush, Enakalé, Urlumma, Ila. À Lagash : règnes d'Éanatum, un grand guerrier et grand conquérant, et d'Enméténa. À Ur : règnes de Mesanépada et de son fils A'anépada. À Uruk : règnes d'Enshakushana, de Lugalkinishédudu et de Lugalgiparsi.

Fin du XXIIIe siècle : À Kish : règne d'Ur-Zababa ; à Lagash : règne d'Irikagina ; à Uruk : règne de Lugalzagesi, un prince d'Umma qui part progressivement à la conquête des royaumes voisins.

L'EMPIRE D'AKKADÉ

2285-2229 : règne de Sargon l'Ancien, fondateur de la dynastie d'Akkadé ; pour la première fois de son histoire, la Mésopotamie est unifiée sous l'autorité d'un seul.

2202-2166 : règne de Naram-Sin, petit-fils de Sargon ; lors de son intronisation, il doit faire face à la révolte généralisée de ses États. Apogée de l'empire. Paix avec l'Élam. Destruction du royaume d'Ébla. Expédition en Oman dont les armées sont vaincues au cours d'une bataille navale.

2165-2140 : règne de Shar-kali-sharri, fils de Naram-Sin. Affaiblissement de l'empire. Le Sud sumérien se rend indépendant ; le gouverneur de la province de Lagash, le scribe Lugalushumgal, se proclame roi de Lagash.

fin XXIIe siècle et début XXIe siècle : les derniers rois d'Akkadé contrôlent encore la Mésopotamie centrale et la vallée de la Diyala. Plusieurs principautés indépendantes se partagent le pays de Sumer où plusieurs noms se distinguent : Utuhégal, roi d'Uruk ; Gudéa, roi de Lagash ; une dynastie locale reconnaît, au moins pendant un temps, à Umma, l'autorité de souverains du Gutium, un pays situé dans les montagnes du Zagros ; à Ur, prise du pouvoir par Ur-Namma. Expéditions militaires élamites en Mésopotamie centrale et méridionale dont l'une, au moins, est conduite par le roi Kutik-Inshushinak.

L'EMPIRE D'UR

2112-2095 : règne d'Ur-Namma ; fondation de l'empire d'Ur.

Début du XXIe siècle : effondrement de l'État d'Akkadé ou de ce qu'il en reste.

2094-2047 : règne de Shulgi ; organisation de l'empire. Guerres contre les Élamites en Iran, contre les montagnards du Zagros, contre les Hurrites, sur la frontière nord.

À partir de 2035 : arrivée toujours plus massive de populations amorrites venues de l'ouest et qui submergent tous les barrages érigés contre elles, notamment le système de défense appelé « mur des Amorrites » et édifié par le roi Shu-Sin (2037-2029).

2028-2004 : règne d'Ibbi-Sin ; chute de l'Empire d'Ur sous l'effet conjugué de soulèvements divers (principalement la rébellion d'un haut dignitaire du nom d'Ishbi-Erra qui parvient à interrompre l'alimentation de la capitale en vivres), et d'attaque étrangère ; les Élamites s'emparent de la ville d'Ur, la capitale du royaume.

L'ÉPOQUE DITE PALÉO-BABYLONIENNE

• **L'HÉRITAGE CONTESTÉ**

a) Le royaume d'Isin

2017-1985 : Ishbi-Erra y fonde une dynastie qui revendique l'héritage de l'empire d'Ur. Il passe l'essentiel de son règne à combattre les Élamites.

LA MÉSOPOTAMIE

L'HISTOIRE

1974-1954 : règne pacifique d'Iddin-Dagan. La littérature en langue sumérienne connaît un dernier et brillant sursaut.

1934-1924 : règne de Lipit-Ishtar, dernier représentant de la dynastie, auteur d'un code de lois qui passera pour exemplaire à la postérité.

Les principaux rivaux d'Isin sont :

b) Le royaume d'Eshnunna ou de Warium

Fin du XXIᵉ siècle : le royaume acquiert son indépendance dès le début du règne d'Ibbi-Sin.

Début du XIXᵉ siècle : règne de Bilalama.

c) Le royaume de Larsa

Fin du XXIᵉ siècle : un amorrite du nom de Naplanum y fonde une dynastie du vivant d'Ibbi-Sin.

d) Le royaume d'Assur

Fin du XXIᵉ siècle : cette province de l'empire d'Ur quitte la sphère babylonienne et devient un royaume indépendant.

Milieu du XXᵉ siècle : un certain Puzur-Ashur y fonde une dynastie dont le membre le plus connu est Ilushuma, qui mène campagne en Babylonie et ouvre aux hommes d'affaires de sa ville des marchés auxquels ils n'avaient apparemment pas encore accès.

• **LA MÉSOPOTAMIE DIVISÉE ET LE TRIOMPHE POLITIQUE DES AMORRITES**

a) Le royaume de Larsa

Vers 1930 : avec les règnes de Gungunum, Abisaré et Sumu-El, la puissance économique et militaire de l'État s'affirme. Ces rois favorisent le commerce, fortifient les villes, développent l'irrigation, mènent avec succès des campagnes contre Isin et l'Élam.

1865-1843 : apogée de la dynastie, sous les règnes de Nur-Adad et de Sin-idinnam.

1835 : prise de Larsa par un roi de Kazallu, une petite principauté voisine.

1834 : Kudurmabug, cheikh du Yamutbal, s'empare de Larsa, où il installe successivement ses deux fils Warad-Sin et Rim-Sin, sur le trône.

1834-1823 : règne de Warad-Sin.

1822-1763 : règne de Rim-Sin. Ces deux règnes sont d'une extrême prospérité et les succès militaires se succèdent :

48

1810 : victoire de Rim-Sin sur une coalition d'États mésopotamiens, dont Babylone.

1803 : Rim-Sin s'empare d'Uruk.

1794 : Rim-Sin s'empare d'Isin. Apparemment, il hésite à s'attaquer à Babylone.

b) Le royaume d'Isin

1923-1794 : les nouveaux rois d'Isin n'ont plus la puissance de la dynastie qui les a précédés. Après les règnes d'Ur-Ninurta et de Bur-Sin, les rois ne règnent plus guère que sur la capitale et ses environs immédiats.

c) Le royaume d'Uruk

Vers 1865 : une dynastie d'origine amorrite y est fondée par Sin-kashid. Elle dure une soixantaine d'années ; le fait politique saillant de son histoire est l'alliance qui la lie à Babylone.

d) Le royaume de Babylone

1894 : l'Amorrite Sumu-abum fait de Babylone la capitale d'un modeste État indépendant.

1880-1845 : règne de Sumula-El. Babylone s'étend, avec les conquêtes de Kish et de Marad.

e) Le royaume d'Eshnunna

Vers 1900 : la vallée de la Diyala est tout entière sous la domination d'Eshnunna, elle échappe donc au mouvement d'atomisation généralisé. Seule la ville de Tuttub connaît une brève période d'indépendance.

À partir de 1850 : sous la conduite d'une lignée de rois audacieux, Ibal-pi-El, Ipiq-Adad, Naram-Sin, Eshnunna mène une politique ambitieuse, aussi bien en direction de la Mésopotamie du Nord que du Sud. Le royaume s'étend avec la conquête de la vallée du Tigre et de la Djézireh et l'établissement d'une tête de pont sur l'Euphrate.

f) Le royaume de Mari

Vers 1830 : avec l'Amorrite Yahdun-Lim, Mari devient une puissance régionale.

Vers 1794 : prise de Mari par Samsi-Addu ; Mari est intégrée au royaume de haute Mésopotamie.

1776 : Zimri-Lim, un fils de Yahdun-Lim, chasse le fils de Samsi-Addu de Mari.

L'HISTOIRE

Vers 1766 : campagne conjointe de l'Élam et d'Eshnunna en haute Mésopotamie. Elle sera sans lendemain.

g) L'Assyrie
Env. 1950-1750 : faute de sources, on ne connaît guère de l'histoire de l'Assyrie, au cours du premier tiers du IIe millénaire, sous la dynastie fondée par Puzur-Ashur, que les activités de ses marchands établis dans des colonies en Cappadoce. S'adonnant à des activités commerciales très diversifiées, ils n'ont d'autre but que de s'enrichir.
Vers 1808 : Samsi-Addu conquiert Assur.

• Une courte période d'équilibre entre trois puissances

Vers 1834-1776 : règne de Samsi-Addu, un prince amorrite de la maison royale d'Ékallatum qui, contraint à la fuite, devient roi de Shehna d'où il reconquiert sa ville natale avant de s'emparer de Mari et d'Assur. Il fait de Shehna, rebaptisée Shubat-Enlil, sa nouvelle capitale. Il fonde le royaume de haute Mésopotamie. À son apogée, son royaume va jusqu'à inclure la ville d'Akkadé.
1793 : Rim-Sin de Larsa contrôle l'antique pays de Sumer.
[Syrie du Nord : Grand royaume d'Alep]
La Syrie du Nord est dominée par le royaume d'Alep, la haute Mésopotamie est unifiée sous l'autorité de Samsi-Addu, le roi de Larsa règne sur la quasi-totalité de la Mésopotamie méridionale, mais ce partage entre trois puissances n'est pas fait pour durer.

• L'éphémère réunification : Hammurabi de Babylone

1792-1750 : règne de Hammurabi.
1776 : mort de Samsi-Addu et éclatement du royaume de haute Mésopotamie.
Les hauts faits de Hammurabi :
1764 : victoire sur une coalition comprenant principalement l'Élam, le Gutium, Eshnunna et l'Assyrie.
1763 : prise de Larsa.
1762 : prise d'Eshnunna.
1759 : prise de Mari.
1758-1750 : victoire contre l'Assyrie. Promulgation du Code.
La succession de Hammurabi :

1749-1712 : règne de Samsu-iluna. Succession de révoltes dans le Sud.

1646-1626 : règne d'Ammi-saduqa. Crise économique, aggravée par les guerres. Les moratoires se succèdent.

1595 : prise de Babylone par les Hittites.

LES CASSITES EN BABYLONIE, LES HURRITES ET LES INDO-ARYENS EN SYRIE DU NORD, LA NAISSANCE DU NATIONALISME ASSYRIEN

• LA BABYLONIE CASSITE

[L'établissement d'une chronologie pour les débuts de la dynastie cassite est impossible.]

Vers 1570 : règne d'Agum-kakrimé.

XVe-XIVe siècles : Kurigalzu Ier fonde une nouvelle capitale, Dur-Kurigalzu. Apogée de la puissance cassite. Alliance avec l'Égypte. État de guerre latent entre la Babylonie et l'Assyrie ; chaque conflit s'achève par des rectifications de frontière.

Vers 1380 : traité d'alliance entre le Hittite Hattusili et le Cassite Kadashman-turgu, un traité vraisemblablement conclu pour contrer l'impérialisme assyrien naissant.

1375-1347 : règne de Burnaburiash II ; accord avec l'Assyrie pour combattre les nomades Sutéens qui se livrent au pillage.

Vers 1346 : Kadashman-Harbé érige une chaîne de fortins pour protéger le pays contre les incursions dévastatrices des nomades.

1345-1324 : règne de Kurigalzu II. Guerre à l'issue indécise contre l'Assyrie, mais guerre victorieuse contre l'Élam.

1279-1265 : règne de Kadashman-Enlil II. Début du déclin de la dynastie cassite. Le roi d'Élam, Untash-napirisha, envahit la Babylonie du Nord, livrant la vallée de la Diyala au pillage. La Babylonie est prise en étau entre deux adversaires : l'Assyrie et l'Élam.

1242-1235 : règne de Kashtiliash IV. Deux attaques successives, sous son règne et peu après sa mort, mettent un terme à la dynastie cassite.

1235 : Tukulti-Ninurta Ier d'Assyrie occupe la Babylonie. Babylone est mise à sac. La Babylonie devient une province assyrienne.

L'occupation dure sept ans. Parallèlement, les Élamites poursuivent leur effort de guerre.

Vers 1160 : nouvelle invasion des armées du roi d'Élam, Shilhak-Inshushinak, qui livrent l'ensemble de la Babylonie au pillage. Babylone et Dur-Kurigalzu sont prises. Un Élamite est nommé gouverneur de la Babylonie. Le Sud résiste et une nouvelle dynastie s'installe à Isin.

• LE ROYAUME DU MITANNI EN SYRIE DU NORD

[Début du xve siècle : fondation du royaume du Mitanni.

Milieu du xve siècle : règne d'Idrimi, roi de Mukish, vassal du Mitanni.

xve-xive siècles : Arrapha, royaume vassal du Mitanni, révélé par les riches archives de Nuzi.

Vers 1500 : règne de Saushsatar qui fait du Mitanni la première puissance politique du Levant.

Milieu du xve siècle : les campagnes militaires du pharaon Tuthmosis III affaiblissent le Mitanni.

Début du xive siècle : règne de Tushratta ; il commence par repousser une attaque hittite, mais doit céder devant un second assaut ; il abandonne sa capitale et meurt assassiné.

Fin xive siècle : la guerre civile s'installe. D'abord menacé par les Hittites, le Mitanni est finalement vaincu par les Assyriens et intégré à l'Assyrie.

xve-xiiie siècle : royaume d'Ugarit.

xive-xiie siècle : royaume d'Amurru.]

• L'ASSYRIE

a) L'Assyrie dépendante

1521-1498 : règne de Puzur-Ashur III. Il fortifie ou renforce l'enceinte de sa capitale, Assur, et signe un traité d'amitié avec la Babylonie.

Vers 1500 : il est généralement admis que l'Assyrie est soumise au Mitanni, mais rien ne permet de l'affirmer, si ce n'est que le roi Saushsatar du Mitanni emporte d'Assur à Washukanni des portes de grand prix.

Vers 1400 : Assur semble être sous domination babylonienne.

Début du xive siècle : Ashur-nadin-ahé II entame des relations diplomatiques avec l'Égypte.

b) L'Assyrie indépendante

1365-1330 : règne d'Ashur-uballit Ier. Il est l'artisan du renouveau assyrien. Il affiche ses prétentions en portant le titre de « Grand roi ». Il donne sa fille en mariage au roi de Babylone Burnaburiash. Plus tard, le descendant de la princesse assyrienne ayant été mis à mort, il intervient militairement en Babylonie pour rétablir un fils du prince assassiné sur le trône.

1328-1243 : un siècle de guerre entre l'Assyrie et la Babylonie.

1307-1275 : règne d'Adad-narari III. Début de l'expansion assyrienne qui va durer près de quatre-vingts ans. Le monarque guerroie en Babylonie et dans les montagnes du Zagros, mais il ne sait organiser ses conquêtes.

1274-1245 : règne de Salmanasar Ier. Apparition, sous ce règne, d'un nouvel ennemi, l'Urartu, dans l'actuelle Arménie. Répression d'une révolte du Hanigalbat, le nom assyrien du Mitanni.

1244-1208 : règne de Tukulti-Ninurta Ier. Apogée de la puissance assyrienne. Nombreuses campagnes militaires dans le Zagros et en Syrie du Nord.

1232 : le roi de Babylone Kashtiliash IV ayant ouvert les hostilités, Tukulti-Ninurta envahit la Babylonie qu'il occupe. Il monte sur le trône de Babylone où il exerce lui-même le pouvoir.

1208 : Tukulti-Ninurta meurt assassiné par l'un de ses fils au cours d'une révolte de la noblesse.

1207-1116 : l'Assyrie affaiblie par les querelles internes.

L'EXPANSION ARAMÉENNE ET LA RÉSISTANCE DE L'ASSYRIE ET DE LA BABYLONIE

Milieu du XIIe siècle : effondrement de la dynastie cassite en Babylonie ; elle est remplacée par une dynastie originaire d'Isin.

1132-1115 : règne d'Ashur-resha-ishi en Assyrie, première confrontation avec les Araméens.

1126-1105 : règne de Nabuchodonosor Ier à Babylone. Il remporte d'importants succès contre l'Élam, des succès moindres contre l'Assyrie. Apogée de la seconde dynastie d'Isin. Mais le roi ne peut empêcher la progression des Araméens et des Sutéens le long de l'Euphrate.

Fin XIe siècle - fin Xe siècle : la résistance babylonienne s'effondre. Les Araméens pillent les grandes villes du royaume et s'approchent de Babylone. Apparition des Chaldéens.

1114-1076 : règne de Téglath-phalasar Iᵉʳ en Assyrie, la poussée araméenne est contenue. L'Assyrie en guerre contre la Babylonie ; succès et revers alternent.

1074-1057 : règne d'Ashur-bel-kala en Assyrie ; il fait la paix avec la Babylonie, mais contient difficilement les Araméens qu'il arrive néanmoins à détourner vers la Babylonie.

Fin du XIᵉ siècle, début du Xᵉ siècle : l'Assyrie est une principauté encerclée et assiégée par les Araméens.

934-912 : règne d'Ashur-dan II en Assyrie. Reprise de la politique expansionniste.

911 : réveil de l'Assyrie avec le nouveau roi Adad-nirari II. Il reconquiert le Hanigalbat, assure l'ouverture des routes vers la Syrie et l'Iran.

Vers 900 : la Babylonie affaiblie et moribonde voit s'établir des royaumes chaldéens et des tribus araméennes sur son territoire. À ce moment, l'Assyrie est redevenue menaçante.

L'EMPIRE NÉO-ASSYRIEN

a) La formation de l'empire

Fin Xᵉ siècle-début IXᵉ siècle : reconquête des terres assyriennes perdues. Réouverture de la route conduisant en Syrie du Nord. Premiers États araméens vaincus.

890-884 : règne de Tukulti-Ninurta II ; l'Assyrie redevient une nation militaire. Il poursuit la soumission des États araméens de Syrie du Nord et mène une campagne qui le conduit à Sippar, en Babylonie.

883-859 : règne d'Assurnasirpal II. L'Assyrie est entourée d'un réseau de petits États vassaux. Fin du danger araméen.

876 : le roi d'Assyrie mène campagne sur les rives de la Méditerranée. Les villes phéniciennes font leur soumission.

858-824 : règne de Salmanasar III. Il remporte quelques succès face à l'Urartu et ses voisins ; il entretient avec la Babylonie des relations plutôt pacifiques, se contentant d'intervenir dans une obscure guerre de succession et de lever le tribut des principautés chaldéennes. Il se heurte de front avec les grands États araméens de Syrie, dont Damas. Les guerres sont particulièrement meurtrières.

853 : à la suite de premiers succès, dont la prise de Til Barsip, rebaptisée Kar-Salmanasar, il engage la bataille, à Qarqar, contre

une puissante coalition levantine réunissant aux côtés de Hadad-ezer de Damas des troupes de Hamath, d'Israël, de Byblos, d'Arvad, mais encore, parmi bien d'autres, des Arabes et des Ammonites, en tout 3 940 chars de guerre, 1 900 cavaliers, 1 000 chameaux et plus de 60 000 fantassins. La bataille est perdue pour l'Assyrien qui doit faire volte-face.

845 : Salmanasar retraverse l'Euphrate à la tête d'une armée de 120 000 hommes, mais les Syriens résistent avec succès et il n'emporte pas la décision.

841-838 : deux nouvelles tentatives de conquête de Damas échouent.

827-824 : la fin du règne est assombrie par un vaste mouvement de révolte qui est écrasé par Shamshi-Adad V, avec l'aide du roi de Babylone.

823-811 : règne de Shamshi-Adad V.

814-813 : campagne militaire de Shamshi-Adad V contre Babylone. Désormais, le pouvoir politique en Babylonie s'est déplacé vers le Sud, dans les principautés chaldéennes.

810-745 : règnes d'Adad-nirari III, le fils de Sémiramis, et de ses trois fils, personnages obscurs et falots ; le général en chef Shamshi-ilu, lui-même d'origine araméenne (de son vrai nom Bar-Ga'ah, roi de l'État de KTK), en fonction pendant trente ans, détient la réalité de tous les pouvoirs.

b) La fondation de l'empire et la conquête de la Babylonie

744-727 : règne de Téglath-phalasar III. Il met un terme à une guerre civile. Il est le véritable fondateur de l'empire.

743 : victoire, près de Samosate, contre l'Urartu et les principaux États syriens.

738 : soumission des États de la côte méditerranéenne.

737-735 : campagnes contre les Mèdes et l'Urartu.

734-732 : nouvelle campagne sur les rives de la Méditerranée, en Israël, en Philistie et en Transjordanie. Damas est prise et livrée au pillage.

728 : conquête de Babylone. Il monte sur le trône de Babylone sous le nom de Pulu.

727 : il est renversé par une révolution de palais.

c) L'apogée de l'empire sous la dynastie des Sargonides

721-705 : règne de Sargon II. Fils puîné de Téglath-phalasar, il chasse son frère Salmanasar V du trône et s'empare du pouvoir.

721-710 : le Chaldéen Mérodach-baladan, roi de Babylone.

720 : Sargon reprend le contrôle de Damas, Hamath et Arpad et

chasse les troupes égyptiennes au-delà de Gaza, mais il est défait près de Der par Mérodach-baladan et son allié élamite Humban-nikash.

719-714 : campagnes victorieuses contre l'Urartu.

717 : Sargon reprend le contrôle de Karkémish, site stratégique sur la boucle de l'Euphrate, qui avait fait alliance avec Midas de Phrygie.

714 : ultime campagne contre l'Urartu et les Mannéens. La puissance urartéenne est brisée.

710 : reconquête de Babylone ; Mérodach-baladan s'enfuit.

707 : inauguration de la nouvelle capitale, Dur-Sharrukin.

705 : campagne de Sargon en Anatolie. Il meurt dans des conditions obscures, lors de l'assaut de son camp, la nuit.

704-681 : règne de Sennachérib, fils de Sargon. La mort de Sargon est le signal du soulèvement en Syrie et en Babylonie ; la Syrie est matée aisément ; à Babylone, Mérodach-baladan revient pour quelques mois sur le trône avant d'être une nouvelle fois délogé.

700 : nouvelle tentative de Mérodach-baladan, nouvel échec, nouvelle fuite.

694 : Sennachérib, toujours à la recherche du fugitif, porte la guerre en Élam qui lui rend la monnaie de sa pièce, en razziant la Babylonie centrale ; les Babyloniens livrent Ashur-nadin-shumi, le fils de Sennachérib et le vice-roi de Babylone, au roi d'Élam.

691 : Assyriens, Babyloniens et Élamites s'affrontent à la bataille de Halulé ; aucune des parties en présence ne l'emporte, toutefois, les pertes doivent être telles que la coalition babylonienne et élamite est affaiblie. Quant à Sennachérib, il campe sur ses positions.

689 : Sennachérib s'empare de Babylone. La ville est mise à sac et détruite, la population est déportée.

681 : Sennachérib meurt assassiné par l'un de ses fils, Arad-Mullissu, évincé de la succession.

680-669 : règne d'Asarhaddon. Après avoir rétabli la situation, il entreprend la restauration de Babylone.

676 : Tyr et Sidon, qui cherchent à se rendre indépendantes, sont châtiées.

675-674 : les attaques élamites sont contenues ; effondrement de l'Urartu sous les coups des envahisseurs scythes et cimmériens venus du Caucase, et dont Asarhaddon, autant par la diplomatie que par la force, réussit à détourner le flot de l'Assyrie.

674 : première campagne en Égypte ; prise de Memphis.

672 : mort prématurée du prince héritier. Asarhaddon désigne Assurbanipal, son troisième fils, pour lui succéder sur le trône d'Assyrie, son second fils Shamash-shum-ukin étant destiné à monter sur le trône de Babylone.

671-669 : conquête de l'Égypte.

670 : troubles en Assyrie et en Babylonie.

669 : mort du roi, sur la route de l'Égypte.

668-env. 630 : règne d'Assurbanipal. Peu de temps plus tard, son frère Shamash-shum-ukin monte sur le trône de Babylone.

666-662 : l'Égypte, entre-temps perdue, est reconquise jusqu'à Thèbes et confiée à des roitelets vassaux. Dans le même temps, l'effort de guerre de l'Élam est contenu.

652-648 : révolte de Shamash-shum-ukin ; les assises mêmes de l'empire sont menacées. Babylone est prise, Shamash-shum-ukin meurt dans l'incendie de son palais. Un certain Kandalanu est installé sur le trône de Babylone.

646 : poursuite de la guerre contre l'Élam. La ville de Suse est prise et totalement détruite.

630 : on ne sait si Assurbanipal se retire à Harran ou s'il meurt ; son fils Ashur-étel-ilani est en charge des affaires.

d) La chute de l'empire

627 : mort de Kandalanu et, la même année, à ce qu'il semble, mort d'Ashur-étel-ilani.

626 : Sin-shum-lishir, le commandant suprême des armées assyriennes et le chef des eunuques, et Sin-shar-ishkun, un autre fils d'Assurbanipal, ce dernier s'appuyant sur l'aide des Babyloniens, se disputent pour le pouvoir. En Babylonie, prise du pouvoir par un homme nouveau, Nabopolassar.

Entre 621 et 616 : Nabopolassar s'empare de Babylone. Il chasse les Assyriens de Babylonie et s'allie aux Mèdes.

614 : chute d'Assur.

612 : siège et prise de Ninive par les Babyloniens et les Mèdes. Mort de Sin-shar-ishkun, le dernier roi d'Assyrie.

611-609 : un dernier foyer assyrien, autour d'Ashur-uballit II qui se proclame « roi d'Assyrie », s'organise autour de la ville de Harran. Il bénéficie de l'aide d'une armée égyptienne.

609 : défaite d'Ashur-uballit II. L'Assyrie a vécu.

L'EMPIRE NÉO-BABYLONIEN

626-605 : règne de Nabopolassar ; après avoir vaincu l'Assyrie, il fait porter l'essentiel de son effort vers la Syrie d'où il tente de chasser les Égyptiens.

605 : son fils, le futur Nabuchodonosor II, s'empare de la ville de Karkémish, sur l'Euphrate. La Syrie et la Palestine se soumettent presque sans opposer de résistance.

604-562 : règne de Nabuchodonosor II. Il poursuit la politique syrienne de son père.

601 : une grande bataille l'oppose à une armée égyptienne ; aucun parti ne l'emporte.

597 : prise de Jérusalem et première déportation de Juifs en Babylonie.

587 : pour réprimer la révolte de Sédéchias, seconde prise de Jérusalem, après deux années de siège. Déportation de la population en Babylonie.

582 : ultime déportation des Juifs en Babylonie.

561-556 : la succession est difficile ; les enfants de Nabuchodonosor ne sont pas en mesure de se maintenir au pouvoir dont ils sont chassés par un haut dignitaire et gendre du roi défunt, Nériglissar.

555-539 : règne de Nabonide, un autre dignitaire ; rapidement, le nouveau roi quitte Babylone pour s'établir à Teima, dans la Péninsule arabique ; il confie à son fils Bel-shar-usur, le Balthazar de la Bible, la direction des affaires publiques.

539 : Nabonide rentre à Babylone au moment où les Perses envahissent la Babylonie. Ils font leur entrée dans Babylone sans combat, la ville leur étant livrée par son gouverneur, Gubaru. La Babylonie devient une satrapie de l'empire perse.

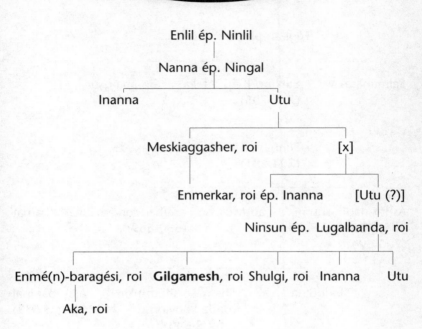

GÉNÉALOGIE MYTHIQUE DE GILGAMESH

Enlil ép. Ninlil

Nanna ép. Ningal

Inanna — Utu

Meskiaggasher, roi — [x]

Enmerkar, roi ép. Inanna — [Utu (?)]

Ninsun ép. Lugalbanda, roi

Enmé(n)-baragési, roi — **Gilgamesh**, roi — Shulgi, roi — Inanna — Utu

Aka, roi

LA MÉSOPOTAMIE

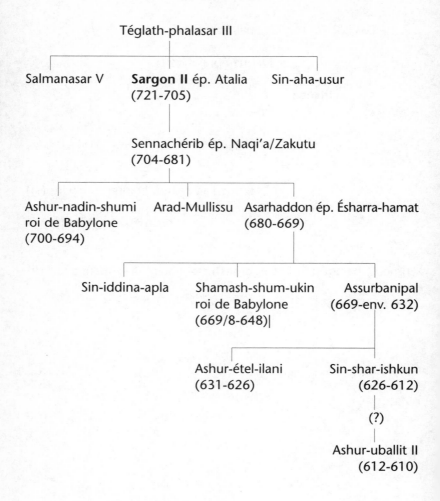

GÉNÉALOGIE DES SARGONIDES

Téglath-phalasar III

Salmanasar V   **Sargon II** ép. Atalia   Sin-aha-usur
(721-705)

Sennachérib ép. Naqi'a/Zakutu
(704-681)

Ashur-nadin-shumi   Arad-Mullissu   Asarhaddon ép. Ésharra-hamat
roi de Babylone   (680-669)
(700-694)

Sin-iddina-apla   Shamash-shum-ukin   Assurbanipal
                   roi de Babylone   (669-env. 632)
                   (669/8-648)|

Ashur-étel-ilani   Sin-shar-ishkun
(631-626)   (626-612)

(?)

Ashur-uballit II
(612-610)

LA DYNASTIE DE NABOPOLASSAR

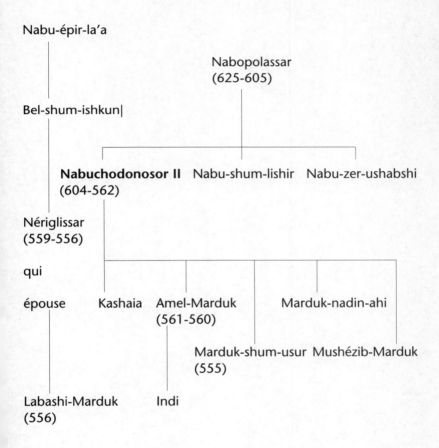

Nabu-épir-la'a

Nabopolassar
(625-605)

Bel-shum-ishkun|

Nabuchodonosor II   Nabu-shum-lishir   Nabu-zer-ushabshi
(604-562)

Nériglissar
(559-556)

qui

épouse   Kashaia   Amel-Marduk   Marduk-nadin-ahi
                          (561-560)

                                    Marduk-shum-usur Mushézib-Marduk
                                    (555)

Labashi-Marduk   Indi
(556)

II

LE PAYS ET L'ESSOR URBAIN

On désigne par Mésopotamie l'ensemble du bassin hydraulique que forment le Tigre et l'Euphrate et qui compose les deux tiers de ce qu'il est convenu d'appeler le « **Croissant fertile** ». Mais ce bassin n'est pas uniforme : la plaine alluviale et les vallées des deux fleuves ne constituent pas une unité géographique. Il se subdivise en trois aires distinctes qui sont elles-mêmes structurées autour d'oasis plus ou moins étendues, séparées par des steppes sèches et rocailleuses.

APERÇU GÉOGRAPHIQUE

À l'extrême sud, au fond du Golfe arabo-persique, les eaux salées de la mer jouxtent les eaux douces d'une lagune. C'est une région de grands marais, véritable mer de roseaux riche en gibier et en poisson ; seuls des îlots y émergent des eaux et l'homme doit y créer jusqu'au sol même pour pouvoir y vivre.

Plus au nord, la plaine alluviale est soumise aux crues capricieuses des deux fleuves qui la traversent et dont le tracé est, en outre, fluctuant ; le paysage en est modelé par les alluvions. Malgré la rareté des pluies, c'est une terre agricole que l'inondation régulière et l'irrigation rendent fertile. Certes, le recours excessif à cette dernière technique, de manière intensive, finit par ruiner les sols en faisant remonter des profondeurs le sel qui s'y trouve. Cette plaine connaît, au sud-est, avec la Susiane, comme un prolongement, au-delà des marais.

Vient ensuite, toujours plus au nord, la haute Mésopotamie, autrement dit les deux vallées de l'Euphrate et du Tigre, où les cours des fleuves ont un tracé plus rigoureux, et, entre elles, la Djézireh, avec ses plateaux que les rivières viennent entailler et qui s'adosse

63

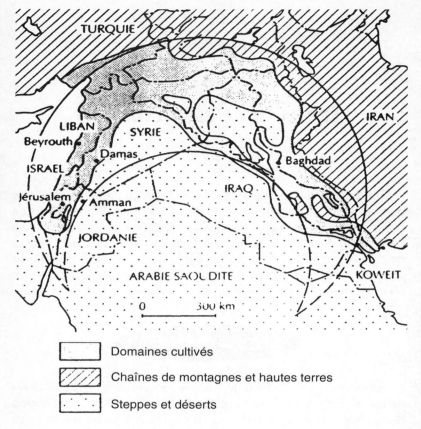

Le Croissant fertile.

au piémont des montagnes ; la Djézireh est une steppe désolée servant épisodiquement de pâturage pour les troupeaux, après la période des pluies. La vallée de l'Euphrate est fertile lorsqu'elle est irriguée. Au nord de la vallée du Tigre, le long de ses affluents et dans les piémonts du Zagros, s'étend l'Assyrie, un chapelet d'oasis qui bénéficie de pluies suffisantes pour l'agriculture.

Terre sans ombre, la Mésopotamie est un pays de palmiers dattiers et de phragmytes. Ses diverses parties n'ont en commun que l'absence quasi générale de minerai, de pierre et de bois de construction ; leur sol se compose d'une épaisse couche d'**argile** laquelle, à part quelques gisements minéraux dans le Nord ou les **roseaux** dans le Sud, constitue la seule véritable matière première

64

dont ses habitants font leur unique moyen de construction avec le roseau, **la brique**. Les établissements humains se trouvent générale-ment sur des exhaussements provoqués par les dépôts d'alluvions (cf. Avant-propos, *tell*).

Carrefour routier important, la Mésopotamie évoque un grand boulevard commercial. Au-delà du Golfe, en passant par le Koweit et l'Oman, les antiques Dilmun et Magan, le trafic maritime s'étend jusqu'au bassin de l'Indus, l'antique pays de Méluhha. Dans la plaine elle-même comme dans les vallées des fleuves, les routes fluviales sont doublées par les routes caravanières qui rejoignent la Syrie du Nord à hauteur d'Alep, de Karkémish ou de Qatna. De là, d'autres routes conduisent vers l'Asie Mineure, la Palestine et l'Égypte, le Liban et la côte méditerranéenne ainsi que, au-delà, vers Chypre, la Crète et les îles de la mer Égée ; d'autres encore, qui empruntent les vallées des affluents du Tigre, donnent accès au plateau iranien.

L'URBANISATION

La première réalité objective qui soit perceptible à l'extrême fin du IVe millénaire dans l'ensemble de la Mésopotamie est **la forte concentration des habitants sur certains sites particuliers**. Le cas d'Uruk, en Mésopotamie méridionale, est tout à fait remarquable, même s'il est unique par ses dimensions : la ville mesure trois kilomètres de long sur un peu plus de deux de large ; elle est formée, à ce que l'on en sait, de deux petites agglomérations voisines et tôt réunies. La surface du *tell* actuel représente au total 550 ha, une superficie qui est presque atteinte, déjà, au début du IIIe millénaire : à cette époque, en effet, un rempart long de 9,5 km et doté de neuf cents tours, rectangulaires ou arrondies, espacées tous les 9 mètres, et de portes fortifiées dont deux seulement ont été dégagées à ce jour (un avant-mur, en outre, a été repéré par endroits), enferme déjà quelque 494 ha.

Le fait remarquable est, cependant, qu'une seule agglomération ait atteint ce degré de gigantisme ; tous les établissements contemporains et répertoriés par les fouilleurs sont de dimensions beaucoup plus modestes. **Uruk serait-elle la première mégapole ?** La Mésopotamie en connaîtra d'autres, quelques millénaires plus tard, avec Ninive, « l'insensée » comme disait d'elle Phocydide, la dernière capitale assyrienne, ou Babylone, une aberration aux yeux d'Hérodote qui se plaisait à croire que l'ennemi pouvait y entrer par une porte sans que les habitants du centre en aient connaissance ; Aristote ira jusqu'à prétendre que trois jours après sa conquête par Alexandre, tout un quartier ignorait toujours l'événement !

En l'état des connaissances, il n'est, à cette situation, nulle explication satisfaisante. On invoque parfois l'évolution démographique, mais la population s'accroît-elle ? Selon une autre explication, la nature aurait préparé certains sites afin que les hommes puissent les investir et les organiser à leur guise. Mais les données qui permettraient d'assurer la première hypothèse sont trop ténues ; quant au véritable problème géographique, il est celui de l'utilisation par l'homme des possibilités que lui offre la nature : ce problème est tellement complexe qu'aucune approche ne peut véritablement aider à le résoudre. Seule quasi-certitude, la forte concentration de

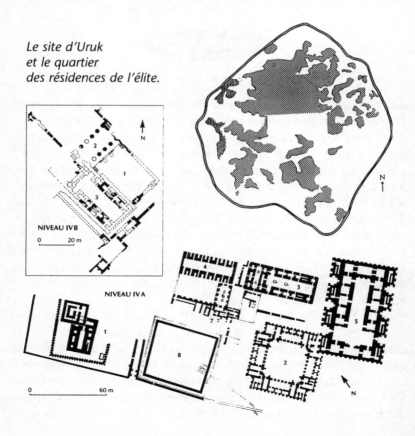

Le site d'Uruk et le quartier des résidences de l'élite.

NIVEAU IVB

0   20 m

NIVEAU IVA

0   60 m

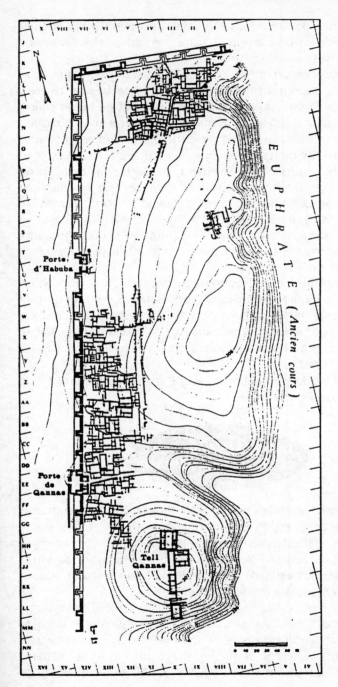

La ville contemporaine et plus modeste de Habuba Kabira, son enceinte, son acropole avec les résidences de l'élite et sa ville basse avec les maisons agglutinées en grappes.

67

la population en des endroits relativement restreints doit entraîner nécessairement un brassage de nature à engendrer des rapports sociaux nouveaux.

Le mot sumérien *uru* ou *iri*, lui-même dérivé du sémitique *'îr*, et l'akkadien *âlu* expriment **l'idée de « ville », cette réalité trop complexe pour pouvoir être dévoilée d'un mot de façon claire**. Ils sont, aux yeux des Mésopotamiens, les repères fixes auxquels s'attache par excellence la notion d'identité. Des sources littéraires rappellent que les dieux eux-mêmes avaient bâti des villes pour une antique humanité. Semblablement, des historiens de la fin du IIIᵉ millénaire considèrent que le régime politique que les dieux ont légué aux hommes est de type monarchique et que cette monarchie revendique d'être manifestée en une ville. Les mêmes auteurs se livrent à une description de l'humanité primitive encore ignorante de l'institution royale, mais qui a déjà adopté la ville pour résidence et la citadinité pour mode de vie.

La ville, comme établissement permanent, est donc bien présente dans l'imaginaire des Mésopotamiens comme dans la réalité. Du reste, les fondations de villes égrènent toute l'histoire mésopotamienne : Akkadé, Dur-Kurigalzu, Kar-Tukulti-Ninurta, Kalhu, Dur-Sharrukin, pour ne citer que ces quelques fondations royales parmi tant d'autres.

S'agissant de la population, aucune estimation quantitative sérieuse ne peut être retenue.

DES VILLES CAPITALES, DES VILLES EN RÉSEAUX

Les villes sont les résidences des dieux et des rois ; ils y accumulent leurs trésors et leurs richesses, ils y entretiennent des suites nombreuses. En fait, comme on peut le montrer à partir de l'exemple du royaume de Lagash, au milieu du IIIᵉ millénaire, **les villes mésopotamiennes existent habituellement en réseau** et ne sont pas nécessairement des fondations isolées.

Une triade divine est au sommet du panthéon officiel du royaume de Lagash, le dieu Ningirsu et les deux déesses Nanshé et Baba, la première étant la sœur du dieu, la seconde son épouse ; ces trois divinités sont vénérées dans leurs temples qui se situent, respectivement, dans les villes de Girsu, de Nimin et d'Uruku, ce dernier toponyme n'étant qu'une autre appellation de Girsu. Lagash, qui donne pourtant son nom au royaume homonyme, est absente de la triade ; elle apparaît ailleurs, avec la personne de la déesse Gatumdu, sa déesse poliade, considérée comme la « mère » du royaume. Il est donc nécessaire de s'interroger sur ce point : s'il existe une certaine représentation au miroir entre la divinité et le roi, le royaume d'un dieu ne correspond pas exactement au royaume territorial dont les frontières peuvent être fluctuantes et dont le monarque est pris dans un réseau de relations diverses avec une pluralité de divinités, de temples et de centres urbains. D'un mot, le royaume de Lagash ne saurait exister sans le concours d'au moins trois villes, de leurs divinités et de leurs populations respectives.

L'URBANISME

Notre connaissance de l'urbanisme doit se contenter de bribes glanées çà et là, aucune fouille n'ayant encore dégagé intégralement les amas de décombres qui recouvrent une ville entière. Les archéologues se contentent habituellement d'exhumer les édifices les plus représentatifs, les temples, les palais ou les citadelles, parfois des quartiers résidentiels, des maisons privées particulièrement importantes ou des vestiges de fortifications. L'étendue des sites, souvent, fait renoncer à tout espoir d'entreprendre une fouille autre que partielle. Il est donc pratiquement exclu, dans ces conditions, d'entretenir l'espoir d'une vue d'ensemble.

C'est pourtant un fait d'évidence que des plans d'urbanisme président à la création et au développement de toutes les cités mésopotamiennes. L'exemple d'Abu-Salabih (milieu du IIIe millénaire) le montre clairement, avec son parcellaire très régulier. Mais la longue durée de leurs histoires respectives, avec les destructions, les modifications, les projets avortés, les restaurations et les reconstructions qu'elles entraînent, rend les fouilles difficiles et la lecture des résultats, avec la superposition des niveaux archéologiques, souvent aléatoire. **On ne connaît donc que très imparfaitement les plans des villes**, même si l'on dispose, pour certaines comme Nippur, d'un plan antique.

Dur-Sharrukin est une fondation récente qui n'a été habitée que pendant une courte période. Son plan, de ce fait, est aisément lisible. L'enceinte comporte sept portes monumentales et présente une

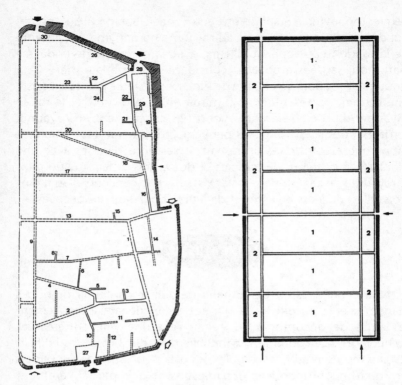

Plan d'Abu Salabih et restitution du plan théorique d'urbanisme.

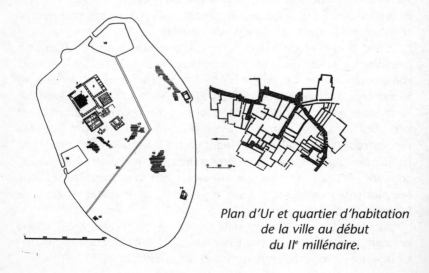

Plan d'Ur et quartier d'habitation de la ville au début du IIᵉ millénaire.

longueur de 16 283 coudées, un nombre réputé correspondre à la valeur numérique du nom du roi qui l'a fondée, Sargon II. La ville elle-même occupe un carré approximatif de 1 750 x 1 680 mètres de côté, mais elle n'a guère fait l'objet d'une exploration archéologique et nous ne la connaissons pas. Seuls deux ensembles

Plan antique de Nippur.

monumentaux ont été dégagés, au sud et au nord-ouest ; le premier est considéré comme un arsenal, le second, abrité par une enceinte qui lui est propre, est une citadelle où s'élèvent les résidences de quelques hauts dignitaires, notamment le frère du roi et maître d'œuvre de la ville, ainsi que plusieurs temples ; de là, on accède par une rampe à une acropole fortifiée, à cheval sur la muraille de la ville, où sont édifiés le palais royal et d'autres temples. Dans l'angle sud, une autre citadelle protège la porte par laquelle transite le trafic vers Ninive.

Peu après sa fondation, la ville est abandonnée par le roi Sennachérib qui s'établit à Ninive, ville plusieurs fois millénaire et qu'il s'empresse d'embellir. Une voie royale y est percée qui fait trente mètres de large ; des palais y sont construits ; des parcs et des jardins en agrémentent les abords. Pour éviter les dégâts dus aux inondations, le roi fait creuser un lac de retenue en amont du site et y fait aménager un parc naturel peuplé d'oiseaux et de bêtes sauvages. Un puissant rempart entoure la cité, large de quarante briques et haut de cent.

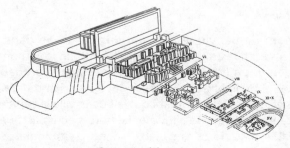

*Superposition
des niveaux archéologiques VI à XVI d'Éridu.*

Car les villes mésopotamiennes sont généralement dotées de puissantes enceintes défensives. Celle de Habuba Kabira est l'une des plus anciennes connues ; à dire vrai, s'il en existe d'autres qui lui sont antérieures, on hésite à y voir des enceintes à caractère militaire. Ces enceintes, sans cesse remaniées, véritables mers de briques crues, ont laissé peu de traces.

C'est en Assyrie que l'on trouve les développements les plus achevés des techniques de fortification. Les fouilles de Dur-Sharrukin ont mis au jour un mur en briques crues d'une épaisseur de 24 mètres et qui s'érige sur un soubassement en pierre de 1,10 m de haut. Le pourtour de l'enceinte est flanqué de tours rectangulaires, en saillie de 4 m sur la courtine, d'une longueur de 13,50 m chacune, et régulièrement espacées de 27 m. Sept portes y sont percées qui représentent le modèle le plus élaboré des portes à tenailles en usage depuis le IIIe millénaire. Chacune comporte un avant-corps qui se projette à 25 m de l'enceinte et forme une sorte de bastion enfermant une cour. Au fond de la cour, flanqué de deux grandes tours, s'ouvre le passage voûté qui traverse l'épaisseur du rempart ; avant de déboucher dans la ville, ce couloir est coupé à deux reprises par des corps de garde.

Les représentations figurées montrent que les murailles sont crénelées ; les sommets des tours, en encorbellement, présentent souvent, par-dessus la rangée de merlons, une plate-forme bordée d'un bâti de bois derrière lequel s'abritent les défenseurs. Dans la maçonnerie s'ouvrent des meurtrières.

BABYLONE

a) L'histoire

Le nom de Babylone apparaît au XXIIe siècle dans un obscur document administratif ; il est écrit TIN.TIR, un logogramme qui est probablement à lire Babil, un terme désignant probablement un « bosquet ». Un lignage amorrite dont est issu Hammurabi, s'y installe au XIXe siècle. C'est Hammurabi qui fait de la ville la capitale politique et religieuse de la plaine alluviale. Le nom s'écrit alors KA.DINGIRA, à lire Babili, « la porte des dieux », une étymologie populaire ou pseudo-savante que des dynasties de scribes vont véhiculer pendant deux millénaires !

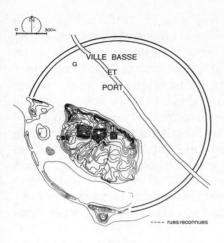

Une ville ronde : Mari.

L'histoire de la cité n'est pas aisée à écrire, les niveaux archéologiques anciens, ou ce qu'il en reste puisque la ville fut l'objet d'une destruction systématique par les Assyriens en 689, étant noyés, de surcroît, sous la nappe phréatique. Si l'on ajoute à cela le fait que le cours de l'Euphrate a subi des variations, on ne possède guère de chances de connaître jamais la ville paléo-babylonienne.

À son apogée, au VIᵉ siècle, la ville s'étend sur une surface de près de mille hectares.

b) La topographie

On est frappé par la régularité du plan. On ne sait si, comme le souhaite Asarhaddon au VIIᵉ siècle, l'enceinte forme, à l'origine, un **plan carré**, un modèle qui se distingue de celui des **villes rondes** comme Mari mais qu'illustrent d'autres villes importantes comme Borsippa ou Haradum en Babylonie, Kar-Tukulti-Ninurta ou Dur-Sharrukin en Assyrie.

Rien n'a survécu de la ville du temps de la dynastie de Hammurabi ni de ce qui la précédait. Dans un premier temps, elle occupe la seule rive gauche du fleuve, mais on sait que, rapidement, des terrains situés sur l'autre rive sont aménagés et ceints de

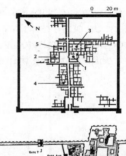

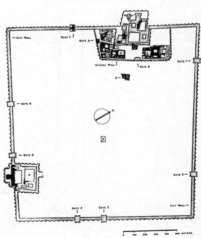

*Deux villes carrées :
Haradum et Dur-Sharrukin.*

73

murs. Deux enceintes successives sont construites, la seconde remplaçant probablement la première ou intégrant quelques quartiers excentriques. La partie orientale abrite plusieurs temples : l'Ésagil de Marduk, l'Éturkalama de Bélet Babili, l'Énitendu et l'Égishnugal, deux temples de Sin, un temple de Ninisina et un dernier temple d'Anunitum ; elle est considérée, de ce fait, comme la partie la plus ancienne de la ville. Le quartier occidental abrite au moins quatre temples : l'Énamtila d'Enlil, l'Émésikil d'Amurru, l'Édikukalama de Shamash, enfin l'Énamhé d'Adad. Un pont, dont on a retrouvé les vestiges, relie les deux quartiers, vraisemblablement dès cette haute époque. À l'extérieur de l'enceinte, sur la colline de Merkès, s'étend un quartier neuf. L'enceinte elle-même est percée de cinq portes : la Grand'Porte, la porte du Marché, celles d'Akus, d'Adad et de Lugalirra.

À l'époque cassite, la ville est dotée d'une nouvelle enceinte qui porte le nom d'Imgur-Enlil et qui est de forme rectangulaire. Elle est alors subdivisée en dix quartiers dont les principaux se nomment : Shuana, Kadingira (sans doute à lire Babilu), Kumara, Kulaba, Tuba, Bab Lugalirra, TÉ.É et, dans un autre registre plus descriptif, « Ville nouvelle ».

À l'époque néo-babylonienne, l'enceinte, précédée d'un fossé lui-même longé par une muraille dotée de bastions, est percée de

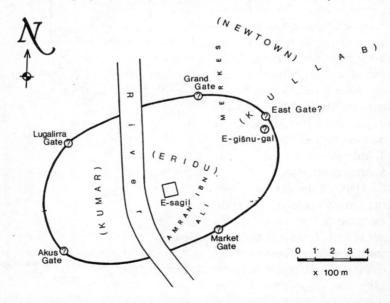

Babylone au temps de Hammurabi.

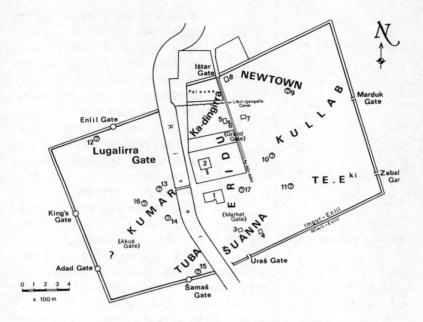

Le centre de Babylone au VIe siècle.

huit ou neuf portes desservies par autant de voies processionnelles. Elle est composée de deux murs de briques juxtaposés renforcés par des tours tous les 15 ou 20 mètres ; le mur intérieur porte toujours le nom d'Imgur-Enlil, le mur extérieur celui de Nimitti-Enlil. Longeant la rive gauche du fleuve, un mur unique agrémenté de tours faisant saillie semble avoir été jugé suffisant pour protéger la ville. Une seconde enceinte, de forme triangulaire, double l'enceinte antérieure sur la rive gauche du fleuve et abrite les extensions récentes.

À hauteur de la porte d'Ishtar, la muraille est revêtue de briques émaillées de couleur bleue avec, moulés en léger relief, des taureaux et des monstres hybrides.

Chaque quartier comporte des espaces non construits. Comme dans toute ville de Mésopotamie, **l'espace urbain se distribue entre les surfaces construites, les espaces réservés aux jardins et une glaisière**. La planification se limite au tracé de grandes artères ainsi qu'à celui d'espaces publics destinés, notamment, à la construction des temples et des palais dont l'immense palais de Nabuchodonosor II (ces derniers se trouvent dans le quartier appelé Kadingira) ou à la réalisation des jardins. À l'intérieur des espaces délimités par ces artères, **l'ha-**

75

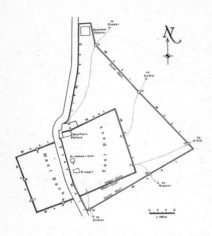

La ville de Babylone au VIe siècle.

bitat s'organise selon un modèle agglutinant. Plusieurs artères rectilignes traversent la ville, partant, apparemment, de divers points plus ou moins centraux et se dirigeant vers les portes, comme la célèbre voie processionnelle, repérée par les archéologues sur quelque 900 m de long, soigneusement dallée qui conduit du temple de Marduk à la porte d'Ishtar et que croise une autre artère menant au pont qui traverse le fleuve et qui est jeté sur des piles en forme de navettes. L'importance des temples (au grand pôle religieux il faut ajouter une cinquantaine de temples disséminés dans la ville ainsi que de nombreuses chapelles) et des palais montre la place que tient Babylone comme capitale religieuse et politique.

À l'est de la voie processionnelle les archéologues ont dégagé sur le site appelé Merkès, en face de la *ziggurat*, un quartier d'habitations

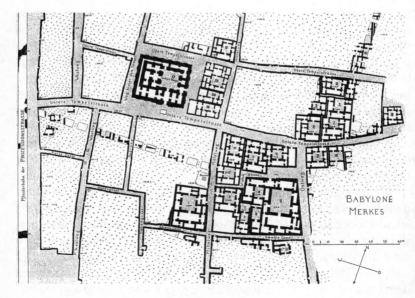

Un quartier de Babylone, Merkès.

privées. Les fouilles ont permis la mise au jour, dans ce secteur, d'un important bâtiment dont on suppose qu'il s'agit d'un centre commercial. Les villes mésopo-tamiennes ont en effet leurs quartiers spécialisés : places et carrefours marchands, longues rues où sont groupés commerçants et corps de métiers (le mot akkadien *sûqu*, « rue », n'est autre que le mot *souk* bien connu).

Une rue de Babylone.

LES JARDINS

Dans un pays accablé de soleil, le jardin est un lieu aéré et ombré où il est agréable de séjourner. Partant, il est le centre de multiples activités. Il n'est pas une ville, pas un palais ou un temple qui n'en possède un. Il existe plusieurs types de jardins, depuis le grand espace planté d'arbres et abritant une réserve d'animaux jusqu'au petit jardin potager : les jardins d'agrément, plantés d'arbres et de massifs de fleurs, avec un kiosque en leur centre ; les vergers et les palmeraies,

La porte d'Ishtar.

parfois plantés d'une espèce unique d'arbres ; les jardins enclos, enfin, ou « paradis », imités de l'Iran et qui sont des jardins odoriférants. Certains chants évoquent l'existence de jardins d'amour.

Le jardin d'agrément est particulièrement choyé par les rois assyriens de la fin du IIe et par ceux du Ier millénaire. On y décèle une influence levantine. Mais, alors que dans les jardins levantins la nature est contrainte à l'extrême, chaque plante étant émondée et taillée, les jardins royaux assyriens et babyloniens se veulent des imitations de la nature, l'homme laissant, à l'exception de certaines espèces (on pense à l'arbre sacré des jardins assyriens), plantes et arbres croître à leur guise. Les mêmes monarques sacrifient volontiers à un goût certain pour l'exotisme, cherchant à acclimater des essences rares et étrangères ; ce faisant, ils exaltent aussi leur propre personne, louant leur puissance et leur fortune.

Au premier millénaire, chaque ville importante dispose de jardins en terrasses sur voûtes (les sources assyriennes parlent de jardins « sublimes » ou « élevés », ce dernier terme devant sans doute être pris à la lettre), probablement les fameux jardins suspendus des auteurs classiques ; ceux de Babylone s'étagent non loin de la porte d'Ishtar et des palais, leurs frondaisons émergeant au-dessus des murailles. Certains indices donnent à penser que l'alimentation en eau des parties hautes de ces jardins se fait au moyen d'un système de vis sans fin contenues dans des cylindres, l'ancêtre de la célèbre vis d'Archimède.

Jardins suspendus et vergers.

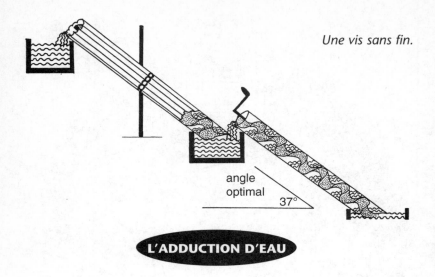

Une vis sans fin.

angle
optimal
37°

L'ADDUCTION D'EAU

Le problème du ravitaillement en eau est une question vitale, d'autant plus que les eaux de pluie, souvent, font défaut. Les villes se trouvent donc nécessairement soit sur un fleuve ou sur une rivière, soit à proximité de quelque dérivation ou canal assez important. Il faut alors puiser l'eau, les villes étant habituellement au-dessus du niveau des cours d'eau. Dans ce but, des machines élévatoires du type *shadouf* sont inventées dès le IIIe millénaire : il s'agit d'un levier portant à l'une de ses extrémités un récipient étanche, à l'autre un contrepoids, le tout permettant de déployer un moindre effort pour soulever l'eau. Ces installations supposent la présence de barrages en aval, pour augmenter les quantités d'eau à puiser. L'existence de norias n'est pas prouvée.

L'eau ainsi puisée doit encore être acheminée à l'intérieur de l'agglomération. L'archéologie est muette sur ce point, mais quelques rares sources écrites mentionnent la présence, dans les villes, de bassins, de canaux et de rigoles. À Tchogha-Zanbil, en Susiane, on a retrouvé un tel réservoir.

L'utilisation des sources n'est possible que dans les régions sub-montagneuses. Le ravitaillement hydraulique de Ninive, sous Sennachérib, en est l'exemple le plus remarquable. Fondé sur une prospection systématique des sources et des voies d'eau, il implique des travaux considérables, la construction de barrages, le creusement de canaux, de bassins et de piscines, et l'édification, à Djerwan, d'un grand aqueduc de 275 m de long, construit en blocs de pierre recouverts de béton.

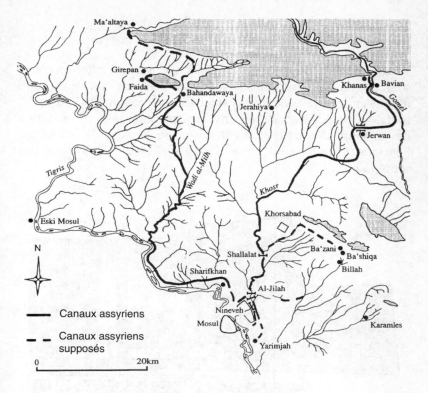

*L'aqueduc de Djerwan
et le système d'alimentation d'eau de Ninive.*

Outre la quête des eaux de surface, on est à la recherche, également, des eaux souterraines. À l'intérieur des villes, des palais ou des temples comme des maisons particulières, de véritables puits sont maçonnés en brique. Pour en retirer l'eau, on recourt à la roue sur laquelle passe la corde d'un récipient. On a parfois recours à la **technique des qanats**, des galeries creusées horizontalement sous la surface du sol, parfois sur des dizaines de kilomètres si ce n'est bien davantage, pour amener l'eau d'infiltration ; tous les trente mètres environ, un puits est creusé qui sert à l'entretien et au curage (cf. L'agriculture, ch. IV).

La question des eaux usées

Le problème de l'évacuation des eaux usées trouve souvent sa solution, banalement, dans la simple déclivité du terrain : il suffit d'installer des rigoles pour les drainer. De rares indications informent, toutefois, de l'existence d'égouts formant système et conduisant à des puisards. Dès le milieu du IIIe millénaire, le palais de Tell Asmar, l'antique Eshnunna, dispose d'un tel réseau de canalisations souterraines.

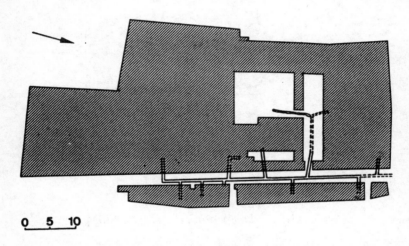

0   5   10

Réseau d'évacuation des eaux usées à Tell Asmar.

III

L'ORGANISATION POLITIQUE ET SOCIALE

Au cours du dernier tiers du IIIe millénaire, des historiens et des érudits mésopotamiens au service de souverains dont ils ont pour fonction de légitimer les ambitions exposent la vision qu'ils se font de leur propre passé. Une chronique commence à être composée, très probablement sous le règne de Naram-Sin d'Akkadé, qui stipule qu'aux origines des temps **le régime politique que les dieux lèguent aux hommes est de type monarchique** et qui pose le principe de l'unicité de la monarchie, le mouvement de l'histoire étant identifié à une succession de cycles royaux de durées variables, le pouvoir passant de ville en ville, chacune étant à tour de rôle le dépositaire unique de l'institution. Les mêmes auteurs admettent toutefois qu'il a existé un premier stade de l'humanité où l'autorité royale n'avait pas encore été confiée à un monarque unique, mais un stade où tous les membres de la société participaient à la prise de décision.

L'historien moderne est encore très démuni pour identifier les plus anciens régimes politiques mésopotamiens. Toute société d'une certaine complexité a besoin d'un mécanisme qui arrête les normes, fait respecter les usages et règle les litiges. À la fin du IVe millénaire et au début du IIIe, une assemblée de notables, qui se font reconnaître par des signes extérieurs comme leurs coiffures, leurs vêtements ou les attributs et insignes qu'ils exhibent, est en charge des affaires publiques. L'un des membres de cette assemblée se distingue par le port d'une masse d'armes, un autre par celui d'un soc de charrue ; le président se reconnaît par le port d'une hache cérémonielle en cuivre. Mais on ignore tout du fonctionnement de cette assemblée. Est-elle hiérarchisée ? Ses membres sont-ils élus ? L'un des notables a-t-il vocation à être plus éminent que les autres ? La durée de leur fonction est-elle limitée ? On sait, cependant, que le chef de l'assemblée est assisté par un « officier de l'assemblée » et un « héraut en chef », soit le chef d'une troupe d'hommes d'armes et un officier de justice.

L'ORGANISATION POLITIQUE ET SOCIALE

Dans ce cadre, le champ du pouvoir n'est pas un espace banal reposant exclusivement sur des forces de coercition. Il est celui du rapport de force entre les individus détenteurs de parcelles d'autorité suffisantes pour les mettre en position d'influer sur les décisions communes. Les conflits surgissent lorsque les équilibres sont menacés. Au cours du premier tiers du IIIe millénaire, un notable se distingue de ses pairs parce qu'il montre plus d'aptitude et plus d'adresse que les autres à être généreux, à souder autour de lui les cercles toujours élargis des parents, des amis et des alliés. D'un mot, **il sait mieux qu'un autre placer autrui dans une situation de dette à son égard, il sait recevoir et tarder à rendre, mieux encore, il sait recevoir sans rendre !**

Ainsi assiste-t-on à la naissance de la monarchie.

• LES CLASSES SOCIALES

CLASSES SOCIALES

Les sociétés mésopotamiennes sont d'une extrême complexité tant les statuts sont multiples. La richesse du vocabulaire qui désigne les groupes sociaux témoigne, à elle seule, de leur nombre et de leur diversité : *lu*, *lugal*, *dumu*, *girsega*, *erin*, *gurush*, *shub-lugal*, *geme*, *luhunga*, *ir*, *mashka''en* ou *mushkênum*, *lusi*, *lugula*, *lu'atuku*, *nita*, *munus*, *sagmunus*, *sag*, *sagnita*, *amatu*, *namrak*, *arua*, *wardum*, *rêshum*, *niskum*, *shirkum*, *miqtum*, etc. Il serait déplacé, ici, de se livrer à une analyse de tous ces termes.

Parmi d'autres écrits, le code de Hammurabi offre de la société une vision synthétique, réduisant la multiplicité des statuts sociaux à trois termes supposés les englober tous : *awîlum* (les notables ; la noblesse terrienne), *mushkênum* (les classes moyennes et les pauvres) et *wardum* (les sujets ; les esclaves).

LES NOTABLES

L'akkadien *awîlum*, le mot désigne l'être humain en tant que membre d'une espèce et comme opposé aux dieux, aux animaux,

L'ORGANISATION POLITIQUE ET SOCIALE

aux monstres et autres êtres hybrides ; il signale plus précisément un homme marié, muni d'enfants et de descendance, un chef de famille nanti, le propriétaire d'une maison ou d'un domaine, qui a autorité sur son épouse, ses enfants et tous les parents qui vivent sous son toit, qui dispose à sa guise de tous ceux qui travaillent pour lui et dépendent de lui, qu'ils soient des travailleurs salariés, des domestiques ou des individus de condition servile. C'est un propriétaire foncier, un marchand, un commerçant ou un artisan aisé. Tous les rouages de l'État ainsi que les offices religieux, des fonctions les plus hautes aux plus subalternes, sont entre ses mains.

On est membre de la classes des *awîlû* par naissance ; du reste, le correspondant sumérien du terme, *nam.dumu*, dont le sens premier est « état de fils », insiste sur ce fait incontestable, tout comme l'akkadien lui-même qui préfère l'expression *mâr awîlim*, « fils d'*awîlum* » au terme *awîlum* seul, insistant à son tour sur la naissance. Dans les sources du Ier millénaire, l'expression *mâr awîlim* est remplacée par *mâr banî*, « fils bien né ».

Awîlum, comme *nam.dumu*, désigne donc premièrement un notable, un homme que l'on ne peut réduire en servitude sans son consentement : on connaît le cas de l'annulation de la vente d'un particulier comme esclave par sa mère et trois autres personnes, apparemment des membres de sa famille ou de familles alliées, parce qu'il est démontré, au cours d'un procès consécutif à cette vente, qu'il est lui-même membre de l'élite sociale, *nam.dumu*, de la ville de Nippur. On traduit parfois le mot *awîlum* ou l'expression *nam.dumu* par « citoyen », mais cette traduction est difficilement acceptable en l'état des connaissances, l'existence en Mésopotamie d'un véritable statut de l'individu considéré comme une personne civique n'étant pas démontrée.

UNE NOBLESSE TERRIENNE

Au sein de cette élite sociale, une distinction se fait jour, plus ou moins marquée selon les époques, entre les notables urbains et une noblesse terrienne, les passages d'un groupe à l'autre étant toujours possibles. Il faut, du reste, souligner qu'une distinction s'impose, en matière de biens fonciers, entre ceux qui sont la propriété des intéressés et ceux qui leur sont attribués par le souverain et dont ils assurent la gestion pour leur propre compte aussi longtemps que la disgrâce ou la défaite ne les atteint pas. Dès l'époque d'Akkadé, les dignitaires sont, dans leur immense majorité, les usufruitiers de parcelles plus ou moins étendues selon le rang qu'ils détiennent dans la hiérarchie des fonctions, des parcelles qui leur sont attribuées sur les terres royales et dont ils sont les dépositaires. D'un mot, il existe, au sein des terres du palais et sur le mode de l'imbrication, des domaines plus restreints destinés aux fonctionnaires et prestataires d'un certain rang. Ainsi, un responsable du cadastre peut-il être le détenteur d'un bien foncier au sein d'un domaine que gère un marchand, lequel est lui-même situé dans un ensemble plus vaste dont le dépositaire est un membre de la famille royale.

À partir de la seconde moitié du IIᵉ millénaire, en Babylonie comme en Assyrie, la distinction semble s'accentuer entre les deux groupes. **C'est la noblesse terrienne qui entoure le roi et sa famille, qui exerce les charges officielles à la cour, et c'est dans ses rangs que sont choisis les gouverneurs des provinces.** En Babylonie, elle est très mal connue.

En Assyrie, elle commence avec les familles royales elles-mêmes qui comprennent les enfants, les frères, l'épouse principale et la belle-famille du roi, mais s'entend dans un sens beaucoup plus large encore puisqu'en font partie les descendants de branches collatérales dont un ancêtre avait autrefois exercé la royauté. Elle forme une aristocratie très puissante qui fournit les principaux officiers et dignitaires au roi et à l'armée. C'est cette dernière qui reçoit en partage l'essentiel des produits des victoires et des annexions.

Jusqu'au milieu du VIIIᵉ siècle, le roi prend son épouse principale parmi cette élite de dignitaires ; il est donc lié aux familles qui la composent par des liens étroits, des familles qui ne dépendent pas exclusivement de sa générosité mais qui descendent d'illustres ancêtres. Sous le long règne de Salmanasar III, cette noblesse atteint un degré de puissance considérable ; sa fidélité au roi est d'ailleurs récompensée. Paradoxalement, les grandes conquêtes tendent à affaiblir l'autorité royale à son profit, les annexions successives ayant pour effet d'agrandir considérablement l'étendue des provinces et, par voie de conséquence, d'augmenter les pouvoirs de leurs gouverneurs.

À partir de la seconde moitié du VIIIᵉ siècle, avec l'expansion considérable de l'empire et la nécessité d'avoir recours à un personnel administratif toujours plus nombreux, **les rois assyriens mettent en place des hommes nouveaux qui rivalisent avec les membres de l'aristocratie héréditaire.** Toute nomination dans une fonction, avec les privilèges et les bénéfices afférents, dépend désormais exclusivement de la faveur royale. Ainsi la vieille noblesse est-elle condamnée à son tour à concourir pour obtenir les hautes fonctions, et une aristocratie nouvelle, créée par le roi, fait son apparition. Cela contribue à miner la position ou le prestige de l'ancienne noblesse, et son statut, qui était héréditaire, cesse de l'être.

LES CLASSES MOYENNES ET LES PAUVRES

La situation précise du *mushkênum* (un terme que les Sumériens empruntent sous la forme *mashka''en*, forme sous laquelle il est attesté dès la fin du IVe millénaire et qui permet de le rattacher à la racine *shuka''unu*, « se prosterner », « se jeter aux pieds de quelqu'un ») dans les sociétés mésopotamiennes n'est pas encore élucidée. Dans une lettre paléo-babylonienne, **le mot abstrait** ***mushkênûtum* dit l'« état de pauvreté » d'un particulier**. Il indique la masse de la population, généralement pauvre et exploitée, notamment les ouvriers et employés salariés, mais qui n'est pas nécessairement totalement démunie puisqu'elle peut comprendre des petits propriétaires, des métayers, des artisans et des commerçants modestes. Dans l'empire néo-assyrien, *mushkênu* désigne un misérable besogneux attaché à une glèbe, acheté et vendu avec elle.

Tout comme on est *awîlum* par naissance, on naît *mushkênum*, comme l'atteste l'expression *mâr mushkênim*, « fils de *mushkênum* ».

La documentation de l'époque de l'empire d'Ur privilégie l'expression *nam.erin* au mot *mashka''en*. Elle fait toutefois référence à une réalité sensiblement différente. *Erin* désigne un *gurush* qui est réquisitionné pour une tâche particulière, le service militaire ou toute corvée d'une autre nature, pendant un temps donné. Or *gurush* ne dit pas autre chose que l'homme jeune, apte au travail et, apparemment, non encore marié. Le terme ne s'applique pas à un groupe mieux défini. Partant, *nam.erin* fait donc référence à une population jeune et de condition modeste.

Quoi qu'il en soit, la masse des gens classés sous ces appellations sont les personnels rationnaires et salariés des grands domaines institutionnels et privés. Car **le salariat est inventé en Mésopotamie au cours du dernier tiers du IIIe millénaire**, une invention qui suppose le franchissement de deux étapes conceptuelles : l'acheteur doit pouvoir choisir le moment et les conditions d'utilisation de la force de travail qu'il veut louer ; il doit être à même, en outre, de mesurer le temps de travail afin de le rémunérer.

En Assyrie, au Ier millénaire, les masses laborieuses sont constituées, pour l'essentiel, par la petite noblesse assyrienne, lésée dans ses intérêts par les « grands », par la petite paysannerie qui, décimée par les guerres, dépérit rapidement ; par les artisans et les habitants des villes qui bénéficient généralement de certains privilèges et immunités ; enfin, l'ensemble des peuples vaincus.

Les individus sont assignés à une terre ; telle est la base du recrutement de la main-d'œuvre corvéable et des troupes ; toute dotation de terre place son bénéficiaire dans l'obligation de fournir une main-d'œuvre ou des hommes d'armes au moment voulu. Les besoins en hommes étant réduits, avec le temps, l'obligation de fournir de la main-d'œuvre ou des soldats est fréquemment commuée en paiement en argent.

LES SUJETS ; LES NOTIONS DE SERVICE ET DE SERVITUDE

Le sumérien *sag* et l'akkadien *rêshum*, le sumérien *ir* et l'akkadien *wardum* sont les termes privilégiés pour dire l'idée de service. *Sag* et *rêshum* sont limités à l'usage restreint d'« esclave ». Il n'en est pas de même des autres termes.

Wardum (le sumérien *ir*, à lire sans doute **irda*, **urda* ou **urdu*, est un emprunt à l'akkadien) dit la relation inégalitaire qui peut s'instaurer entre deux êtres. **Il indique très précisément la relation de subordination d'une personne de rang inférieur par rapport à une autre de rang plus élevé, un souverain et son sujet, un maître et son serviteur, un dévot et son dieu, un propriétaire et son esclave**. Métaphoriquement, *wardum* exprime l'idée d'humilité. S'agissant de la servitude, il inclut l'aliénation de la personne physique ; il s'agit dans ce cas d'un emploi particulier du mot. Si dans les sources juridiques il signale de manière privilégiée celui qui occupe le bas de l'échelle sociale, précisément l'esclave, tel n'est pas toujours le cas : dans le code de Hammurabi lui-même il peut désigner, comme il le fait souvent ailleurs, tout sujet du souverain régnant.

On donne souvent des sociétés mésopotamiennes l'image d'une structure pyramidale au sommet de laquelle se trouverait le souverain régnant, les autres membres, idéalement ses « esclaves », *wardû*, s'y répartissant en fonction de leur proximité avec le roi et de la part de pouvoir et de richesse dont ils sont les détenteurs, une part qui va décroissant à mesure que l'on s'éloigne de la personne royale. La réalité est beaucoup plus nuancée. Ces sociétés ne sont pas figées et le pouvoir ne s'y exerce pas de manière despotique. Le roi est, certes, au sommet de la hiérarchie sociale et il commande à tous ses sujets, mais l'homme mésopotamien est un être dont les actes sont le résultat d'un choix libre et volontaire. Les groupes qui se partagent les responsabilités politiques et administratives ne sont pas hermétiques entre eux et les passages sont toujours possibles de l'un à l'autre.

Un nombre important d'anthroponymes est composé à l'aide des mots sumériens *lu*, *ur*, *ir* et *sag*, ou des mots akkadiens *awîlum*, *rêshum* et *wardum*, suivis d'un nom divin. Il y a équivalence entre *lu* et *ur*, qui signifient « homme », à l'instar de l'akkadien *awîlum* ; les noms s'interprètent alors comme « l'homme de » ou « le dévot de » telle ou telle divinité. S'agissant de **sag** ou **rêshum**, ils **disent exclusivement l'esclave**. Quant à *ir* et *wardum*, ils sont d'interprétation plus délicate : *awîlum* suivi d'un théonyme ou *ir/wardum* suivis d'un théonyme véhiculent nécessairement des significations différentes, disant deux types de relation à la divinité que le seul mot « dévot » ne suffit pas à exprimer ; le second insiste davantage que le premier sur l'humilité de l'homme vis-à-vis de son dieu.

Ainsi, et pour ne retenir qu'un exemple, le responsable de la police peut-il se dire le serviteur, *ir/wardum*, du gouverneur de la province où il exerce sa profession, le gouverneur à son tour se présentant comme le serviteur, *ir/wardum*, du roi. Quant au scribe Urda, qui se dit *ir/wardum* d'un roi d'Akkadé et dont le nom peut signifier « esclave », on peut s'interroger sur le sens qu'il convient de donner à *ir/wardum* dans son cas ! Il pourrait être de condition servile. Du reste, le mot *awîlum* lui-même, sous la forme de l'abstrait *amîlûtu*, finit par désigner le statut du serviteur avant de dire, très tardivement, celui de l'esclave !

Les scribes savent jouer du vocabulaire des institutions sociales avec un art consommé de la nuance. Des récits sumériens de Gilgamesh à l'épopée du même nom en akkadien, un glissement se produit. Dans les premiers, Enkidu, le comparse de Gilgamesh, est appelé le « serviteur », *ird*, du roi d'Uruk, celui-ci étant son « seigneur », *lugal* ; dans la seconde, les deux héros sont « amis », *ibru*, un terme qui insiste sur l'égalité de rang entre les deux. Ailleurs, une lettre de Mari témoigne d'un autre glissement, du passage du vocabulaire de l'obligation à celui de la parenté, rapportant que le roi d'Ékallatum Samsi-Addu « avait coutume de s'adresser au roi d'Eshnunna comme son serviteur (*wurdutam*) mais que, plus tard, ayant lui-même conquis tout le pays par suite des ennuis du roi d'Eshnunna, il lui donna du frère (*ahutam*) ».

On peut conclure de ce bref aperçu qu'**un même statut juridique peut cacher des réalités très diverses** tout comme une même personne peut changer de statut au cours de sa vie. Choisissons un dernier exemple de cette souplesse qui peut présider aux rapports sociaux. Dans la ville de Girsu, au XXXIVe siècle, deux femmes portent le même nom de Puta, « (choisie) hors du puits », un nom qui indique qu'elles sont l'une et l'autre des enfants trouvés. Or l'une est l'épouse d'un notable et bénéficie de tous les privilèges attachés au rang de son époux, alors que l'autre est vendue comme esclave.

Au Ier millénaire, la société assyrienne subit des mutations profondes. Elle se compose de paysans, d'esclaves et d'une aristocratie très puissante qui fournit les principaux officiers et dignitaires au roi et à l'armée. C'est cette dernière qui reçoit en partage l'essentiel des produits des victoires et des annexions ; c'est elle qui, jusqu'à une période récente, fournit des épouses aux rois. Or tous les habitants de l'empire, hauts dignitaires ou peuples soumis, sont les sujets, les serviteurs ou les esclaves du roi, et ils sont tous astreints au service royal, *dullu sha sharri*, qui prend la forme de taxes, d'impôts en nature, bétail et céréales, ou en argent, ainsi qu'au service personnel, les corvées pour les travaux publics et le service militaire.

LES ESCLAVES

Les Mésopotamiens ne conçoivent pas l'appartenance par la naissance à une classe d'esclaves ; s'il existe des esclaves « nés à la maison », l'expression *mâr wardim*, « fils d'esclave » ou « membre de la classe des *wardû* » n'existe pas. On ne naît pas nécessairement esclave pas plus qu'on ne le reste nécessairement tout au long de sa vie.

Il existe, du reste, plusieurs procédures d'asservissement :

– par la captivité, à la suite d'une guerre ; les prisonniers sont placés au service du roi, dans ses palais, ou offerts par lui aux forces invisibles, aux membres de l'élite sociale ou aux soldats. Placés dans des camps, ils peuvent être affectés à des travaux d'intérêt général ;

– par naissance, étant issu de deux parents de condition servile. L'akkadien n'use pas, alors, de l'expression *mâr wardim*, proscrite dans ce cas, mais parle de *wilid bîtim*, « croît de la maisonnée », qui rappelle une autre expression bien connue, *wilid bûlim*, le « croît du bétail » ; elle indique que la naissance d'un enfant d'esclave est considérée, prioritairement, du point de vue du profit de son propriétaire. Un enfant d'esclave a une mère et un maître ; le père n'est mentionné qu'exceptionnellement ;

– à la suite d'une infraction commise, un tribunal peut condamner un individu à la servitude ;

– tout membre de la communauté peut devenir esclave par contrat. Cet asservissement ne peut se faire qu'avec l'assentiment de l'intéressé ou des personnes ayant autorité sur lui. Le divorce pour une épouse, l'aliénation d'enfants par leurs parents en période de famine ou la rupture d'un contrat peuvent constituer autant de sources de servitude.

L'asservissement pour dette est une pratique courante. Mais dans ce cas, le terme est impropre ; l'expression, il est vrai, a été forgée pour rendre compte de situations étrangères à la Mésopotamie. En l'occurrence, que les personnes déplacées soient saisies, placées en gage ou vendues contre argent, il est impossible de parler de servitude à leur sujet puisque celle-ci ne peut intervenir qu'en cas de non-remboursement de la dette, une fois passé le délai prescrit par contrat. En outre, dans tous les cas, c'est la seule force de travail qui est aliénée jusqu'à cette date ou pour un temps convenu, et non la personne physique.

S'il n'est pas de doute que, juridiquement, l'esclave est assimilé à un bien foncier ou immobilier, en ce qui concerne l'autochtone réduit en esclavage, il est un bien d'un type particulier puisqu'on lui reconnaît les caractéristiques de l'être humain. Il peut amasser un pécule et acheter sa libération ; il peut ester en justice, vendre du bien, y compris un esclave, il peut se marier, épouser une personne de même statut que lui ou de statut différent, et il semble exercer l'autorité paternelle sur ses enfants.

La Mésopotamie, dit-on, serait une terre où l'esclavage ne tiendrait qu'une place réduite, voire marginale. Il n'y constituerait à aucun moment un phénomène de masse. Pourtant, les exemples ne manquent pas qui tendent à montrer le contraire. Le palais de Suse, au XXIIe siècle, emploie aux tâches les plus diverses quelque 1 034 employés auxquels il verse des rations mensuelles, mais il emploie aussi 386 personnes, dotées de rations alimentaires quantitativement plus réduites, et qui sont mentionnées, dans les sources comptables qui en font état, après les animaux de trait, les moutons et les chiens ; il ne peut s'agir, avec elles, que d'êtres de condition servile. Au siècle suivant, un domaine géré par l'administration de l'État emploie semblablement plusieurs milliers de personnes dont on a tout lieu de penser qu'il s'agit de prisonniers de guerre.

Sans doute la situation est-elle susceptible de varier selon les époques. Au XXIVᵉ siècle, les populations vaincues sont réquisitionnées par le vainqueur pour accomplir de grands travaux avant d'être rétablies dans leur statut premier. Beaucoup plus tard, par contre, au VIIᵉ siècle, dans l'empire assyrien, des populations entières, une fois vaincues, sont déportées et comptées définitivement comme du butin.

L'esclavage, à vrai dire, dans un pays qui a inventé le salariat, est à considérer dans le cadre plus général de l'exploitation de la main-d'œuvre non servile.

LES DÉPORTATIONS DE POPULATIONS

Au sein des empires du Iᵉʳ millénaire, l'empire assyrien et l'empire babylonien, une politique est pratiquée qui consiste, pour mieux dominer les peuples vaincus, à les déporter massivement. Les rois assyriens, à partir de Téglath-phalasar III, systématisent cette pratique déjà ancienne. **Le but poursuivi est de briser toute résistance nationale en opérant un vaste brassage.** C'est ainsi que les habitants de Sidon partent pour l'Assyrie, ceux de Samarie pour le bassin du Habur, en Syrie du Nord ; les habitants de Hamath sont installés dans le Zagros ; 150 000 Araméens de Babylonie du Sud sont dirigés vers les marches du Nord-Est ; des Babyloniens vont habiter Samarie où ils rejoignent des Arabes ; des Mannéens viennent à Damas. Les populations déportées retrouvent leurs cellules familiales, leurs habitudes, et conservent leur statut, mais sont déracinées. Kalhu est peuplée d'Araméens et de Syriens ; Dur-Sharrukin, selon les dires de Sargon lui-même, accueille des gens originaires de toutes les parties du monde et parlant toutes sortes de langues.

Les déportations peuvent être sélectives, limitées à ceux dont on a un besoin pressant. Les régions ainsi peuplées sont souvent ruinées par les guerres, et un grand effort est fait pour étendre les surfaces de terres cultivées ; les déportations de masse consistent souvent dans des échanges de populations, ainsi les populations de Médie sont-elles transplantées au Levant, dont les populations sont envoyées à l'est. Partout, des sites ruinés sont reconstruits, parfois embellis et agrandis avant d'être repeuplés. Ainsi, la question de la sécurité de l'empire trouve-t-elle un prolongement économique. À vrai dire, cette politique témoigne de l'effort d'intégration des rois assyriens : les déportés sont traités comme des sujets assyriens, sur le plan juridique comme sur le plan social, car ce sont des étrangers vaincus. C'est à partir de Sennachérib que la terminologie des inscriptions officielles change et qu'il n'est plus fait référence à l'intégration des étrangers ; ceux-ci sont désormais comptés comme du butin ; ils doivent en premier lieu servir le palais, les autres étant attribués aux nobles ; il est indéniable qu'il s'agit d'une forme d'esclavage, même s'il n'y a pas de terme assyrien spécifique pour le désigner.

LES ÉTRANGERS

Les étrangers, généralement des fuyards, des exilés ou des proscrits, n'ont, sauf exception, aucune place dans la société. Seuls les ambassadeurs jouissent, en principe, d'une certaine protection. Quant aux marchands et aux messagers, ils prennent de multiples précautions ; on sait, tout particulièrement, qu'ils ne voyagent jamais seuls mais qu'ils se regroupent en caravanes et en convois et jouissent de la protection d'escortes. S'agissant des simples particuliers, les témoignages, comme à l'accoutumée, sont plus chiches, mais l'habitude paraît être, également, de s'agréger à des caravanes.

Il existe, à dire vrai, deux types d'étrangers. À partir de la fin du IIIe millénaire, les Mésopotamiens esquissent une image de la terre et de ses habitants selon laquelle il existerait un centre hautement civilisé, peuplé d'êtres humains, auquel s'opposerait une périphérie subdivisée en quatre aires orientées approximativement suivant les quatre points cardinaux et qui seraient peuplées de barbares eux-mêmes caractérisés selon des critères négatifs qui les opposent aux êtres humains : **ils vivent hors des espaces domestiqués ; ils ont l'intelligence canine et la physionomie simiesque ; leurs langues sont des balbutiements confus ; ils ignorent l'agriculture, les aliments cuits, les boissons fermentées et les manières de table ;**

ils ignorent les maisons et les villes ; ils ignorent les sépultures ; ils sont dépourvus d'inhibition, ignorent les interdits et n'ont pas de parole ; ils ne manifestent nul respect envers les dieux (cf. L'espace, ch. V).

D'un mot, l'étranger, quel qu'il soit, est un ennemi, comme le souligne le vocabulaire lui-même, le sumérien *lukur* ou l'akkadien *nakrum* ne disent pas autre chose. Pour tout Mésopotamien, on passe insensiblement du cercle de la famille restreinte à celui de la famille élargie, à ceux des affins et des amis, enfin à ceux de l'étranger et de l'ennemi. Ces derniers, par définition dangereux et sacrés, potentiellement hostiles, doivent donc être domestiqués selon des usages convenus afin de les socialiser. La guerre ou le meurtre sont l'une des possibilités offertes. Mais on peut aussi tenter de les agréger au moyen de rites d'hospitalité. À partir de sources diverses, on peut tenter de reconstituer le rituel qui préside à l'accueil de l'étranger comme suit : l'étranger se fait connaître et apporte des cadeaux ; habillé et parfumé par son hôte, il est invité à partager un repas ; au cours de ce repas, un toast est porté et une joute s'engage, simple joute oratoire ou véritable combat au corps à corps, selon les cas, mais qui comporte toujours un enjeu : il y aura un gagnant et un perdant ; si l'étranger gagne, il est admis dans la société ; par contre, s'il perd, son introduction dans la société dépend de son vainqueur qui peut le mettre à mort, en faire son esclave ou son ami. Tel est le scénario qui préside, dans l'*Épopée de Gilgamesh*, à l'accueil d'Enkidu dans la société urukéenne.

• LES INSTITUTIONS POLITIQUES ET ADMINISTRATIVES

DE SUMER À BABYLONE

À partir de 2400, les sources nous mettent en présence d'au moins **trois titres royaux**, ceux d'*en*, d'*ensi* et de *lugal*. Il est généralement admis que le premier est le titre royal propre à la seule ville d'Uruk, le second celui qui est en usage à Lagash, le dernier étant le plus répandu. L'étude des textes administratifs et juridiques du milieu du IIIe millénaire permet de formuler quelques propositions complémentaires.

Le titre *en* est réservé aux ancêtres décédés et qui font l'objet d'un culte. Celui d'*ensi* met en relief la relation qui unit le roi aux dieux, insistant sur le fait que le roi agit en faveur et au nom du dieu, véritable souverain lui-même dont il est en quelque sorte le gouverneur. Quant à *lugal*, il désigne un membre de l'élite sociale investi de la plus haute autorité sur le groupe parental ou local dont il est membre. Il apparaît que les trois titres cumulés disent la totalité du concept de royauté propre à la Mésopotamie du IIIe millénaire, un concept que chaque terme pris isolément n'exprime que de manière incomplète. **L'institution royale se définit par les rapports que le roi entretient avec les ancêtres, les dieux et les hommes**.

Plus tard, le titre royal par excellence est exprimé par le mot sumérien *lugal* et par l'akkadien *sharrum*. Les sources du milieu du IIIe millénaire montrent qu'il existe, selon les lieux et les moments, **deux types de monarchies** : des **monarchies électives** et des **monarchies héréditaires**. C'est un roi élu qui prend la tête de la révolte du pays de Sumer contre Naram-Sin d'Akkadé, lui-même l'héritier de son père et de son grand-père. Deux siècles plus tôt, Enméténa de Lagash, quoique détenteur du pouvoir royal par héritage, est également légitimé par une élection.

Avec l'empire d'Akkadé et l'unification de la Mésopotamie sous son autorité, l'institution royale est élevée au point de contact entre les sphères du divin et de l'humain. Naram-Sin, tout particulièrement, manifeste une propension ostentatoire à l'expansion par la force au-delà de toute limite. Les anciennes titulatures ne suffisant plus à exprimer ces desseins hors du commun, le roi brigue des titres nouveaux ; il est « divinité d'Akkadé » et fait précéder son nom, dans ses inscriptions, d'un déterminatif graphique signalant les noms divins. En réalité, le port du titre « divinité » n'élève pas le roi humain au rang des dieux, ce titre n'étant jamais l'apanage d'aucun dieu ; il établit, au contraire, la différence qui sépare le roi humain du roi céleste. Quant à l'emploi du déterminatif, il vise à rapprocher le roi de la sphère divine mais sans l'y introduire ; il est une allusion à certaines formes idéelles de transmission du pouvoir, les rois étant supposés descendre des dieux ! Certes, au temps de l'empire d'Ur, une tentative de relecture du titre est proposée, mais sa signification première n'en est pas modifiée pour autant. L'emploi du déterminatif persévère, de manière erratique, jusqu'au XVIIIe siècle, avant de disparaître complètement (cf. Qu'est-ce qu'un dieu, ch. VI).

Dans la seconde moitié du IIe millénaire, il existe deux sortes de rois, ceux que les textes nomment *sharru rabû*, « grand roi », et les autres, que les textes désignent plus simplement par *sharru*, « roi ». Les premiers sont les *bêlû*, les « seigneurs », des seconds qui sont leurs *ardû*, leurs « serviteurs ». Si les seconds bénéficient, à l'intérieur de leurs États, de toutes les prérogatives et de tous les privilèges dus à leur rang, ils ne sont guère plus, vis-à-vis des premiers, que des fonctionnaires, des rouages du système administratif.

Le concept de légitimité est fondé, alors, sur l'antiquité de la race royale. La succession se fait à l'ordinaire de père en fils, mais le trône peut toujours être conquis par les armes. Les exemples d'usurpation ne manquent pas, même s'ils sont, certes, le fait de membres de familles royales.

On ne connaît que très imparfaitement les institutions de tous ces États. Lors des premiers temps de la monarchie, au milieu du IIIe millénaire, c'est tout juste si l'on sait que le roi est entouré d'un grand échanson et d'un chef des charmeurs de serpents. Sargon d'Akkadé, quelques siècles plus tard, installe des gouverneurs dans les provinces de son jeune empire ; c'est le seul acte administratif dont il ait laissé lui-même le témoignage. Ce n'est qu'avec l'empire d'Ur, à l'extrême fin du IIIe millénaire, que l'on commence à en savoir davantage.

Cet empire met en place une **administration tatillonne** pour gouverner le pays. À la tête de l'État, le roi détient tous les pouvoirs. Maître de l'administration, il conduit la guerre et rend la justice ; il nomme les gouverneurs, les généraux, les hauts dignitaires et les juges ; la prétendue « divinisation » exalte en lui les vertus de protecteur et régénérateur du pays ; c'est pour ces mêmes vertus qu'il est honoré dans des temples.

La chancellerie est placée sous les ordres d'un *sukkalmah*, une sorte de premier ministre ou de grand chancelier ; on est accoutumé, à tort, à traduire le titre par « grand vizir », par référence à des régimes despotiques caractéristiques d'autres temps, un trait que les régimes monarchiques mésopotamiens ignorent. Même s'il est le plus haut dignitaire de l'État, son rôle reste obscur. On connaît la carrière de l'un d'eux qui est, simultanément, gouverneur civil de plusieurs provinces et gouverneur militaire des provinces orientales.

À la tête de chaque province se trouvent deux personnages, un gouverneur civil, *ensi*, et un commandant militaire, *shagin*, tous nommés par le roi. Pour mieux surveiller les rouages de l'administration, les rois d'Ur ont recours à des chargés de mission, les *sukkal*. Leurs aptitudes s'exercent dans les domaines les plus variés, et il est tentant de voir en eux les liens unissant les différents niveaux de la pyramide bureaucratique et le pouvoir central.

Quelques textes, enfin, font allusion à l'existence d'une assemblée conduite par un *galzu-unkena*, un « chef de l'assemblée ». Mais on ignore qui y siège et quels sont ses pouvoirs et ses attributions ; le roi y rend compte de certaines de ses décisions.

À partir du XIXᵉ siècle, avec l'arrivée des Amorrites, les habitudes changent et les institutions sumériennes sont progressivement abandonnées. Les affaires courantes sont désormais exécutées par des *shatammu*, des agents administratifs aux compétences multiples que l'administration ignorait jusque-là. Les hauts dignitaires détiennent des pouvoirs étendus et ne sont pas confinés à un secteur précis ; ils sont investis de responsabilités variées, et, le cas échéant, des conflits d'attribution peuvent se faire jour. Enfin, comme à Mari, des pactes sociaux sont noués, des conventions jurées qui unissent le souverain à ses sujets.

On ne connaît un tant soit peu les institutions politiques et administratives que dans le cas des grands empires du premier millénaire.

En Assyrie, les rois font appel à de **longues généalogies** qu'ils n'hésitent pas, à l'occasion, à fabriquer de toutes pièces pour justifier leur accession au trône. Une telle idéologie, avec **l'institution de l'éponymie**, la désignation annuelle des grands du royaume qui donneront leur nom à l'année, assure une certaine stabilité à l'État, ce que la Babylonie ignore. Là, si la tendance se dessine de maintenir la fonction royale à l'intérieur d'une même famille, **la légitimité repose sur la valeur personnelle du souverain** et, surtout, sur son acceptation par le tout-puissant clergé de Marduk. Le roi abdique, en effet, chaque année, à l'occasion de la cérémonie du nouvel an, déposant les attributs de sa fonction devant la statue du dieu suprême ; le grand prêtre les lui rend, ensuite, solennellement. Même si cette cérémonie n'a plus qu'une valeur symbolique, elle est révélatrice du rôle que peuvent jouer les prêtres. Le roi d'Assyrie, au contraire, est en même temps le prêtre suprême du dieu national, Assur.

L'ASSYRIE DU Iᵉʳ MILLÉNAIRE

Le roi

Autocrate, son pouvoir est théoriquement absolu ; il doit tenir compte, cependant, de la puissance de l'élite aristocratique et de certains mouvements d'opinion, notamment dans les grandes villes.

LA MÉSOPOTAMIE

Le sens aigu de la légitimité assure à sa fonction une grande stabilité. S'il est l'élu des dieux, la justification de sa légitimité se trouve aussi dans la haute antiquité, vraie ou fausse, de sa famille. Enfin, il est remarquable que les généraux et les dignitaires, si puissants soient-ils, n'envisagent jamais, même lorsque le roi est faible, de monter eux-mêmes sur le trône. Les temps sont révolus où le pouvoir royal pouvait, comme au XVIIIe siècle, être contesté par les puissantes familles de la ville d'Assur.

Le **couronnement** intronise le nouveau roi. La cérémonie se déroule en trois temps. Les dignitaires et le prince se réunissent d'abord au palais d'où ils gagnent le temple d'Assur où se situe la partie principale du cérémonial. Enfin, le nouveau roi siège en son palais et reçoit les officiers et grands du royaume qui lui confient les insignes de leurs fonctions pour qu'il puisse les en investir à nouveau.

Pour un Assyrien, le monde ne peut être autre chose que le domaine du dieu national homonyme, Assur, dont le roi est le grand prêtre, *shangû*, et auquel tous les peuples doivent se soumettre sous peine d'extermination. Le monarque joue un rôle central dans ce culte national, notamment par le rapport exceptionnel qu'il entretient avec le dieu qui lui communique ses décisions. Cette relation privilégiée est remarquablement mise en évidence dans le déroulement du rituel du couronnement. Le roi est revêtu par les dieux des insignes du pouvoir dans le temple d'Assur à Assur, chaque dieu à tour de rôle lui donnant ses ordres spécifiques ; il est ensuite porté dans les rues de la ville au cri de : « Le dieu Assur est roi ; Un tel (nom royal) est son représentant. » Rien n'illustre mieux ce caractère essentiel de l'idéologie royale assyrienne : le roi humain est le serviteur des dieux du pays et tout particulièrement du dieu national.

Tous les sujets du roi, les membres de sa famille comme les gens du commun, les États vassaux comme ceux qui recherchent, plus simplement, la protection de l'Assyrie, doivent s'engager personnellement à le servir par des **conventions jurées**, les *adê*. Celles-ci prévoient l'obligation de le protéger, de l'informer de tout danger et de rompre toute relation avec ses ennemis. **Ce sont ces prestations de serments qui scellent l'unité de l'empire autour de son chef**. Les serments sont prêtés solennellement aux rois et à leurs successeurs lors d'une cérémonie qui se déroule en un jour favorable et en présence des statues divines, les dieux de toutes les parties en présence étant garants de la solennité de l'acte et des punitions qu'encourent les réfractaires. On a retrouvé, brisés en de multiples fragments parce que violemment jetés à terre par les Mèdes lors du sac de la ville, dans les ruines du palais de Kalhu, le texte du serment contracté par les princes mèdes devant Asarhaddon et le prince héritier, Assurbanipal, en 672.

Le roi incarne une force morale. Il est juge suprême. Il sait le bien et le mal et ne craint pas d'agir contre ce dernier. Ses adversaires redoutent d'être punis, mais ils savent que leur punition sera juste. Sa justice, cependant, peut aussi s'exprimer par le pardon.

La puissance royale est révélée par le *melammu*, la radiance lumineuse qui émane de sa personne, qui le rend tout à la fois très beau et terrifiant. Le trait sous lequel cette puissance se manifeste avec le plus d'éclat est celui de défenseur de l'ordre assyrien. Il est alors exalté dans sa fonction guerrière, car il a pour mission, expressément énoncée, d'agrandir ses États par la force des armes. **L'empire assyrien est l'œuvre d'une lignée de grands soldats.** Tous mènent des campagnes militaires, conduisent eux-mêmes leurs armées, marchant derrière les emblèmes divins. Seul Assurbanipal fait exception, car on sait pertinemment qu'il est absent de certains théâtres d'opérations ; dans les campagnes où il n'est pas personnellement présent, les annales le décrivent néanmoins comme le coordinateur central qui envoie ses commandants avec ses armées.

C'est également du roi que dépendent, enfin, **le bien-être et la prospérité du pays.** Par sa dévotion envers les dieux, la justice qu'il rend, les victoires qu'il remporte, il est le garant de la fertilité et de la fécondité des hommes, des terres et des troupeaux.

La vie du roi peut être mise en danger lorsqu'il est surnaturellement condamné, par exemple lors d'une éclipse, sa vie étant alors mise en jeu sur le plan divinatoire. Un rituel est mis en œuvre qui consiste à lui chercher un **substitut** que l'on place sur le trône pendant le temps nécessaire à sa protection. Une fois le danger passé, le substitut et sa suite sont mis à mort.

Le prince héritier et la question de la succession au trône

Il découle de la position centrale qu'occupe le monarque dans le système politique que **le problème de la succession est une question épineuse.** La mort d'un roi peut être l'occasion de troubles, de révoltes ou de querelles dynastiques ; les souverains prennent donc l'habitude de désigner, parmi leurs enfants, celui qui leur succédera, le prince héritier, qui reçoit alors une formation appropriée à ses futures tâches. Le choix étant fait, il est soumis à l'approbation divine exprimée par des oracles. Il semble, mais sans qu'il n'y ait aucune certitude, que le prince ainsi désigné change de nom et prenne un nom de trône. On ignore également les critères justifiant le choix : **le principe de primogéniture semble jouir de la préférence**, mais la question reste posée de savoir de quelle mère, parmi la pluralité des épouses royales, il est le fils. On n'en sait pas davantage.

On connaît deux cas, au moins, où le roi ne choisit pas son fils aîné pour lui succéder ; son choix est alors contesté et donne lieu à des troubles. Quand Sennachérib choisit son fils puîné, les autres frères se rebellent et le souverain lui-même est assassiné par son fils aîné. Asarhaddon, le fils désigné, parvient à vaincre rapidement la révolte et à tuer le fils régicide ; s'il y parvient aisément, c'est que l'armée, au moins, est demeurée convaincue que son choix répondait à l'attente des dieux. Plus tard, Asarhaddon lui-même, confronté à la mort prématurée de son fils aîné, désigne son troisième fils, Assurbanipal, pour lui succéder sur le trône d'Assyrie, son second fils, Shamash-shum-ukin qui avait reçu, antérieurement, une éducation babylonienne, étant, de ce fait, jugé inapte à monter sur le trône. **Ce choix ouvre la porte à la plus longue et la plus cruelle des guerres civiles que connaît l'Assyrie, prélude à l'effondrement de l'empire.**

Une fois le choix confirmé par les dieux à travers les oracles appropriés, le prince élu est présenté à la cour. À cette occasion il est revêtu des insignes de sa nouvelle fonction et il est introduit dans la partie du palais réservée à sa personne et qui lui servira de résidence, le *bît riduti* ou « maison de succession ». Il y dispose de ses propres conseillers dont l'un est son tuteur. Après son installation, il est progressivement associé aux affaires de l'État. Mais son éducation consiste aussi à apprendre l'étiquette de la cour, l'art de la guerre et de la chasse, enfin à être initié aux lettres et à la sagesse du temps. Car il n'est nulle raison de croire que le roi est illettré.

Le premier devoir du prince héritier, après la mort de son père, est d'enterrer le défunt. Le corps est exposé en public pendant plusieurs jours et il est pleuré par la famille. Il y a vraisemblablement une lamentation publique. Le corps est lavé plusieurs fois, oint et embrassé, avant d'être porté dans un sarcophage en pierre et déposé dans une chambre souterraine du vieux palais d'Assur. L'enterrement est sans doute accompagné d'offrandes, mais les sarcophages eux-mêmes ne sont pas décorés. Au moment des funérailles, un grand feu est allumé en l'honneur du défunt. Le nouveau roi se tient encore plusieurs jours dans la maison des lamentations, vêtu de vêtements sales et s'abstenant de nourriture. Probablement après un rite de purification, il finit par apparaître, revêtu de vêtements blancs, pour se préparer à gouverner à son tour.

La famille royale

On ignore le sort des autres enfants royaux. On n'en connaît même pas le nombre. Asarhaddon doit en avoir dix-neuf. Certains se voient confier des fonctions gouvernementales importantes, d'autres sont appointés dans des temples ou exercent un commandement militaire. Quant aux filles royales, elles sont, semble-t-il, données en mariage à des princes vassaux ou étrangers. Mais toutes n'ont pas de telles destinées ; elles sont sans doute plus fréquemment dotées de terres et épousent des nobles assyriens.

On ignore quelle est la politique matrimoniale des rois. **La polygynie est la règle.** On sait qu'au IXe siècle ils peuvent épouser des femmes de la noblesse assyrienne ; plus tard, on ignore le statut des épouses dont les noms, lorsque nous les connaissons, sont ouest-sémitiques. La mère d'Asarhaddon, l'araméenne Naqi'a, porte aussi le nom assyrien de Zaqutu. Tout cela ne fait que traduire le plurilinguisme de l'empire. Le titre de « reine », mot à mot « celle du palais », est probablement réservé à la mère du prince héritier. Une reine possède un domaine ; elle vit au palais, dans des appartements réservés ; son domaine est administré par une femme de haut rang ; à ses côtés se trouvent une femme scribe, un cuisinier et des pâtissiers. D'autres sources mentionnent des « enfermées », mais on ne sait s'il s'agit de concubines royales ou de servantes.

Si elle vit assez longtemps, la mère du prince héritier devient la « **reine mère** » et occupe une position honorifique. Elle dispose de grands domaines qu'elle exploite et d'une garde armée. Certains membres de ses services sont choisis par son fils.

Malgré l'importance qui est la leur, de par leur personne, la reine et la reine mère ne jouent normalement aucun rôle officiel. Cependant, lorsque la situation politique est délicate, occasionnée par la mort subite du roi, la reine mère peut jouer un rôle majeur pour maintenir le régime ; Naqi'a/Zaqutu, l'épouse araméenne de Sennachérib, la mère d'Asarhaddon et la grand-mère d'Assurbanipal, assure par deux fois la succession au trône, dominant les intrigues de cour et sachant imposer ses décisions.

L'entourage du roi, la cour

Le roi s'entoure de savants pour le conseiller. Ceux-ci lui transmettent sans cesse des présages de toute espèce, des conseils en tout genre, et lui disent l'attitude appropriée qu'il lui faut adopter.

Le rôle majeur des élites intellectuelles à la cour est mis en relief par l'abondante correspondance qu'elles ont laissée. Il semble qu'un groupe de seize personnes forme le cercle restreint des conseillers ; il comprend un interprète des présages célestes et terrestres, un haruspice, plusieurs exorcistes dont l'un est spécialisé dans les consultations concernant la santé des enfants royaux, deux médecins, un chantre et deux astrologues. Parfois, ces érudits se succèdent de père en fils. Bref, les intellectuels sont tenus en grande estime.

Ce serait une erreur de croire au stéréotype d'un roi ignorant livré aux mains d'un groupe d'intellectuels qui le manipule à sa guise. Il est lui-même en position de porter un jugement. En outre, les spécialistes ont souvent des opinions divergentes et ne manquent pas de se dénoncer les uns les autres. Prouver que l'on est le meilleur apporte privilèges, cadeaux, prestige social, position lucrative pour ses enfants et les membres de sa famille.

Au-delà de ce cercle étroit, le roi évolue au milieu d'une foule nombreuse et hiérarchisée. Les plus proches du roi sont ceux qui le suivent partout de par leurs fonctions : le porte-glaive, l'aurige, etc. ; avec les gardes du corps, ils forment la garde rapprochée ; ils constituent un groupe d'hommes dévoués et dont le roi se sert comme messagers pour les missions délicates. Il est possible que, parmi eux, figurent un grand nombre de *sha rêshi*, un terme que l'on traduit habituellement par « eunuque », encore que rien n'en apporte la preuve ; il est très vraisemblable qu'il réfère à un rang particulier à la cour, au sein duquel peuvent figurer des eunuques.

Les hauts dignitaires qui entourent le roi sont très riches, car la proximité du pouvoir enrichit. Ils peuvent se voir accorder de grands domaines, être exempts de taxes, toucher des émoluments.

Mais petit à petit **le pouvoir s'use. La cour est corrompue**, partagée entre les querelles de préséance et les vaines superstitions qui opposent entre eux les princes, les prêtres et les femmes du harem. Sennachérib est encore ouvert aux techniques nouvelles, Asarhaddon par contre est un caractère inquiet et instable, vivant dans la crainte des présages malencontreux. Il rétablit la vieille coutume du substitut royal, abandonnée temporairement (cf. Le roi, ch. III). Toute la correspondance royale est celle d'un homme malade qui se préoccupe de sa santé. Assurbanipal ne quitte plus son palais, chargeant le plus souvent ses généraux de mener les guerres, lui-même se contentant de prier et d'envoyer des directives. Isolés, vaniteux, les derniers rois assyriens doivent faire face à une situation internationale qui s'est aggravée dangereusement et qu'ils ne dominent plus. La guerre civile achèvera le reste.

Le gouvernement de l'Assyrie

Traditionnellement, à son avènement, le roi choisit parmi son entourage les dignitaires et les officiers de la cour qui auront pour tâche de le seconder et le servir dans le gouvernement de l'empire, bref de gérer les affaires du palais et de l'État.

L'ordre de préséance de cette noblesse est connu par le **canon des éponymes**. Celui-ci stipule qu'un haut personnage est choisi, chaque année, pour exercer la fonction de magistrat éponyme et donner son nom à l'année en cours. Le roi est éponyme dans l'une des premières années de son règne. Viennent, après lui, le **lieutenant-général**, *turtânu*, le **hérault du palais**, *nâgir êkalli*, le **grand échanson**, *rab shaqê*, le **grand chambellan**, *abarakku*, et le **gouverneur de la ville d'Assur** ; ils figurent toujours dans le même ordre ; les gouverneurs des provinces, ensuite, leur succèdent.

Sous le règne de Salmanasar III, cette **haute noblesse atteint un degré de puissance considérable**. Pendant les années de crise, son prestige ne fait que s'accroître. À l'avènement de Shamshi-Adad V, on abandonne la vieille coutume de renouveler le personnel de la cour : les hauts dignitaires tendent à devenir inamovibles ; le général Shamshi-ilu reste en fonction sous quatre règnes successifs.

Cette situation change au cours de la seconde moitié du VIIIe siècle. Avec l'expansion de l'empire et la nécessité d'avoir recours, simultanément, à des chefs militaires sur des fronts multiples, ainsi qu'à des gouverneurs de provinces et à un personnel administratif toujours plus nombreux, les rois assyriens recherchent le concours d'hommes nouveaux. Toute désignation ou nomination dans une fonction dépendent désormais exclusivement de la faveur royale, et la vieille noblesse est condamnée à concourir comme tout autre candidat pour l'obtention d'un titre. En revanche, aucune réforme administrative n'est entreprise.

Sous les règnes de Téglath-phalasar III et de Sargon II, la haute noblesse, volontiers frondeuse et arrogante, semble mise au pas. Au sommet, le canon des éponymes ne connaît pas de changement dans la hiérarchie, mais les fonctions sont dédoublées et seules certaines d'entre elles donnent encore accès à l'éponymie ; le canon des éponymes lui-même sera modifié sous Assurbanipal. Sans qu'il soit possible d'apporter aucune preuve, on est tenté de voir dans le dédoublement de certaines fonctions (on rencontre ainsi deux *turtânu*, deux « généraux en chef », celui « de droite » et celui « de gauche ») et dans les mutations que connaît le canon des éponymes, les indices d'une certaine méfiance du roi à l'égard des grands.

Les gouverneurs et l'administration des provinces

L'empire est partagé en provinces, y compris le cœur de l'Assyrie lui-même. Chaque province est nommée d'après le nom de la ville principale qui s'y trouve ; ainsi Kalhu, Ninive, Arbèles, Samarie, Damas, etc. Seule exception, la province d'Assur s'appelle « le pays ». Chaque capitale provinciale possède une résidence du gouverneur. Le roi peut y séjourner, lors de ses visites ou de ses déplacements, à l'occasion des campagnes militaires ; les impôts y sont collectés, les uns pour être utilisés dans la province même, les autres pour être expédiés à l'autorité centrale. Toutes les provinces doivent donc se ressembler ; mais ce n'est là qu'un aperçu superficiel ; dans certains cas, comme en Cilicie, le gouverneur réunit aussi sous son autorité des roitelets vassaux.

Sur le plan administratif, **les gouverneurs jouissent d'une ample liberté d'action**. Jusqu'au VIIIe siècle, leurs fonctions passent de père en fils comme un droit héréditaire, ils acquièrent toujours plus de pouvoirs et se comportent parfois comme s'ils étaient virtuellement indépendants du pouvoir central. On juge habituellement qu'une telle situation contribue à affaiblir le pouvoir central. En réalité, quoique jouissant d'une autorité sans limites, les gouverneurs contribuent au maintien de la puissance assyrienne dans leurs provinces respectives et défendent les frontières ; jamais ils ne se révoltent ni ne tentent d'usurper le pouvoir.

Leurs tâches sont évidentes : maintenir l'ordre dans leurs provinces avec les garnisons locales, maintenir les routes en état, permettre le déplacement des marchands et la livraison du tribut, nourrir les déportés en déplacement, suppléer aux besoins du roi et de sa suite, lors de leur passage ; ils fournissent aussi des troupes pour la guerre et procèdent à des levées pour l'organisation des grands travaux d'intérêt collectif.

Téglath-phalasar III réforme tout aussi peu l'administration provinciale qu'il n'avait réformé l'administration centrale. À son avènement, l'empire comprend quelque vingt-quatre provinces. Lui-même systématise l'intégration des pays vaincus et de nouvelles provinces sont donc créées, généralement moins étendues que les anciennes. Sous les Sargonides, l'empire comporte plus de cent provinces. Pour désigner le gouverneur, un titre nouveau fait son apparition, celui de *bêl pihâti*, qui tend à remplacer celui de *shaknu*, plus ancien ; à dire vrai, les deux titres sont usités indifféremment jusqu'à la chute de l'empire et il est impossible d'y trouver l'indice d'une réduction des pouvoirs des gouverneurs. Ceux-ci, s'ils n'atteignent plus guère l'éponymie, conservent, à l'intérieur de leur province, les pouvoirs politique, militaire, financier et judiciaire qu'ils détenaient auparavant.

On a retrouvé à Guzana un lot d'archives datant du règne d'Adad-nirari III ; il permet d'apprécier l'efficacité du système administratif. La région est essentiellement peuplée d'Araméens qui supportent mal l'occupation assyrienne ; ils sont tous corvéables, soumis à l'impôt et placés sous la surveillance de soldats assyriens. Ici, le gouverneur est un vrai roi dans son domaine, il ne reçoit d'ordres que du souverain ou du *turtânu* ; il est flanqué d'un ou deux assistants et d'un nombreux personnel civil et militaire ; des sous-ordres le représentent dans les villes et les villages.

Quelques villes, comme Assur et Harran, ou les grandes villes de Babylonie, **jouissent de privilèges importants** et possèdent une certaine autonomie ; elles sont exemptes de corvées, de levées de troupes et d'obligations fiscales.

Chaque ville est administrée par un maire, *hazannu* ; les grandes villes le sont par plusieurs maires qui se partagent des secteurs topographiques différents. Le maire est assisté par un conseil des Anciens qui est consulté sur les questions d'intérêt général et, à partir du VIIIᵉ siècle, par un véritable conseil municipal.

Sur les territoires frontaliers, les rois se contentent souvent de compromis et maintiennent sous leur dépendance les anciennes familles régnantes. Parfois ils les remplacent par des hommes à eux ou leur adjoignent des fonctionnaires ou des officiers assyriens. Ces principautés vassales vivent sous la menace constante d'une intervention militaire en cas de relâchement de leur fidélité.

L'opinion publique

Les monarques se montrent très attentifs aux mouvements de l'opinion. Ne sont-ils pas légitimés par la population de l'empire tout entière lorsqu'elle leur prête le serment de loyauté ? C'est, en réalité, la population de certaines villes importantes dont ils observent le pouls. La révolte des grandes villes assyriennes, à la fin du IXe siècle, donne à réfléchir au pouvoir. Elle montre que, si le roi dispose d'un pouvoir de coercition considérable et s'il tient bien en main son personnel administratif, il reste, malgré le jeu des dénonciations, un espace où peuvent s'affirmer certains pouvoirs capables d'exercer une influence politique. Au roi de veiller au respect des franchises et des avantages des citadins !

La majorité des villes se trouve dans les provinces. On n'en connaît pas le nombre exact et on ne sait s'il diminue après l'absorption dans l'empire. Les relations entre elles et le roi sont à la charge des gouverneurs de provinces. Mais des groupes d'habitants ou des autorités locales peuvent interpeller directement le roi. **Les rois sont très attentifs à satisfaire les habitants des villes, à leur accorder des privilèges, à les exempter de taxes.** Il est possible d'envoyer des pétitions au roi. Un dialogue peut donc s'engager entre les habitants des villes et les rois sur la base de droits reconnus par les deux parties. Tout cela fonctionne, car les villes sont reconnues pour être les nœuds névralgiques de l'empire. **Il y a échange de bénéfices, car les cités bien traitées rendent, en échange, au roi des services.** Sargon II dédommage les habitants du site de Dur-Sharrukin lorsqu'il construit sa nouvelle capitale.

Ainsi, bien qu'il soit omnipotent et qu'aucune loi ou règle ne limite son pouvoir, le roi est tenu, dans la pratique, à un dialogue constant avec certains de ses sujets.

Mais cet espace, il est vrai, demeure fort restreint. On se souvient de la déclaration que font de vive voix à Assurbanipal les habitants de Babylone : « Ô semence du pays ! Du fait que Babylone est le centre du monde, quiconque y entre, la qualité d'homme libre lui est assurée et le rejeton de toute famille babylonienne, quelle qu'elle soit, est de ce fait un homme libre. Même un chien, lorsqu'il entre en ville, ne peut être tué ! » Cela n'empêchera pas le monarque assyrien de mettre la ville à feu et à sang.

LA BABYLONIE AU VIᵉ SIÈCLE

Le roi est une personne dotée d'une aura de sacré qui le met en rapport avec les dieux. Il préside certains rituels essentiels à la vie de l'État et des cités, au premier rang desquels figure le rituel du nouvel an ; s'il est empêché d'être présent, il peut être représenté par un objet symbolique lui appartenant, comme son vêtement. Il participe au repas divin dont les restes, lorsque les dieux sont rassasiés, lui sont présentés. Certaines de ces fêtes sont autant d'occasions de faire défiler les troupes, de montrer sa force, d'exhiber le butin.

Le roi est béni par les dieux, investi du pouvoir suprême par le dieu souverain du panthéon ; ses courtisans et les dignitaires lui prêtent serment de fidélité, lui souhaitent longue vie et victoire. Il est le roi de justice qui punit les traîtres. Il construit les temples, pourvoit à leurs besoins, participe au culte. C'est lui, enfin, comme c'est le cas, du reste, en Assyrie, qui décrète l'instauration des mois intercalaires.

Il prend l'habitude d'associer son fils aux affaires de l'État. Nabopolassar partage le pouvoir avec Nabuchodonosor. Nabonide confie tous les pouvoirs à son fils Bel-shar-usur, le Balthazar de la Bible, pendant les dix années qu'il passe lui-même dans le Sud.

Il s'entoure des conseils d'une sorte de cabinet privé, placé sous les ordres d'un secrétaire. Le premier dignitaire de l'État est le *rab nuhatimmu*, **le « grand panetier » ;** c'est en réalité le chancelier de l'empire, le chef des armées. Il est entouré d'un certain nombre d'intendants et des responsables de l'administration centrale. Après eux, viennent les responsables de l'administration des provinces, des villes et des temples, tout particulièrement les « prêtres-administrateurs » des villes et les commissaires royaux ; enfin le « chef des marchands » et le « chef des mariniers » tiennent une position élevée dans la hiérarchie des dignités.

L'empire est divisé en provinces. Dans les rangs des gouverneurs, celui du Pays de la mer, la patrie des Chaldéens, tient la première place. L'autonomie des grands sanctuaires paraît respectée. Les tribus araméennes et chaldéennes continuent à être dirigées par des chefs autochtones. Certaines principautés de Syrie ou de Phénicie sont réduites à l'état de vassales. Sous Nabonide, il existe un gouverneur de Dilmun, cette région située sur la côte nord-est de la Péninsule arabique, au fond du Golfe arabo-persique ; mais il peut s'agir, plus simplement, d'un personnage exerçant le contrôle sur les opérations commerciales et les échanges marchands, preuve de l'intérêt que ce monarque porte au commerce dans la Péninsule.

• LA JUSTICE

LE DROIT

L'activité législative des anciens Mésopotamiens s'exprime dans la rédaction de codes et de recueils de lois. Le plus ancien code connu est celui d'Ur-Namma ; suivent ceux de Lipit-Ishtar, d'Eshnunna et de Hammurabi. À ces codes il convient d'ajouter des recueils de lois assyriens et néo-babyloniens.

Fort de ses 282 articles, **le code de Hammurabi** est l'œuvre législative la plus achevée qui nous soit parvenue. On y reconnaît une tentative d'élaboration de catégories juridiques. L'œuvre est en outre imprégnée d'un grand dessein politique : elle peut être interprétée comme une tentative du pouvoir royal de rompre les cercles de solidarités familiales et de mettre un terme à la pratique de la vengeance privée, en d'autres termes d'imposer un droit qui est celui de l'État.

Sur le plan formel, ces textes adoptent tantôt la forme d'un exposé casuistique, tantôt celle d'une présentation apodictique ; la première suit le modèle d'exposition « si… alors… », l'exposé des faits étant présenté au conditionnel, le jugement comme leur conséquence logique ; la seconde choisit de formuler des commandements impératifs.

Ces codes abordent évidemment les domaines essentiels de la vie sociale : le droit des personnes, en plaçant chaque individu au sein du groupe auquel il appartient (les notables, les gens du commun, les esclaves), l'institution matrimoniale, l'adoption, le droit de succession, le droit des biens, qui traite de la propriété et du régime des biens fonciers, le droit contractuel, enfin le droit pénal, avec les atteintes à la personne physique ou à la vie, la diffamation ou la calomnie, le vol, le viol ou l'inceste.

D'autres sources normatives sont constituées par les **édits royaux**, **édits de rétablissement de l'ordre économique et social** (*mîsharum*), ou **édits promulguant le rétablissement de particuliers ayant perdu leurs droits dans leur statut d'origine** (*andurârum*).

Ces codes et ces textes normatifs ne sont que l'une des sources du droit. Les usages constituent une autre source. Les codes promulgués par les rois ont pour vocation d'être appliqués de manière subsidiaire, lorsque les usages ou les coutumes sont inefficaces. Il se dessine ici le portrait du roi de justice que tout souverain mésopotamien veut offrir à ses sujets et à la postérité, car la tâche dont il a tout particulièrement la charge en sa qualité de « bon pasteur » consiste à dire le droit et à le faire respecter.

LA JUSTICE

Ce qui vient d'être dit suffit à montrer qu'en Mésopotamie **le fait de rendre la justice n'est pas réservé aux seuls juges professionnels** formés, à partir d'une certaine époque, dans une école de droit située à Nippur. Si les juges sont très présents dans les textes datant de la dynastie de Hammurabi, ils sont quasiment absents des sources néo-assyriennes. Les Anciens, les pères de familles, gardiens des usages, sont les dépositaires, de tout temps, d'une autorité judiciaire. Les dignitaires, membres de l'administration de l'État, ont à leur tour des compétences judiciaires : on pense tout particulièrement aux gouverneurs de provinces ; ces compétences, dans le cadre de l'empire néo-assyrien, peuvent être réparties, par délégation, entre un grand nombre de fonctionnaires et d'officiers de tout grade.

Dans l'Assyrie du début du IIe millénaire, s'agissant d'affaires commerciales, il existe des commissions composées de professionnels pour instruire les dossiers.

Les magistrats, qu'ils soient ou non professionnels, **ne font pas toujours montre d'une grande probité**, une situation devant laquelle le pouvoir politique se montre très impuissant. Mais **le roi est toujours un recours**. Les justiciables peuvent invoquer son autorité au cours d'un procès, faire appel à son jugement par des placets ou des requêtes, ou l'interpeller lors de ses déplacements. Ne nous y trompons pas, cependant, le roi intervient relativement peu dans les affaires judiciaires, limitant ses compétences aux affaires politiques, aux crimes de sang et aux questions administratives.

Il ne semble pas exister de cours permanentes. La réunion occasionnelle d'un certain nombre de magistrats fait qu'un tribunal existe. Le lieu est, apparemment, variable, puisque aucun bâtiment n'est réservé à l'exercice de la justice ; il s'agit généralement de la porte d'un bâtiment administratif ou d'un temple.

Ce tribunal dispose d'un certain nombre d'auxiliaires de justice, un accusateur, notamment, comme aux époques paléo-babylonienne et néo-assyrienne, ou des huissiers, comme à Nuzi, voire des « témoins institutionnels », sorte de mémoire de la chose jugée, comme sous l'empire d'Ur. Nul témoignage ne vient documenter une éventuelle profession d'avocat, à l'exception, peut-être, de celle d'avoué en Assyrie, au début du IIe millénaire.

Les procédures sont diverses. Certains délits requièrent une plainte de la victime, d'autres au contraire, comme l'homicide, sont poursuivis d'office. Tout le monde peut ester en justice, y compris les femmes et les esclaves ; seuls les enfants mineurs doivent être représentés. La juridiction compétente est généralement celle de la ville où résident les principaux intéressés.

Avant de saisir les juges, les parties tentent une conciliation. À défaut d'accord, elles établissent leurs revendications devant une commission de notables ou de juges chargée d'examiner les faits et de les qualifier. La hauteur de la peine dépendra de cette instruction. Les parties comparaissent ensuite à l'audience. Dans une procédure pénale, un accusé peut plaider coupable ; dans ce cas, il accepte le versement d'une amende forfaitaire et ne passe pas en jugement.

Les tribunaux exigent la présentation de preuves matérielles ou ont recours au serment ou à l'ordalie. Pour convaincre un suspect, les enquêteurs doivent réunir des indices qui sont conservés sous scellés. Sans indices probants, on peut avoir recours à des interrogatoires, parfois dans le cadre d'une détention préventive. Mais l'aveu, qui sera éventuellement extorqué par la force, ne constituera jamais une preuve suffisante pour établir une charge contre un individu, des témoignages ou des indices complémentaires étant exigés.

Les témoins sont utilisés pour prouver la véracité d'un acte ou d'un fait. **Les juges montrent une grande méfiance à l'égard des documents écrits, preuve, sans doute, qu'il est aisé de produire des faux.** La parole de témoins visuels ou la prestation de serment doivent généralement confirmer l'exhibition d'un texte. Mais il arrive que l'appel à témoin se révèle inutile, ceux-ci ayant oublié le contenu de la transaction à laquelle ils avaient assisté ! Refusant de se fonder sur la parole d'un témoin unique, on a toujours recours à plusieurs témoins, une procédure destinée à limiter les faux témoignages, eux-mêmes sévèrement punis par la loi.

Le recours au serment par les noms des principales divinités ou par celui du roi, pour garantir la véracité d'une déclaration, est commun. La prestation de serment se déroule devant les emblèmes divins et en présence de prêtres. La crainte qu'inspirent les représailles divines en cas de parjure est supposée garantir la bonne foi des prestataires.

L'ordalie se déroule dans le fleuve ou, du moins, c'est la seule forme connue en l'état des sources. Elle est précédée par des rites purificatoires et par un serment. Elle est attestée dès le XXIVe siècle et est encore pratiquée à l'époque néo-babylonienne, au VIe siècle. Elle est officialisée par les codes de lois où elle est réservée à des cas graves, principalement lorsqu'une vie humaine est en jeu, car elle est toujours intégrée à un système judiciaire complexe ; nul ne s'y livre spontanément. Le fleuve divinisé qui y préside est réputé capable de distinguer le vrai du mensonge d'une façon expéditive : il engloutit le menteur ou son champion, tandis que l'innocent ou son représentant sort vivant de l'épreuve. Car il est possible de se faire représenter par un tiers : un esclave pour son maître, un parent pour un enfant mineur. Le lieu semble habituellement choisi pour les difficultés qu'il présente.

Les sentences des tribunaux ne sont que rarement motivées. Les magistrats s'appuient sur les clauses pénales des contrats ou sur la coutume pour juger. La responsabilité et les intentions des justiciables sont également prises en compte. Les amendes pécuniaires constituent l'immense majorité des peines prononcées, avant l'incarcération. Les peines de sang, mutilations ou peine de mort, sont l'exception.

Le double jugement, avec, notamment, le système de l'appel, ne semble pas connu.

• LES FINANCES

L'État devant faire face à des dépenses, il a besoin de rentrées. Selon les temps et les lieux, les rois ont recours à des procédés variés qui vont du prélèvement erratique de butin sur les vaincus à l'imposition d'un tribut régulier ; les sujets sont soumis au versement de taxes diverses et d'impôts, versements qui peuvent s'effectuer en nature.

LA MÉSOPOTAMIE

UN CADASTRE

Toutes les terres, notamment, sont astreintes à un certain nombre de taxes ; lorsqu'elles sont affermées, elles le sont, en outre, à un loyer. Tant pour fixer l'assiette de ces taxes que le montant des fermages, et pour éviter toute contestation entre voisins, il existe, dès la seconde moitié du IIIe millénaire, voire plus tôt, des procédures qui permettent de situer topographiquement un lopin de terre et qui aboutissent à la constitution d'une sorte de cadastre. Le plus souvent, chaque terrain est rattaché à un domaine ou un lieu-dit. De plus, il est défini par les limites de ses quatre côtés (un champ est habituellement carré ou rectangulaire). **On peut raisonnablement penser qu'au sein des divers États mésopotamiens les responsables des impôts ont à leur disposition, sinon un registre décrivant les propriétés privées, du moins des archives contenant des éléments de cette description analogues à ceux que l'on découvre en tête des contrats de vente de biens-fonds.** On ne retiendra ici que deux exemples.

LE *BALA* D'UR

Le système du *bala* (cf. Le temps, ch. V) est **l'une des institutions les plus originales de l'empire d'Ur**. Il s'agit d'un impôt en nature, des têtes de bétail, dont s'acquittent certains grands propriétaires, gouverneurs de provinces ou intendants de temples. Il doit couvrir une grande quantité de dépenses, notamment celles qui sont relatives au fonctionnement des cultes. Afin d'éviter l'afflux ponctuel, à un même moment de l'année, d'un troupeau considérable qu'il faudra nourrir pendant une période de temps parfois très longue, jusqu'au moment où les bêtes sont distribuées dans les cuisines des temples, les contribuables sont appelés à verser leur contribution à tour de rôle, les livraisons étant étalées sur toute l'année : un « tour », tel est précisément le sens du mot *bala* en sumérien, est établi entre les divers contribuables fixant à chacun le mois auquel il doit acquitter son dû. Les animaux, étant donné leur grand nombre, ne repartent pas immédiatement vers les lieux de destination ; dans l'attente, il faut donc les parquer et les confier à des bergers ou des engraisseurs.

LA TRÉSORERIE DE L'EMPIRE NÉO-ASSYRIEN

La politique assyrienne exige de grands moyens. Après chaque triomphe, le roi perçoit de lourdes indemnités de guerre et réclame le versement d'un tribut régulier. Dans ce domaine, Téglath-phalasar III est le premier à appliquer une politique systématique ; avant lui, les rois se contentaient de recevoir des cadeaux et de ramasser du butin. Les chiffres que reproduisent les annales sont élevés ; pour ne citer que quelques exemples, rappelons que le roi Ménahem d'Israël est obligé de verser une indemnité de guerre de cinquante sicles d'argent par habitant de son pays ; Adad-nirari III reçoit du roi de Damas deux mille trois cents talents d'argent, vingt d'or, trois mille de cuivre et cinq mille de fer. **Le montant du tribut est déterminé d'après les ressources du vaincu évaluées et appréciées par les services de renseignements assyriens.** On ne s'étonnera donc pas de voir la trésorerie de Kalhu abriter, sous Sargon, 48 kg d'or et 63 tonnes d'argent ; celle de Dur-Sharrukin, sous le même roi, 200 tonnes d'outils en fer.

Les autorités bénéficient aussi des levées de taxes diverses, aux carrefours ou sur les ponts. Plus généralement, l'impôt est payable en céréales, en paille ou en têtes de bétail. Le produit en est sans doute stocké dans les provinces pour l'entretien des garnisons ou des armées royales en campagne. D'autres taxes sont destinées aux temples et aux cultes.

• LE POUVOIR MILITAIRE

La guerre n'est pas une entreprise que l'on déclenche facilement. Un rituel fort long décrit les prières pénitentielles, les rites de purification qu'accomplissent le roi et le peuple en Assyrie. Après ces préliminaires, des moutons sont sacrifiés et on consulte les oracles ; s'ils sont mauvais, la guerre n'est pas déclarée. Bref, ce n'est qu'en harmonie avec les dieux, dans un pays purifié, débarrassé des forces maléfiques, qu'une guerre peut être victorieuse, car le roi agit alors comme défenseur du bien contre le chaos.

En Assyrie, la guerre est toujours justifiée comme la réponse à une agression voire, plus simplement, comme la réplique à un certain nombre de signes interprétés comme hostiles et dangereux pour le pays ; les motifs peuvent parfois sembler dérisoires, ils n'en sont pas moins la justification idéologique du conflit à venir. La guerre est présentée comme un commandement divin, jamais comme une agression militaire ; elle sert à défendre l'ordre politique assyrien constamment menacé, et **c'est le devoir du roi que de chasser et d'éliminer les forces du chaos**, que d'être constamment vigilant. On procède alors à des échanges de courriers. Après la fin des hostilités, le roi célèbre le triomphe et les rituels associés, faisant des offrandes aux dieux et paradant dans les villes assyriennes avec les principaux prisonniers de guerre enchaînés ou les têtes coupées de ses adversaires.

LES TROUPES

Le principe de la **levée des troupes au sein de la population** est constant dans les États mésopotamiens. Au IIIe millénaire, en pays de Sumer, tout *gurush* est susceptible d'être recruté ; il accomplit une tâche obligatoire en tant qu'*érin*, pendant un temps donné ; il existe des recruteurs, *lu.érin.suhsuh*, « celui qui choisit les *érin* ». Lorsqu'il y a urgence, comme dans le cas d'une attaque ennemie soudaine, il peut être procédé à une levée d'ouvriers et d'employés, ainsi à Lagash, au XXIVe siècle, afin de repousser un parti élamite qui s'est introduit dans le royaume.

Les grands États territoriaux ont également recours à des **contingents fournis par les vassaux et les vaincus**. Cette pratique est systématique dans l'empire assyrien. Avec Téglath-phalasar III, en effet, l'armée subit une mutation. Il n'est plus question de se contenter de raids sans lendemain ou d'opérations de police fort coûteuses et qu'il faut recommencer chaque année, pour soutirer le tribut des peuples vaincus. L'occupation des régions conquises est posée comme principe. En même temps, les guerres se prolongent, les sièges de villes durent parfois plusieurs années. Les effectifs sont donc accrus et l'armée devient permanente.

Le **recours à des mercenaires** est attesté dès le dernier tiers du IIIe millénaire, au sein de l'empire d'Akkadé. Les Amorrites, les Cassites, les Araméens, plus tard les Grecs, individuellement ou en contingents organisés, offrent leurs services dans toutes les armées orientales.

À partir du IXe siècle, la paysannerie assyrienne et les milices fournies par les provinces, décimées par les guerres antérieures, sont

L'ORGANISATION POLITIQUE ET SOCIALE

remplacées par des troupes de mercenaires rapidement mobilisables. Le gros des troupes est fourni par les principautés vassales. Les gouverneurs des provinces conservent une milice qui ne joue plus qu'un rôle de police locale, surveillant notamment les grands axes stratégiques.

Au fur et à mesure des conquêtes, les rois cherchent à assurer solidement la présence assyrienne par l'implantation de colonies militaires, comme celles de Til Barsip ou de Kar-Ashur, sur l'Euphrate, cette dernière étant destinée à surveiller les nomades de la steppe. Les colonies de soldats-paysans renforcent le potentiel militaire fourni par les garnisons, mais cette politique est bien vite abandonnée, faute d'hommes.

LES ARMES ET LE MATÉRIEL DE GUERRE

Le **soldat sumérien** est un fantassin lourdement équipé, armé d'une longue pique qu'il manie à deux mains. Il porte un casque en bronze et est revêtu d'une longue cape d'armes en étoffe ou en peau ainsi que d'une tunique cloutée ; il s'abrite derrière un haut bouclier quadrangulaire. Il manœuvre en régiments serrés, comme l'illustre la « Stèle des Vautours » conservée au musée du Louvre, tenant la pique basse.

Les monarques akkadiens, tout au contraire, **favorisent l'infanterie légère** : le bouclier est abandonné, le vêtement allégé ; les armes offensives sont la hache, le javelot et l'arc. Les troupes chargent en agencement dispersé.

Mais rapidement, les **armes se diversifient** et des contingents spécialisés font leur apparition. Au milieu du IIe millénaire, les Cassites et les Hurrites introduisent le char de guerre. Des **unités de chars** sont intégrées dans toutes les armées mésopotamiennes. Elles sont les instruments de la victoire. En Babylonie, la charrerie est placée sous les ordres d'un *shakrumash* ; le terme est nouveau, d'origine cassite, précisément, comme d'ailleurs les noms des parties du char lui-même. C'est que les Cassites apportent à ce véhicule des aménagements techniques qui en font, du véhicule lourd et difficilement maniable qu'il était, une machine de guerre légère et rapide. Auparavant, protégé par un large tablier frontal et monté sur quatre roues pleines, il était tiré par des onagres ; employé à la

*Soldats sumériens et fantassins
du temps de Hammurabi
de Babylone.*

poursuite des ennemis en fuite, il ne servait pas dans les batailles. Désormais, le nouveau char est monté sur deux roues à rayons et attelé à des chevaux ; sa caisse, faite d'une armature en bois couverte de cuir, est plus légère. D'un maniement plus souple, il est d'une utilité tactique évidente pour la rupture de la ligne de front adverse.

Le char de combat est désormais bien distinct du véhicule de transport, lourde charrette à quatre roues traînée par des bœufs ou des mulets. Un attelage comporte deux chevaux, un troisième étant gardé en réserve. L'équipage est composé de trois hommes : un conducteur, un archer et un écuyer. Les hommes portent tous casque, cotte de maille et pectoral ; les chevaux sont caparaçonnés.

La fabrication d'un char devient l'une des activités économiques les plus importantes d'un pays. La livraison de chars fait partie des redevances annuelles exigées par les rois. Ceux-ci les entreposent dans des arsenaux.

Le cheval, jusque-là peu utilisé, devient, avec le char, le **bien noble par excellence**. Dans la correspondance diplomatique de la seconde moitié du IIe millénaire, parmi les formules de politesse, les rois n'omettent jamais de mentionner les chevaux de leur interlocuteur. La Babylonie devient une terre d'élevage.

L'ORGANISATION POLITIQUE ET SOCIALE

Les combattants en char et le personnel d'entretien constituent dorénavant le noyau d'une armée permanente. Pour le reste, on a toujours recours à la levée de troupes à l'occasion de chaque campagne qui se déroule en été, lorsque les travaux agricoles sont achevés. Chaque propriétaire terrien, c'est-à-dire chaque membre de la nouvelle aristocratie de combattants en char, est tenu de fournir un contingent donné de fantassins.

Parallèlement, l'armée se spécialise, **l'armement se perfectionne et se diversifie**. Au Ier millénaire, elle est divisée en deux ailes, ce que les sources distinguent scrupuleusement et en toutes circonstances, aussi bien au camp que sur le champ de bataille. Les chars ne constituent plus l'arme de choc. Ils s'alourdissent. À partir d'Assurbanipal, ils sont tirés par trois chevaux et montés par un équipage de quatre hommes : un conducteur, un archer et deux porteurs de bouclier pour les couvrir ; moins maniables, ils servent à amener rapidement à pied d'œuvre des contingents de troupes légères, archers ou frondeurs. L'armement des chars est composé de piques et de lances, et deux carquois sont entrecroisés de chaque côté du caisson. La nouvelle arme offensive, dotée d'une remarquable mobilité, est **la cavalerie**. L'infanterie est constituée d'archers et de piquiers. Les archers évoluent d'abord seuls, armés d'une cotte de mailles encombrante et pesante ; par la suite, ils sont plus légèrement vêtus et accompagnés d'un porteur de bouclier. Les piquiers ont une lance, une épée et un bouclier généralement rond. Des corps de sapeurs font leur apparition, ils préparent le terrain pour le rendre propice à l'évolution des engins de siège.

Les **machines de guerre** et les techniques de siège sont celles de toutes les armées de l'Antiquité et du moyen âge : sape, mine, bélier, tours mobiles, échelles, feu. Elles sont destinées à abattre ou à permettre l'escalade des murailles des villes ou des places fortes. Elles atteignent leur plein développement sous les Sargonides. Le bélier, de son nom sumérien « bœuf en bois », suppose une

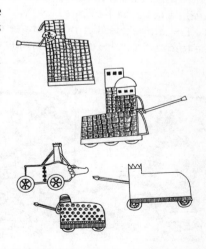

Machines de guerre assyriennes.

117

Char sumérien.

poutre armée, à l'une de ses extrémités, d'une masse en forme de tête de bœuf et, plus tard, peut-être, en tête de bélier ; il est monté sur roues, ses servants étant protégés par des carapaces de cuir. Les tours mobiles, à six roues, sont constituées d'un corps en bois caparaçonné ; les assiégeants y trouvent abri pour s'approcher des enceintes adverses ; les archers peuvent y prendre position pour envoyer sur les assiégés des volées de flèches, éventuellement incendiaires. Aux échelles pour franchir un rempart on substitue très tôt des levées de terre accumulées contre les murs et qui jouent le même rôle. Mais les assiégeants, dit un passage des annales d'Asarhaddon, déversent du naphte sur la levée de terre accumulée contre le rempart et y mettent le feu !

La levée de terre, soit la terrasse en plan incliné dressée par les assaillants contre le rempart pour diminuer la hauteur de ce dernier, et même permettre d'en atteindre le sommet, est une méthode de siège à ce point classique qu'elle est passée dans la problématique des mathématiciens, lesquels cherchent à calculer à partir de la hauteur du mur le volume de terre à entasser pour prendre une ville.

En Assyrie, le matériel lourd est stocké dans l'arsenal de la capitale, Assur d'abord, puis Kalhu. Dans cette dernière, Salmanasar III fait construire un immense dépôt, *êkal masharti* ; il restera en usage jusqu'à la fin de l'empire.

En campagne, l'armée s'abrite dans les camps, habituellement de forme circulaire ou quadrangulaire. Le camp est fortifié et divisé

Char et cavalier assyriens.

en quatre secteurs par des voies perpendiculaires. Au centre sont groupées les enseignes. Les services d'intendance sont peu développés, l'armée vivant sur le pays qu'elle traverse.

LE COMMANDEMENT

C'est le roi qui mène la guerre et commande aux armées. À la fin de l'empire assyrien, cependant, tout particulièrement sous le règne d'Assurbanipal, il n'est plus le chef qui marche nécessairement à la tête de ses troupes, mais il commande à tout un état-major. Souvent le *turtânu*, « lieutenant-général », le remplace et le représente. Daian-Ashur, *turtânu* de Salmanasar III, devient le premier personnage de l'État. D'autres dignitaires, comme le grand échanson ou le *sha rêsh sharri*, peuvent également recevoir le commandement d'une armée.

LES EFFECTIFS

Le problème des effectifs est difficile à résoudre. À Qarqar, Salmanasar rencontre une armée forte de 70 000 hommes, alors que lui-même peut en aligner 120 000 quelques années plus tard. Il s'agit là, sans doute, d'armées exceptionnellement nombreuses. Assurbanipal ne mentionne qu'une seule fois l'effectif de ses troupes : 50 000 hommes. Les pays soumis se voient obligés de fournir des contingents ; pour ne citer qu'un exemple, on sait que le Bit Yakin doit fournir à Sargon II 150 chars, 1 500 cavaliers, 20 000 archers et 1 000 piquiers. **A priori, il n'y a pas lieu de douter de l'authenticité de ces chiffres.** L'ensemble des données est très cohérent : on ne peut donc admettre qu'elles soient sciemment falsifiées. Quoi qu'il en soit, comparés à la population de l'Assyrie, qui compte environ un demi-million d'habitants, ces chiffres sont élevés. Cet effort militaire constant finit par épuiser le pays.

LA MARINE

Les Mésopotamiens ne sont pas des marins. La bataille navale que livre Naram-Sin d'Akkadé à un roi de Magan, l'actuel Sultanat d'Oman, au XXIIe siècle, est un événement rare. Ils n'ont guère, du reste, le pied marin : un document administratif du XXIe siècle indique que les gendarmes embarqués sur un vaisseau de commerce rentrent malades au port ! Beaucoup plus tard, en 694, Sennachérib fait appel aux Phéniciens, gens de mer par excellence, pour construire une flotte de mer qu'il fait haler, par voie fluviale ou terrestre, en alternance, depuis la côte méditerranéenne jusqu'au Golfe arabo-persique.

Il n'empêche, en Assyrie, au Ier millénaire, il existe des transports de troupes permettant de franchir la mer. Pour les passages des rivières, on utilise des outres gonflées pour les hommes et des couffes pour les engins de guerre.

IV

LA VIE ÉCONOMIQUE

On dispose de quantité de documents à caractère économique, principalement des sources comptables, de toutes époques et de toutes régions, qui nous informent de première main sur la vie économique. Elles couvrent surtout l'administration des domaines institutionnels, les palais et les temples, mais elles peuvent aussi concerner les affaires des prêtres ou des grands de ce monde que les trafics des rois en leur privé. Les affaires privées sont davantage connues par les actes notariés, les alliances matrimoniales, les aliénations de biens ou les successions, mais on possède aussi des archives privées.

Dans la masse des sources comptables, produit d'une **imposante bureaucratie**, on découvre tous les éléments de la tenue de livres. Chaque type de document est habituellement caractérisé par un mot clé qui en indique le sens. L'interprétation de ces textes n'est pas toujours aisée, chacun n'étant qu'un maillon d'une chaîne qui nous échappe souvent et dont nous ne pouvons, au mieux, que conjecturer la trame.

Les documents les plus simples sont des notes d'encaisse, des billets de versement ou de sortie temporaire, des relevés de comptes, des inventaires de personnel, d'argent, de marchandises ; ils sont destinés à enregistrer la situation au jour le jour des caisses et des magasins. Parfois de véritables registres, en colonnes horizontales et verticales, tentent de mettre au clair une situation complexe en données de plusieurs sortes. Les plus complexes consistent en relevés, généralement mensuels, qui marquent l'état d'une caisse ou d'un magasin, par exemple à la fin d'un exercice. Ces balances consistent souvent en la transcription pure et simple, par ordre chronologique, des pièces quotidiennes.

Toutes ces archives sont classées, par périodes et par centres d'intérêt, dans des « paniers à tablettes », munis chacun de son étiquette d'argile, et rangés dans des salles d'archives où ils sont conservés.

Le scrupule, la perfection et la méthode qui président à cette comptabilité sont l'œuvre des scribes et supposent une organisation minutieuse et, en un mot, une véritable bureaucratie.

Il est rare que la guerre ne sévisse pas de façon endémique, provoquant la détérioration de la vie économique. Considérons, à titre d'exemple, l'époque paléo-babylonienne. Pendant deux siècles, les guerres ravagent le pays, avec tout ce que cela comporte de pillages et de destructions. La surface des terres cultivées diminue, la famine sévit, les grandes villes se dépeuplent. Tous les rois de l'époque sont contraints à une politique d'irrigation de grande envergure pour mettre un frein au mouvement d'abandon des terres. Mais l'appauvrissement des masses est tel que cette politique n'y suffit pas. **Les rois multiplient alors les mesures sociales**, les exemptions d'impôts, les remises de dettes. Certains vont jusqu'à promulguer plusieurs décrets dans ce sens au cours de leur règne. La pratique devient courante au point que chaque souverain y a recours lors de son avènement. Aux moratoires viennent s'ajouter les tarifs, mais leur application est douteuse et leur nombre donne à penser que ce sont davantage des vœux pieux que de véritables mercuriales.

Parallèlement, le palais cherche à réagir par d'autres procédés. Il paie les services rendus en biens fongibles, pris sur le domaine royal, et exige en contrepartie des prestations de service ; ces domaines, les *ilkû*, peuvent être alloués indifféremment à toute personne qui prête ses services au palais ; ils sont théoriquement inaliénables mais, sous certaines formes, il peuvent être transmis par héritage.

Semblablement, l'État se montre très interventionniste en Assyrie, au Ier millénaire. Les souverains font de grands efforts pour améliorer les conditions de vie et développer la production agricole ; pour l'essentiel, en effet, c'est l'État qui dirige la production. L'intérêt qu'ils portent à ce développement apparaît dans les grands travaux qu'ils effectuent dans leurs diverses capitales, comme à Kalhu ou à Dur-Sharrukin ; on pense également aux grands travaux entrepris par Sennachérib pour embellir la vieille ville de Ninive. Terre à grain, la région de Harran est également plantée de vignes ; on y trouve quelques propriétaires indépendants, gros et petits (certaines propriétés comptent jusqu'à 50 000 ceps), et une masse de petits tenanciers qui dépendent vraisemblablement de l'administration locale. Autour de Dur-Sharrukin, Sargon II fait défricher les terres et planter une forêt d'oliviers pour augmenter la production assyrienne très insuffisante jusqu'alors. Sennachérib aménage le paysage agraire autour de Ninive ; ce sont de nombreux parcs et jardins qui se succèdent, avec leurs arbres fruitiers, leurs vignes et leurs champs de blé. La demande en eau est telle que le roi fait régulariser le cours du Hosr, creuser des canaux d'irrigation et capter l'eau du Gomel, un cours d'eau voisin du Zab Supérieur ; pour permettre à cette eau le franchissement d'une vallée, il fait construire l'**aqueduc de Djervan**. Les rois cherchent aussi à stimuler de nouveaux secteurs d'activité en important des essences étrangères, comme le coton indien qu'ils font pousser dans les jardins royaux ou la mise en valeur de terres jusqu'ici incultes.

Le roi et les membres des élites sociales passent aussi commande aux artisans d'objets précieux pour l'usage de la cour et des temples, recrutent d'importantes forces de travail utilisées pour créer des schémas d'irrigation nouveaux, développer une agriculture extensive ou bâtir des monuments impressionnants, voire des villes entières. Le palais se procure des objets manufacturés en fournissant des matières premières et en exigeant en retour les objets finis ; cet usage est appelé *ishkaru* ; sont mis à contribution des artisans réunis en groupes appelés *kisru*. Il emploie ainsi des tisserands, des tanneurs, des forgerons, des bergers, des jardiniers, des agriculteurs, etc., la majorité des besoins de l'État étant ainsi satisfaits. Ce système est en usage en Assyrie comme dans les provinces. À partir du VIIe siècle, cependant, la nature de l'*ishkaru* change : les frontières de l'empire étant stabilisées, les besoins des gouverneurs, par exemple, vont décroissant, et les groupes d'artisans sont alors davantage utilisés à des activités commerciales.

Les réalisations les plus importantes sont sans conteste la création de centres administratifs nouveaux, la rénovation de sites anciens comme Ninive, et la fondation de villes nouvelles comme Kalhu ou Dur-Sharrukin.

La taille et la complexité de l'empire rendent enfin l'existence de moyens de communication rapides et efficaces indispensables ; **un ample système de routes** relie les principales villes entre elles ; leur entretien échoit aux gouverneurs des provinces. Elles sont sans doute dotées de relais où l'on peut se munir en provisions et en équipements divers mais dont l'usage requiert l'agrément royal accordé au vu de documents marqués d'un sceau représentant le roi triomphant d'un lion, l'image royale la plus populaire, car peu de gens sont autorisés à pénétrer devant le roi, en son palais.

LA VIE ÉCONOMIQUE

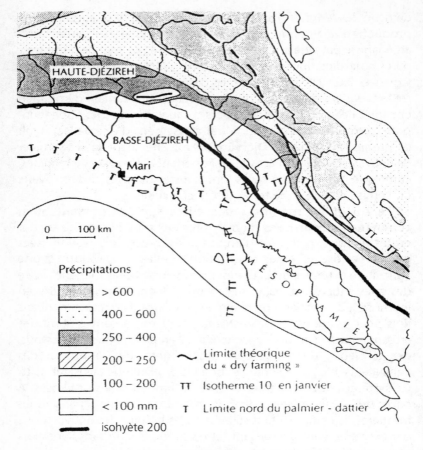

Carte des précipitations et l'isohyète 200.

a) L'irrigation

La Mésopotamie est un pays principalement agricole. Pourtant, majoritairement située sur la carte en deçà de l'isohyète 200 mm, **les pluies y sont insuffisantes pour l'agriculture**. Il est donc nécessaire d'avoir recours à l'irrigation au moyen, principalement, d'un réseau vaste et compliqué de canaux qui arrose le plus de terres possible.

Deux types d'irrigation sont mis en pratique de manière conjointe. L'un est naturel ; il se produit au printemps avec la crue des fleuves, effet de la fonte des neiges dans les montagnes. Mais l'eau d'une crue, même emmagasinée dans des réserves, ne suffit pas aux besoins de toute une année, et les champs, même immergés « quinze jours durant », doivent être arrosés par d'autres moyens si l'on veut que la terre porte ses fruits. C'est la raison pour laquelle on a recours à un second type d'irrigation, artificiel celui-là. Dans cette perspective, on recherche aussi bien les eaux de surface que les eaux souterraines.

Des **réseaux de canaux sont creusés à ciel ouvert** à partir des cours d'eau naturels dans le but d'apporter l'eau partout pour fertiliser le sol. Le creusement de ces canaux et leur entretien figure parmi les devoirs les plus importants des rois, selon leurs propres déclarations, et dès les plus anciennes inscriptions, ceux-ci se vantent de leurs succès en ce domaine. En réalité, ces réseaux sont davantage élaborés et entretenus par des autorités ou des communautés à un niveau local. Point n'est besoin, en effet, comme on l'a cru longtemps, d'avoir recours à une autorité centrale pour leur réalisation.

On distingue **plusieurs types de canaux.** Il en est de larges et de profonds, qui sont navigables, qui partent directement des fleuves et qui portent même nom qu'eux, *nâru*. Mais il en est d'autres, à mesure que l'on s'éloigne de la source, qui sont de plus en plus étroits jusqu'à devenir de simples fossés ou de petites rigoles, et qui rejoignent les premiers. Ils sont creusés directement dans la terre et sans doute choisit-on de préférence, lorsque la situation le permet, les lits d'anciennes rivières ou d'oueds asséchés.

Ces canaux sont légèrement surélevés par rapport aux champs qu'ils traversent et leur eau est contenue par un amoncellement de terre, une « chaussée » qu'il suffit d'ouvrir à un endroit choisi pour en faire écouler l'eau. Une fois mise à portée de la terre arable, l'eau est déversée soit par des surverses, lorsque le terrain à irriguer est en contrebas du canal, soit, dans le cas contraire, par des machines élévatoires comme le *shadouf*.

Outre les chaussées, il y a aussi des digues et des barrages pour arrêter l'eau et la diriger soit sur la terre à irriguer, soit vers d'autres canaux ; des ponts existent, pour passer d'une rive à l'autre ; on sait, par exemple, que Zimri-Lim de Mari en a fait construire un en pierre.

Un personnel nombreux et varié est affecté à la surveillance et à l'entretien de ce réseau et de cet appareillage, comme les « inspecteurs des canaux », *gugallu*, et les « éclusiers », *sêkeru*, qui sont occupés à

LA VIE ÉCONOMIQUE

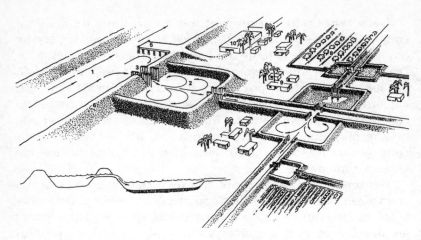

Système de canaux et leurs réservoirs.

la distribution de l'eau, principalement pour l'arrosage. Celle-ci est organisée et surveillée strictement par des notables ou, selon l'importance des États et leur volonté centralisatrice, par des fonctionnaires qui ont le pouvoir d'ouvrir ou de fermer l'eau dans telle ou telle direction, de la donner à tel agriculteur ou de la lui couper.

En période de guerre, la destruction des canaux est une arme redoutable utilisée par tous les souverains. Nombreuses sont les inscriptions royales qui se font l'écho de ces pratiques, comme de celle d'assécher brutalement les terres de l'adversaire afin d'y faire remonter le sel du sous-sol et de les condamner à l'aridité.

Ce système d'irrigation est complété, pour les jardins et les usages domestiques, par la quête des eaux souterraines au moyen de puits.

L'irrigation se fait suivant des techniques différentes selon que l'on souhaite arroser des terres à céréales, des palmeraies ou des jardins. Dans les champs de céréales, l'objectif consiste, notamment après les semailles, à humidifier la terre profondément et à plusieurs reprises ; parfois, on fait passer les bœufs et la charrue pour faire mieux entrer l'eau dans le sol. L'opération doit être répétée après les moissons pour préparer le sol aux futures semailles. Dans les palmeraies, l'irrigation doit être copieuse et continue, particulièrement pour les jeunes arbres qui ont besoin de beaucoup d'eau de manière permanente ; on trace entre leurs pieds des rigoles pour faire circuler et stagner l'eau.

Dans certaines régions, les zones de piémont tout particulièrement, **on privilégie la recherche des eaux souterraines. Des**

galeries horizontales sont creusées (cf. L'adduction d'eau, ch. II) que l'on nomme *qanat* en arabe, ou *kahriz* en persan. Il s'agit de canaux souterrains qui s'avancent à des distances parfois considérables (on en connaît qui approchent la centaine de kilomètres), sous une élévation de terrain, à la recherche de l'eau d'infiltration. Celle-ci s'écoule dans le canal qui la conduit, en pente douce, jusqu'à la plaine desséchée au pied des collines ainsi traversées ; tous les trente mètres environ, le canal est percé de puits verticaux très étroits qui servent à l'aération des ouvriers, à l'évacuation des terres pendant la construction des galeries et au nettoyage des boues qui engorgent peu à peu le canal en cours d'utilisation.

Pour pouvoir répartir l'eau selon les besoins et de manière équitable, **l'arpentage des terres est préalablement nécessaire**. Il permet de délimiter les surfaces des terres de culture et leur répartition entre différents propriétaires. L'arpenteur est un fonctionnaire du palais ou du temple ; au VIᵉ siècle c'est un officier ministériel dont la charge a pris un caractère vénal. Il mesure aussi bien les surfaces que les récoltes. Les champs étant généralement carrés ou rectangulaires, son rôle en est grandement simplifié. Dans la plaine, les limites ne sont pas naturelles, mais elles sont constituées, partiellement tout au moins, par les cours des rivières ou des canaux, un des côtés d'un champ jouxtant généralement le cours d'eau qui en assure l'irrigation. Les limites sont marquées habituellement par des piquets, *sikkatu* ; le *rab sikkâti*, le « chef des piquets », le titre est attesté dès la fin du IVᵉ millénaire sous la graphie *galkak*, le « grand du piquet », est le préposé à la surveillance de ce bornage.

b) La grande culture

La Mésopotamie est une terre à céréales ; on y cultive l'orge, le froment, l'épeautre et diverses autres variétés ; quelques variétés de blé se rencontrent en haute Mésopotamie. On y cultive aussi les vesces et les farineux, destinés à fournir des légumes secs, ainsi que le sésame dont on tire l'huile d'usage courant et dont on consomme la graine.

La préparation de la terre exige l'accomplissement de plusieurs opérations successives. Il est nécessaire, dans un premier temps, de défoncer le sol par un labour aussi profond que possible ; l'opération est effectuée au moyen d'une charrue spéciale appelée *harbu* et qui est tirée par des bœufs de labour ; la tâche est parachevée

127

LA VIE ÉCONOMIQUE

à l'aide d'une herse, *mashkakâtu*, avec laquelle la terre est étalée et les glèbes brisées. Ce travail accompli, la terre est irriguée et laissée au repos jusqu'à l'automne. À ce moment-là, les sillons, *shir'u* ou *abshennu*, sont tracés à environ 50 cm les uns des autres et ensemencés. Les deux opérations sont effectuées conjointement, à l'aide d'une charrue particulière, *epinnu*, qui est munie, dans l'axe du soc, d'un dispositif en entonnoir laissant tomber le grain dans le sillon qui vient d'être tracé. Les semailles achevées, les sillons sont refermés à la herse et, comme ces opérations ont lieu entre septembre et décembre, il ne reste plus qu'à attendre, en tirant profit des éventuelles pluies d'hiver ou en irriguant au moment opportun. La pratique de l'assolement biennal est bien connue.

Selon le calendrier, la moisson semble débuter en février ou en mars, au « mois de la moisson », *warah esêdi*, puisque tel est son nom. Elle se poursuit, en réalité, en mars et en avril. Les moissonneurs, *essêdu*, travaillent avec des faucilles, *niggallu*, en terre cuite, en bois courbé sur lequel sont montés des éclats de silex, ou en métal ; elles font l'objet de réparations constantes dans des ateliers. Les épis coupés sont portés sur une aire, *mashkânu*, où ils sont battus au moyen de rouleaux, *narpasu*, traînés par des bêtes de somme. Il est alors procédé au vannage, *zukku*, et il ne reste plus, enfin, qu'à engranger la récolte.

À côté des céréales, **la seconde culture qui tient une grande place dans l'économie est celle du palmier-dattier**, *nimbar* en sumérien, *gishimmaru* en akkadien. Les portions de terre consacrées à cette culture sont appelées « vergers », *kirû*, nous dirions palmeraies.

La culture du palmier-dattier se déroule en trois phases. Elle est confiée au « jardinier », *nukarribu*. La première, en quelque sorte préliminaire, consiste à délimiter une aire au moyen d'un muret et d'y préparer la terre, comme pour un champ ordinaire mais en l'irriguant de manière plus intensive. Pour les arbres eux-mêmes, on procède par transplantation de rejetons et non par semis. Un arbre devient producteur au bout de quatre à six ans. Ce sont mille arbres, environ, qui peuvent être plantés par 6 ha de terre. La seconde phase consiste à féconder les inflorescences femelles par le pollen tiré des inflorescences mâles ; le palmier étant un arbre dioïque, les Mésopotamiens, refusant de se fier au seul vent pour assurer la jonction entre les deux éléments, élaborent un procédé de fécondation artificielle auquel ils donnent le nom de « chevauchement », *rukkubu*, un terme emprunté à la fécondation animale. L'opération doit s'effectuer entre janvier et mars. La dernière phase, enfin, consiste dans la récolte qui se déroule en octobre. Il existe plusieurs sortes de dattes de saveur et de qualité hiérarchisées ; la plus appréciée est la datte de Dilmun.

On sait que **l'huile de sésame est amplement utilisée.** Celle d'olive est également appréciée, mais en bien moindre quantité : il s'agit d'un produit rare parce qu'il est importé du Levant. En effet, à part une tentative sans lendemain, de quelque roi d'Assyrie, d'acclimater l'olivier dans son pays, cet arbre n'a jamais poussé en Mésopotamie. Les huiles d'olive connues sont toutes des objets d'importation.

S'agissant des **capacités de production**, et pour autant que l'on puisse savoir, il faut de 300 à 600 litres de semences pour ensemencer 6 ha et produire, c'est un maximum, 9 000 litres de céréales. Un palmier peut produire jusqu'à 300 litres de dattes ; pour lui assurer un meilleur rendement, un procédé de mûrissement artificiel des fruits après cueillette prématurée, *shukunnu*, est mis au point. Mais ces chiffres ne peuvent être qu'indicatifs et sont à nuancer considérablement selon les temps et les lieux.

Les hommes qui travaillent ces terres sont de statuts divers : si les laboureurs sont des spécialistes, les moissonneurs sont des journaliers que l'on loue au moment de la récolte. Quant aux responsables des palmeraies, les « jardiniers », *nukarribu*, ils emploient, notamment, des spécialistes de la pollinisation des palmiers dont le code de Hammurabi prévoit que le salaire s'élève au tiers de la récolte.

c) La petite culture

C'est celle des légumes, des aromates et des épices. Elle est pratiquée dans les jardins potagers. Des allées de peupliers y préservent les plantes des effets des vents violents, secs et chauds. Ces mêmes peupliers, auxquels on joint les palmiers, voire d'autres arbres fruitiers ou d'agrément, abritent les plantes sous leur ombre protectrice. Sans l'acclimatation du palmier-dattier ou d'autres arbres aux frondaisons épaisses, il serait impossible de ménager des zones de culture où, à l'abri des rayons du soleil et du vent, on soit en mesure de limiter l'évaporation et de maintenir une humidité à peu près constante, autant de facteurs indispensables à l'éclosion et à la survie de plantes fragiles.

Le même mot de « jardinier », *nukarribu*, désigne aussi le spécialiste de cette culture dite mineure. À dire vrai, on doit être en présence, avec elle, d'une exploitation subsidiaire, chacun se réservant un coin de terre pour y placer quelques planches de légumes destinés à sa consommation personnelle, à l'échange avec les voisins ou à la vente en ville. Les textes juridiques associent fréquemment les termes « champ, jardin et maison », comme pour souligner la présence habituelle du potager dans toute demeure. Le hasard veut que la description du potager du roi de Babylone Mérodach-baladan soit parvenue jusqu'à nous ; on y trouve des alliacées (ail, oignon, échalote, poireau), des épices (safran, coriandre, origan, thym), des condiments, des aromates (dont deux sortes de menthe), des salades (roquette, laitue, luzerne), des légumes et des plantes comestibles (fenouil, pourpier, betterave, navet, radis, cucurbitacées), des plantes médicinales et d'agrément (rue, saponaire, etc.) ; un grand nombre de noms de plantes nous reste énigmatique ou incompréhensible, comme le « postérieur-de-servante », le « bois-de-cerf » ou les « pattes-d'oiseau » !

Les Mésopotamiens sont des buveurs de bière. La vigne n'est jamais cultivée de manière régulière en Babylonie ; en Assyrie, par contre, son domaine s'étend, ainsi qu'en Syrie du Nord. Le roi Gudéa de Lagash se vante d'avoir planté une vigne ; la mention même de cet exploit en montre la rareté.

Le miel est connu dès le IIIe millénaire, mais il peut s'agir alors d'une sorte d'exsudat sucré de certaines plantes. En revanche, un ingrédient désigné sous le même vocable et importé dans des jarres est peut-être du miel d'abeilles sauvages. La domestication des abeilles est établie en Anatolie au milieu du IIe millénaire. En Mésopotamie même, il faut attendre environ l'an 800 pour voir un gouverneur d'une province du moyen Euphrate prétendre importer des abeilles domestiques et fonder l'apiculture. Le miel est utilisé dans l'alimentation, les rituels religieux et la pharmacopée. Quant à la cire, elle sert en médecine, dans la magie pour la confection de figurines, ou d'enduit protecteur en architecture.

d) Le statut des terres

On assiste, tout au long du IIIe millénaire, dès lors que les sources deviennent suffisamment nombreuses et explicites, à l'abandon progressif d'une économie de type domestique où la circulation des biens, enserrés dans un tissu de liens complexes et socialement valorisés, suit les schémas de la réciprocité, de la prestation et de la redistribution ; le groupe social de base en est **la communauté de gérance**, une communauté collectivement gestionnaire de la terre et divisée par rang d'âge (cf. Des communautés de gérance, ch. X).

Les domaines institutionnels, les temples mais probablement aussi les palais, sont administrés par les princes et les prêtres qui en sont les dépositaires et les usufruitiers et non les propriétaires, toujours selon le principe de la gérance des biens fonciers. On pense, plus particulièrement en ce qui concerne les biens des temples, à des terres de mainmorte, des terres consacrées par des dévots à des dieux, une pratique qui évoque des institutions universellement répandues dans les sociétés les plus diverses, comme le *waqf* dans le monde musulman.

À la charnière des IVᵉ et IIIᵉ millénaires, le cadre urbain se précisant, les dieux, nécessairement, s'urbanisent. Leur enracinement a pour corollaire obligé un culte qui demande des provisions matérielles devant être produites, gérées, contrôlées, accrues ou renouvelées en fonction des nécessités rituelles. Le culte institue d'autre part une relation de base entre des dévots ou des unités sociales qui en jouent le rôle et une ou plusieurs catégories de spécialistes, les premiers abandonnant aux seconds des biens destinés aux cultes et dont les retombées sont supposées être bénéfiques pour eux-mêmes et pour les leurs. Il y a donc une circulation de terres patrimoniales vers les dieux et vers les temples. C'est ainsi qu'au XXIVᵉ siècle, en terre de Sumer, le roi Irikagina de Lagash fait don aux dieux de certaines possessions de ses prédécesseurs.

Mais cette circulation a pour corollaire un mouvement inverse de biens. Certains dignitaires, les rois au premier chef, ont autorité pour disposer des biens d'autres domaines institutionnels que les leurs, ceux des temples par exemple. Au XXIVᵉ siècle, un dignitaire d'Adab dispose librement des réserves de deux temples ; au XXIIIᵉ siècle, un roi d'Umma distribue à ses fidèles des biens fonciers appartenant à des temples.

Le concept de « gérance », central dans les sociétés de ces époques, permet peut-être de mieux comprendre le sens de ces circulations.

Alors même que la Mésopotamie opte pour un système d'économie complémentaire qui considère les biens comme des marchandises et où la terre fait l'objet d'une appropriation individuelle, la hiérarchie sociale reflétant désormais l'inégalité de la répartition du surplus de production, ce statut particulier des biens

131

des temples perdure. **À toutes époques, les rois disposent tout naturellement de certains biens et revenus des temples.** Au XIXe siècle, les rois d'Uruk n'ont pas d'autres ressources que de puiser dans les richesses des temples de leur capitale ; plus tard, Hammurabi de Babylone épure toujours les comptes des temples et, s'il leur fait des dons nombreux, il attend d'eux, en retour, qu'ils versent les rançons pour les prisonniers de guerre et qu'ils lui accordent des prêts à faible intérêt.

L'exemple le plus fragrant de ce système est offert, au XXIe siècle, par le temple d'Inanna à Nippur dont les biens sont gérés par les membres d'une même famille élargie pendant plusieurs générations successives.

S'agissant toujours des grands domaines institutionnels (les propriétés des dieux, des rois et des hauts dignitaires), **les biens fonciers s'y répartissent en trois lotissements principaux** : le domaine du « seigneur » destiné aux besoins du maître ou du dieu et de son culte, les terres de subsistance destinées à l'entretien du personnel, les terres de labour confiées à des métayers.

On note au passage, dans le cas des temples, tout au long de l'histoire mésopotamienne, **la cannibalisation progressive et sans scrupules des biens fonciers par les ayants droit et leurs familles,** détenteurs à titre héréditaire des principaux postes de gestionnaires.

Les champs sont travaillés par leurs propriétaires, lorsqu'il s'agit de petites gens. Dans le cas de grands domaines, qu'ils soient privés ou institutionnels, ils le sont, pour ce qui concerne les terres dont les maîtres se réservent l'exploitation pour leurs propres besoins, par une main-d'œuvre rationnaire ou salariée, généralement un mélange de l'une et de l'autre ; pour le reste, les terres sont louées à des fermiers ou à des métayers qui paient un loyer en reversant à l'affermeur une partie (du tiers à la moitié) de la récolte.

Les rois octroient des terres à leurs officiers et à leurs fonctionnaires. Ce faisant, ils favorisent un nouvel ordre social dans lequel le rang et la richesse vont décroissant selon le degré de proximité ou d'éloignement du pouvoir politique. Les hauts dignitaires ne sont pas, dans ce cas, des propriétaires des biens fonciers, mais des gérants de terres dont ils ont la jouissance. On aboutit, à l'époque d'Akkadé, par exemple, à la formation de grands domaines emboîtés les uns dans les autres, un gouverneur disposant de terres prélevées sur le domaine royal, un officier du gouverneur jouissant de l'usufruit d'un autre domaine prélevé sur celui du gouverneur, et ainsi de suite !

À l'extrême fin de l'histoire mésopotamienne, en Babylonie, sous le règne de Nabonide, une nouvelle institution fait son apparition, la **ferme générale**. La procédure consiste à confier à un particulier la mise en culture de terres en lui procurant champs, animaux, outils et main-d'œuvre. En retour, il s'engage à verser une redevance fixée à l'avance. L'intérêt de l'opération consiste, pour le temple, à se débarrasser des soucis de la gestion et à bénéficier d'un capital versé par le fermier général.

L'ÉLEVAGE

Les Mésopotamiens domestiquent très tôt les caprins, les ovins, les bovidés et certains équidés. Le cheval lui-même ne le sera que plus tard, il ne commence à servir qu'au début du IIe millénaire. **Le chameau** apparaît également au cours de ce même millénaire.

Au sein de chaque race animale, ils distinguent plusieurs espèces et diverses familles. Le mouton, *udu* en sumérien ou *immeru* en akkadien, présente les variétés les plus nombreuses, suivi par la chèvre, *ud* en sumérien ou *enzu* en akkadien, les bovidés, *gu* en sumérien ou *alpu* en akkadien, et les équidés. Ainsi, parmi les moutons, et pour se limiter à quelques exemples, on reconnaît le « mouton à queue grasse », encore si fréquent dans toute l'Asie antérieure, et des espèces locales, sans doute les produits de croisements spéciaux voire de méthodes particulières d'élevage, comme le « mouton akkadien », le « mouton amorrite », le « mouton hanéen », le « mouton subaréen », le « mouton d'Ur », ou le « mouton de montagne ».

Quant aux équidés, on connaît l'onagre et l'âne, les plus anciennement attestés, les plus nombreux et les plus universellement utilisés, ainsi que le cheval, dit « âne de montagne » (le chameau est appelé « âne de mer ») et qui est introduit sous plusieurs espèces et plusieurs robes. On connaît aussi les multiples produits du croisement des deux espèces, soit diverses variétés de mulets et de bardots.

Plusieurs variétés de porcs et de chiens sont également présentes. Il faut enfin signaler les oiseaux de basse-cour, les oies, les canards et les pigeons ; les gallinacés ne font que tardivement leur apparition. Les paons sont importés d'Inde. Parmi les animaux familiers, signalons la mangouste et le chat.

L'élevage est, après l'agriculture, la seconde activité économique du pays. Certaines populations nomades ou semi-nomades se livrent exclusivement à cette activité, les hommes suivant le mouvement bisannuel de la transhumance des troupeaux. Les Mésopotamiens en tirent une bonne partie de leur nourriture et de leur habillement, la viande, les peaux, la laine, le lait et ses dérivés. Les bêtes élevées et dressées dans certains centres renommés sont réputées et font l'objet d'un commerce avec l'étranger.

L'élevage de masse, en larges troupeaux, a la faveur des propriétaires de cheptel qui confient par contrat leurs bêtes à des firmes de bergers professionnels. C'est à ces derniers qu'il revient, annuité après annuité, d'assurer l'entretien et le croît du troupeau. Les propriétaires de ces firmes confient des parts de ces immenses troupeaux à leurs employés qui les emmènent paître sur les terres les moins propices à la culture, quitte à s'éloigner loin des centres urbains lorsque les herbages proches ont été dévorés. Le menu bétail est toutefois autorisé à paître sur les terres à céréales, après les moissons, comme l'indique, notamment, le code de Hammurabi.

Les bergers sont spécialisés, car on ne fait pas paître ensemble des moutons et des vaches. Leurs troupeaux sont séparés et confiés à des pâtres différents eux-mêmes hiérarchisés : bouviers et bergers, chefs-pâtres et maîtres-bergers, pâtres et aide-bergers (*sipa* ou *udul* en sumérien, *rê'u* et *utullu*, également *nâqidu* et *kaparru,* en akkadien). Le code de Hammurabi fixe leurs émoluments à 2 400 litres de grain par an. Cela suppose des contrats d'engagement de longue durée et confirme que l'activité pastorale constitue un véritable métier. En outre, le montant de 6 litres par jour implique que le berger emploie du personnel.

En cas de perte de bétail consécutivement à une razzia, par suite de l'attaque d'un fauve ou comme conséquence d'une maladie, si la responsabilité du berger est prouvée, il doit compenser le manque à gagner en livrant au propriétaire, soit les peaux ou la laine, soit une compensation en argent ; en outre, il est astreint à fournir une somme fixée, variable selon l'espèce, pour la viande et le croît perdus. Le tout est déposé entre les mains d'un fonctionnaire local qui se charge de transmettre au propriétaire.

Bref, on connaît assez bien le travail des bergers, le croît des troupeaux comme leurs pertes, la laine produite, la tonte et le bain des brebis qui la précède.

Si l'on veut obtenir une viande de bonne qualité, on procède à **l'engraissement forcé de certaines pièces de bétail** qui sont alors placées sous la responsabilité d'autres experts, les « engraisseurs », *lu kurushda* en sumérien, *sha kurushtê* en akkadien. Ceux-ci ajoutent à la nourriture fourragère des bêtes divers suppléments, des céréales et, si l'on en croit Strabon, des noyaux de dattes. Les ovidés ou les bovidés ainsi engraissés s'appellent « moutons » ou « bœufs de grain » ou « d'enclos ». D'autres animaux comestibles peuvent subir le même traitement, comme les volailles et les porcs.

Enfin, une autre spécialisation de l'élevage est **le dressage**. Il s'applique surtout aux équidés, mais des chiens peuvent aussi être dressés pour la chasse comme, peut-être, des faucons ; certains centres sont réputés pour le dressage d'espèces particulières d'animaux.

Le dressage s'applique également aux bœufs dont on fait grand usage pour tirer les chariots, les charrues, les herses et les traîneaux à écraser le grain sur l'aire ; il faut les accoutumer et les adapter à ces divers travaux. Ces animaux sont souvent affublés de noms propres.

Le cheval

L'équidé le plus anciennement connu est l'âne, *anshe* en sumérien ou *imêru* en akkadien, et dont le nom sert, au moins en sumérien, à désigner tous les autres animaux de la même espèce ou du même usage : le cheval est appelé « l'âne de la montagne », l'onagre « l'âne du désert », le mulet « l'âne princier », le chameau « l'âne de la mer ».

Le cheval, *anshekura* en sumérien ou *sîsû* en akkadien, ne commence à jouer un rôle relativement important qu'au IIe millénaire. Tandis que les autres animaux de trait, l'âne, le mulet et le bœuf, ne jouent que le rôle de bêtes de somme, **le cheval est un animal de luxe, réservé d'abord aux occupations nobles de la parade ou de la chasse** ; il est, plus tard, utilisé comme un instrument de guerre. On sait qu'au XVIIIe siècle le prix d'un cheval peut s'élever jusqu'à 5 kg d'argent, soit le prix de cinquante esclaves !

On utilise le cheval de deux façons. Tout d'abord comme monture. L'une des plus vieilles épithètes le désignant est l'akkadien *pithallu* ; elle fait de lui l'animal de selle par excellence puisque le mot veut dire « ouvre l'entre-jambes » et désigne l'animal comme celui que l'on enfourche. Il est harnaché en conséquence, muni d'une selle qui peut être une simple peau de bête, un tapis ou un véritable

« siège portable ». Pour le diriger on lui passe une bride, avec une monture, un mors et des rênes. Pour autant que l'on sache, le harnais ne comprend pas d'œillères, or, il n'est pas douteux qu'elles existent puisqu'un texte littéraire signale que l'animal ne voit pas le chemin qu'il parcourt !

On utilise aussi le cheval comme animal de traction, mais uniquement pour le char léger de parade, à l'exclusion du lourd chariot de transport. À partir du milieu du IIe millénaire, on commence à l'employer non plus pour porter le guerrier, mais comme instrument de guerre, en l'attelant à un char rapide conçu pour le combat ; le même usage est étendu à la chasse. L'animal garde sa bride, mais les rênes sont allongées jusqu'à la caisse du char ; on le garnit en outre d'un épais collier en cuir grâce auquel s'effectue la traction du véhicule. Mais il s'agit d'un collier de gorge qui est placé sur le cou de la bête, et un tel harnais ne permet pas à l'animal de déployer tout son effort sans s'étouffer. C'est la raison pour laquelle, sans doute, un char est couramment attelé à plusieurs chevaux.

Désormais, la Mésopotamie devient une terre d'élevage de chevaux. Seuls les rois et les hauts dignitaires peuvent en posséder. L'armée en fait une grande consommation. C'est dans les montagnes du Zagros que l'on reconstitue les troupeaux de la plaine, affaiblis par les chaleurs de l'été ou la nourriture trop abondante, et décimés par les guerres.

Il est normal que l'on entoure de soins une telle richesse et qu'en même temps on se préoccupe de procurer à cet animal, qui joue un rôle si important dans la vie de la cour et dans la guerre, des soins et un dressage minutieux et efficace.

Les méthodes de dressage sont révolutionnées par l'introduction de techniques nouvelles apportées par les nouveaux maîtres, Cassites ou Mitanniens. On a retrouvé des manuels écrits à l'usage des dresseurs de chevaux. Le plus notoire est attribué à un certain Kikkuli, il est écrit en hittite et abonde en termes techniques indo-iraniens. Il subsiste aussi quelques fragments de tablettes vétérinaires et des carnets d'éleveurs. À Assur, on a exhumé un recueil de préceptes pour l'entraînement en tous terrains de chevaux de char (de guerre), et de soins à leur donner pendant le dressage.

L'INDUSTRIE ET L'ARTISANAT

a) La place des artisans dans la société

Jusqu'à la fin du IIIe millénaire, les documents administratifs et économiques témoignent de l'existence d'une économie de redistribution, une économie au sein de laquelle le travail n'est pas rémunéré, toute personne employée recevant des rations alimentaires versées mensuellement, indépendamment du labeur fourni. S'agissant des activités artisanales, les procès de travail y sont les mêmes que ceux qu'impose l'agriculture avec ses équipes de manœuvres aux ordres de surveillants et de chefs d'équipes.

Tel qu'il apparaît **à cette haute époque, l'artisan est avant tout soit un agriculteur vivant au sein d'un lignage exploitant en commun un bien patrimonial, soit un petit exploitant indépendant, soit un fermier ou un employé prébendé**. Il tire de la terre ses ressources et sa subsistance. Dans la majorité des cas, il est un employé d'une grande exploitation agricole qui pourvoit à son entretien, lui fournit les matières premières, et exige de lui, selon les saisons et les nécessités, une participation aux travaux des champs.

L'artisan est donc un paysan qui ne s'adonne pas à la pratique exclusive de sa spécialité ; son travail d'artisan est accessoire. Les sources concordent pour montrer qu'il conserve pleinement sa place au sein des procès de production agricole et qu'il est toujours intégré dans une cellule sociale constituée autour de ces activités. Même si les progrès techniques et scientifiques suscitent des spécialisations toujours plus grandes et requérant un apprentissage toujours plus long (un dialogue scolaire nous indique que chaque métier a son langage propre, ainsi « la langue de l'orfèvre », « la langue du lapicide », etc.), celles-ci ne détachent pas l'artisan de la production de sa propre subsistance.

À partir de la fin du IIIe millénaire, avec le développement du salariat et la valorisation du travail, **un artisanat urbain a tout le loisir de se développer**. Les artisans vivent et travaillent soit dans certains quartiers des villes, chaque métier occupant une rue différente, soit dans des villages où ils sont établis. Sur le plan des alliances matrimoniales, on constate une certaine tendance à l'endogamie.

LA VIE ÉCONOMIQUE

Considérons la Babylonie au Ier millénaire. Des familles d'artisans y sont établies dans les grandes villes et se disent les descendantes d'un lointain ancêtre dont la mémoire, à défaut d'avoir conservé le nom, énonce le métier qui était déjà le sien. Bref, on est en présence de dynasties d'artisans. Il se dessine ainsi d'amples groupes familiaux qui gèrent en commun leur patrimoine.

On sait, par les archives de la ville d'Uruk, que le temple d'Inanna/Ishtar fait appel à des artisans, des orfèvres, des charpentiers ou des menuisiers, qui sont tous membres de familles importantes de la ville. Or, un document unique dresse un état des prêtres de ce même temple, parmi lesquels figurent des menuisiers, des lapicides, des orfèvres, des artisans du bois ou du métal, enfin des bouchers. Seuls les brasseurs et les cuisiniers sont exclus. Ce document, en outre, n'est pas un texte administratif, mais un texte scolaire ; enfin, les patronymes qui y figurent sont ceux, non des familles d'artisans connus et répertoriés dans la ville, mais ceux de sages de légende, de prêtres illustres ou de lettrés réputés avoir vécu en des temps reculés. On a donc commencé par mettre en doute la véracité de son contenu. Or, sa teneur est aujourd'hui confirmée par une source dont le caractère administratif est indéniable : il y apparaît que certains menuisiers, graveurs, lapicides et orfèvres sont effectivement comptés au rang des prêtres.

L'explication est aisée : ces artisans jouent un rôle religieux extrêmement important puisqu'ils travaillent à la fabrication ou à la restauration des statues divines et des objets de culte. Leur travail n'est donc pas indifférent. Ils vaquent à leurs occupations dans un lieu spécifique, qui se trouve sous l'autorité du dieu Enki/Éa. C'est un atelier de réparation, mais non un atelier ordinaire. Il est réputé être un lieu où l'on pratique aussi la lecture et l'écriture. Ce n'est donc pas un lieu exclusivement de travail manuel, c'est un lieu de savoir et de transmission de connaissances, autant de savoirs et de connaissances qui sont réservés à une élite particulière et qui ne peuvent être éventés sous peine de perdre leur efficace.

Un texte de l'époque perse, toujours provenant d'Uruk, nous apprend que les artisans travaillant dans un temple particulier pour les besoins du culte, artisans du bois, joailliers ou orfèvres, doivent prêter serment d'exercer leurs activités exclusivement au sein de ce temple.

Les métiers énoncés représentent l'essentiel de l'artisanat urbain à cette époque. On voit qu'il œuvre principalement pour les temples, leurs principaux sinon leurs uniques clients. Ce sont eux qui leur fournissent la matière première à travailler ; à défaut, ils en font l'acquisition sur le marché, au compte de leur commanditaire.

Mais les palais royaux prennent aussi en charge certaines activités artisanales où ils engagent nombre de leurs employés, salariés ou esclaves. À l'époque d'Ur, par exemple, l'État tend à regrouper et à organiser la production dans des ateliers et des fabriques. Les secteurs les mieux connus sont ceux de la métallurgie et du tissage. Le bronze est produit courant, le fer est rare, l'or est réservé à l'orfèvrerie. De la fonte à la finition, le métal est travaillé dans des ateliers spécialisés. La main-d'œuvre, libre ou servile, est organisée en équipes placées sous les ordres de contremaîtres ou de surveillants. Tous les stades du travail font l'objet de contrôles rigoureux : la quantité de métal fournie et le poids des pièces fabriquées sont minutieusement notés et enregistrés. Dans le cas des métaux précieux, les pertes elles-mêmes sont soigneusement enregistrées pour éviter toute négligence ou tout vol.

b) Les principaux métiers de l'artisanat

1) Les potiers, les céramistes et les verriers

Le potier, *bahar* en sumérien ou *pahâru* en akkadien, emploie comme matière première l'argile ou les marnes argileuses indigènes.

Après avoir épuré l'argile brute, il ajoute à la pâte très grasse ainsi obtenue des dégraissants qui en diminuent la plasticité, de la paille ou de l'herbe hachée dans un premier temps, du sable ou des tessons cuits plus tard. Il peut aussi y mêler des éléments minéraux qui jouent un rôle important dans la coloration, lors de la cuisson.

La terre est façonnée par modelage, par moulage ou par tournage, trois méthodes qui ne sont pas exclusives les unes des autres, une partie d'un vase tourné pouvant être moulée, par exemple. L'adoption du tournage, vers 3400, constitue sans aucun doute le progrès technique le plus important avec celle du four. On suppose, avec des convictions diverses, selon les auteurs, l'emploi préalable de la tournette, mais on ne dispose à son propos d'aucune certitude.

Une fois façonnée, la pièce est mise à sécher et elle est décorée. L'apprêt le plus élémentaire consiste à en polir la surface à l'aide de la main mouillée. Le décor le plus commun consiste en incisions ou excisions par évidement du champ ou estampage. Le décor peint existe également ; il est appliqué avant la cuisson.

La cuisson achève la fabrication. Elle peut se faire à feu libre ou en creusant une fosse, mais le véritable four, avec séparation du foyer et de la chambre de cuisson, permet très tôt d'atteindre des températures élevées.

L'art du potier est arrivé à maturité dès la fin du IVe millénaire. Les perfectionnements ultérieurs consistent dans la fabrication des émaux et des pâtes de verre.

L'art de la glaçure est sans doute découvert dès les premiers développements de la métallurgie. Pour l'heure, **les plus anciennes recettes de fabrication de pâtes vitreuses connues datent de la première moitié du IIe millénaire ;** elles sont attribuées à un certain Gulkishar ; d'autres, plus nombreuses, datent du Ier millénaire. Elles permettent d'obtenir des verres colorés d'une grande diversité de nuances. On observe non sans une certaine curiosité qu'elles insistent surtout sur la qualité des combustibles et ne donnent aucune indication concernant les températures.

L'art de souffler le verre est inventé quelques siècles avant notre ère. La composition de la pâte bénéficie alors de la mise en pratique de connaissances nouvelles. Les Mésopotamiens ne connaissent pas le verre transparent sauf, peut-être, à l'extrême fin du Ier millénaire, lorsqu'ils obtiennent des pâtes translucides ou irisées en dosant avec une extrême précision leur teneur en plomb et en étain.

2) Les spécialistes des textiles : tisserands, foulons, blanchisseurs

Le tissage est d'abord affaire de femmes ; le nom du métier de tisserand, *ushbar* en sumérien, *ishparu* en akkadien, apparaît, anciennement, pour qualifier des femmes qui forment, en réalité, une main-d'œuvre à tout faire.

La laine et le lin sont, avec l'argile, l'une des rares matières premières indigènes. Le coton n'est introduit qu'au cours du Ier millénaire, lorsque le roi d'Assyrie Sennachérib tente d'en acclimater l'arbuste dans ses jardins.

La laine provient de la toison des brebis ou des chèvres. Celle des brebis sert à la confection des vêtements et des tissus d'ameublement, celle des chèvres à la fabrication de tissus plus grossiers, des rênes ou des sacs. Avec le lin, largement employé dans le culte, sont fabriqués des tissus lourds et des mousselines.

Deux verbes exprimant la tonte, on conclut qu'il existe deux procédures particulières. Après la tonte, la toison subit un lavage. La laine est ensuite séchée, peignée et filée. Après le filage, viennent le doublage du fil, l'ourdissage de la chaîne sur le métier, généralement horizontal, enfin le tissage proprement dit.

Le fuseau est le symbole de l'activité féminine, par opposition au poignard qui symbolise l'activité masculine. Mais dès le début du IIe millénaire il existe des tisserands ambulants qui offrent leurs services. Au Ier millénaire, les tisserands se spécialisent, les uns tissant des fils polychromes, les autres le lin fin.

Les tissus peuvent être teints. Ils sont alors immergés dans des bains. Les Mésopotamiens connaissent le procédé pictorial de la racine de garance. C'est de la cochenille et du chêne-kermès qu'ils tirent le principe du colorant rouge, une technique qu'ils empruntent à l'Anatolie à la fin du IIe millénaire, sous le règne du roi d'Assyrie Téglath-phalasar Ier. Les différentes espèces de murex permettent de fabriquer toutes les gammes de la pourpre, une technique surtout réputée en Phénicie. Mais l'essentiel des procédés de teinture est d'origine végétale : la grenade pour le rouge, la guède pour le bleu, le safran pour le jaune et l'orangé. Le noir peut être d'origine minérale (charbon de bois ou bitume) ou végétale (noix de galle ou myrte).

Le sumérien *ashlag* et l'akkadien *ashlakku* désignent le métier de blanchisseur au sein duquel on semble distinguer ceux qui dégraissent et blanchissent les étoffes sorties du tissage et ceux qui ont pour tâche l'entretien périodique du linge. La lessive est faite de cendres de plantes alcalines, mais on ignore si ces produits alcalins sont intégrés à un corps gras pour fabriquer du savon.

3) Les vanniers

Le roseau est, comme l'argile, un matériau indigène. On en fait ample usage puisqu'on va jusqu'à le manger en période de disette. Le sumérien *adgub* et l'akkadien *atkuppu* désignent celui qui le travaille, le vannier. **La natte représente un élément essentiel de la vie quotidienne** ; elle couvre le sol, protège les fondations des murs, est utilisée dans les toitures, également dans le mobilier où elle sert de sommier ; elle sert également à empaqueter des marchandises ou à couvrir le pont des bateaux.

Une tradition fait remonter à une natte de roseau saupoudrée de terre et flottant sur l'océan primordial l'origine de la terre ; le dieu Enlil lui-même, le dieu souverain du panthéon sumérien, pourrait être un dieu tisserand et vannier, deux métiers très proches dans l'imaginaire des Mésopotamiens.

Le vannier fait aussi des couffins et des paniers. Les tables d'offrandes sont souvent en roseau tressé comme les boucliers des soldats assyriens qui sont alors recouverts d'une peau tendue. Le calame du scribe est également en roseau.

4) Les spécialistes du bitume

Le bitume est un ultime matériau indigène. Il est de notoriété que le sous-sol de la Mésopotamie est riche en hydrocarbures qui peuvent affleurer en dépôts ou en jaillissements aisément exploitables. Un texte divinatoire rapporte que « si dans une contrée s'ouvre un puits de bitume et que celui-ci prend feu, cette contrée sera ruinée ».

Le bitume liquide est désigné en akkadien à l'aide du mot *naptu* (dérivé d'une racine sémitique *NPT*, « flamber, flamboyer ») et dont dérive notre mot naphte. On le nomme aussi « huile de montagne » ou « huile de bitume solide », signalant à la fois l'origine géographique et le caractère huileux du produit. On distingue aussi entre naphte blanc et naphte noir.

Si l'on excepte des onctions à caractère médical et des opérations magiques, on ignore l'usage qui en est fait. On ignore, par exemple, s'il sert pour l'éclairage nocturne.

Le bitume solide, *esir* en sumérien, *ittû* et *kupru* en akkadien (la distinction de sens entre ces deux derniers termes n'est pas claire ; *kupru* est peut-être un produit raffiné ou mêlé à d'autres ingrédients), provient principalement de la ville de Hit, l'antique Tuttul, sur le moyen Euphrate.

Il sert surtout comme colle et comme agent imperméabilisant, principalement pour le calfatage des bateaux ; dans ce but, il est exporté jusqu'en Oman. Mais il connaît aussi beaucoup d'autres usages, pour la fabrication de petits objets faciles à tailler ou à modeler comme des sceaux-cylindres ou des petits vases ; il sert de fond dans des mosaïques en coquilles de nacre gravées.

Mélangé à des éléments qui le rendent plus résistant, comme le sable, le gypse ou la paille hachée, le bitume solide est beaucoup employé dans la construction. On obtient de la sorte des mastics, des ciments et des bétons.

5) Les métallurgistes et les forgerons

Tous les minerais et les métaux sont des produits d'importation. Parmi ces derniers, **une distinction est faite entre les métaux nobles réservés à la bijouterie ou la joaillerie et les métaux vulgaires**. Ces derniers sont : **le cuivre** qui est le plus anciennement connu, importé du plateau iranien avant de l'être de la péninsule d'Oman et, plus tard, de Chypre ; **l'étain**, importé d'Afghanistan, puis d'Espagne et, peut-être, des îles Britanniques ; mélangé au cuivre, il sert à faire **le bronze ; le plomb**, qui provient des mêmes gisements que l'argent ; il apparaît avec l'arsenic, l'antimoine, le zinc et l'étain dans la composition du bronze ; **le fer** qui est connu sous sa forme météorique dès le IIIe millénaire ; il en existe des gisements dans le

Taurus, en Arménie et sur le Plateau iranien ; c'est seulement au IIe millénaire, avec l'invention de la forge proprement dite, qu'il est produit et travaillé en grande quantité ; à partir de 1200 environ, il supplante le bronze.

Comme les métaux eux-mêmes, les techniques pour les travailler sont importées de l'étranger. Les Mésopotamiens font la distinction entre celui qui transforme le minerai en métal pur, *tibira* en sumérien (mais le terme dérive du hurrite *tabiri*, « celui qui fond le métal ») ou *qurqurru* en akkadien, et celui qui travaille le métal pour lui donner une forme utilisable, *simug* en sumérien, *nappahu* en akkadien. Le premier prépare le charbon de bois à partir de bois vert, un combustible meilleur que le bois sec et qui permet d'atteindre les très hautes températures requises pour la fusion des métaux. Il lui arrive de vivre dans des villages spécialisés, comme Dur-qurqurri. Le second, le forgeron proprement dit, exerce sa profession partout. C'est lui qui travaille le métal, façonne et répare les objets.

Une fois concassé, le minerai est fondu une première fois pour en extraire les impuretés. L'opération se déroule dans un four à deux étages ou à deux orifices, l'un pour mettre le combustible et alimenter le feu, l'autre pour verser le minerai à fondre. Des tuyères envoyant l'air permettent d'augmenter la teneur en oxygène et donc la température.

Le métal issu de cette fusion doit encore être affiné. Il est alors martelé et concassé, puis refondu, une ou plusieurs fois, en vue d'une nouvelle purification. C'est à ce moment-là que des fondants sont ajoutés qui permettent des alliages, principalement le bronze (cuivre et étain, principalement, la proportion d'étain étant variable : il existe du bronze au sixième, au septième, au huitième, au dixième). Les métaux ainsi préparés sont coulés en planchettes, en hachettes ou en saumons.

La technique du moulage du bronze ou du cuivre dite « **à la cire perdue** » semble connue dès le début du IIe millénaire.

La préparation du fer exige encore une autre technique, celle de la forge qui consiste, après l'obtention de la loupe à partir du minerai, à la marteler fréquemment en la soumettant sans cesse à l'action de la chaleur, de façon à en éliminer les impuretés.

6) Les joailliers et les orfèvres, les lapicides et les graveurs

L'orfèvre est appelé *kudim* en sumérien, *kutimmu* en akkadien. Il est l'un des principaux artisans qui **travaillent les métaux précieux, soit l'or et l'argent, également le fer** qui est considéré comme une pierre rare jusqu'au milieu du IIe millénaire, **ainsi que les pierres précieuses**.

L'or est importé d'Inde et d'Égypte ; au début du IIe millénaire, la Cappadoce est considérée comme le principal producteur d'argent.

L'affinage de ces métaux est plus ou moins poussé ; partant, on en connaît plusieurs qualités : l'or rouge, l'or blanc, l'or fin, l'argent blanc, l'argent raffiné, etc. Des alliages sont effectués, ainsi l'or avec l'argent ou le cuivre, l'argent avec l'étain ou le plomb ; on obtient de la sorte des métaux de la couleur et de la résistance voulues.

Les techniques sont diverses, elles sont déjà toutes très au point dès le début du IIIe millénaire. Le moulage dans des moules simples ou des bivalves est bien connu pour la fabrication d'objets massifs ou de pendeloques. L'or et l'argent, très malléables, se prêtent au martelage pour les réduire en plaques ou en feuilles. Les techniques du repoussé ou du placage sont des variantes du martelage. La soudure s'emploie également pour les fils d'or ainsi que les techniques du filigrane et de la granulation.

L'incrustation, le cerclage et le cloisonnement de pierres précieuses sont également des techniques bien attestées.

Les pierres connues sont innombrables comme le prouve la gamme étendue des matériaux servant à fabriquer les bijoux et les sceaux-cylindres : agate, albâtre, améthyste, cornaline, chalcédoine, cristal de roche, jaspe, lapis-lazuli, onyx, serpentine, stéatite, etc. ; une statuette de la déesse Ishtar porte un rubis originaire de Birmanie.

Le graveur et le lapicide sont appelés *zadim* et *burgul* en sumérien, *zatimmu* et *pargullu* en akkadien. On a retrouvé à Tell Asmar, l'antique Eshnunna, dans un vase datant des environs de 2200, les outils de tels artisans : burins, poinçons, petits ciseaux à froid, pointes de foreuse, etc. Ils sont particulièrement chargés de la fabrication des sceaux-cylindres où ils conjuguent l'usage de la bouterolle avec celui d'autres outils que nous ignorons et qui permettent un rendu plus précis et plus achevé du dessin.

7) Les travailleurs du bois : charpentiers, menuisiers et ébénistes

La basse Mésopotamie est dépourvue d'arbres. Les espèces indigènes sont rares : l'acacia, le peuplier, le citronnier, le saule, le cornouiller, le figuier, le mûrier, le tamaris et le palmier-dattier. Les autres essences sont importées : l'ébène, le chêne, le platane, le genévrier, le cyprès, le pin et, surtout, le cèdre. Outre le bois de chauffage, l'usage du bois est ample et divers : fabrication d'objets de la vie quotidienne, mobilier, bois de construction, charrerie et batellerie, instruments aratoires et outils divers. Le palmier est utilisé pour ses fibres. Les techniciens du bois se nomment *nagar* en sumérien, *naggaru* en akkadien.

8) Les travailleurs du cuir : mégissiers, corroyeurs et tanneurs

Le traitement des peaux est confié à des spécialistes, *ashgab* en sumérien, *ashkappu* en akkadien. À l'image des forgerons, mais aussi d'autres corps de métiers, ils forment une corporation, travaillent et vivent ensemble dans les mêmes quartiers des villes, voire occupent des villages entiers. Le tannage, dont la technique doit varier selon l'usage prévu, et la teinture sont connus. Le cuir, celui de tout animal domestique mais sans exclusive, sert à la fabrication de vêtements, de chaussures, de pièces d'armement défensif, de conteneurs, de parements de portes, de l'essentiel du harnachement des chevaux. Les plus anciennes traces connues proviennent du cimetière royal d'Ur (première moitié du IIIe millénaire) sous la forme d'une fine poussière blanchâtre provenant des bandages de cuir des roues d'un char.

9) Les métiers de l'alimentation : minotiers, boulangers, presseurs d'huile et brasseurs

Le métier de meunier existe, *arar* en sumérien, *ararru* en akkadien. Certes, **le mortier ou la meule sont ordinairement des instruments de la vie domestique** et une épouse peut l'apporter avec elle lorsqu'elle se marie. L'existence de la double meule, composée d'une pierre plate et oblongue munie d'une protubérance pour la tenir et d'une seconde dont les sources disent qu'elle chevauche la première, est attestée à partir du IIe millénaire. **Le meunier est au service de la communauté** dans son ensemble ou d'un important domaine institutionnel ; il emploie de grands disques de pierre qui peuvent mesurer jusqu'à 70 cm de diamètre.

La nourriture panifiée constitue la base de l'alimentation. Le pain, à savoir, le plus couramment, la galette plate, mais le pain au levain existe, est généralement fabriqué et cuit à la maison. Cependant, **un boulanger**, *epû* en akkadien, **existe qui peut tenir boutique**.

Les galettes sont cuites par application sur une surface plate préalablement chauffée ; lorsqu'elles sont épaisses, on les couvre de cendres chaudes afin d'assurer la cuisson de l'intérieur.

LA VIE ÉCONOMIQUE

De préférence aux graisses animales, bien connues, les Mésopotamiens usent beaucoup d'huile végétale. Elle sert aussi bien aux besoins de l'éclairage qu'aux soins du corps, à la pharmacie, dans les rituels religieux et dans l'alimentation. On tire l'huile de diverses plantes, principalement le sésame qui se prête à une exploitation à grande échelle. L'opération qu'effectue le *te'înu* se déroule en deux temps : il chauffe d'abord le sésame par une pression peu forte ou par addition d'eau bouillante, puis il effectue une pression plus forte.

La bière est la boisson la plus courante en Mésopotamie où le vin est une denrée rare. **On la considère, avec la nourriture panifiée, comme un élément essentiel de la civilisation.** Dans l'épopée de Gilgamesh, l'être sauvage Enkidu ne devient un membre à part entière de la communauté des hommes qu'après la consommation de pain et de bière.

On fabrique (le brasseur se nomme *lunga* en sumérien, *sirashû* en akkadien) la bière, autrement dit toute boisson fermentée, à partir de céréales, principalement de l'orge, que l'on fait fermenter dans de l'eau, à la chaleur. Le grain doit avoir légèrement germé pour que la transformation de son amidon en maltose soit assurée. Une fois le malt obtenu, on l'émiette dans de l'eau augmentée de levure afin que, la chaleur aidant, le liquide se transforme en bière. Cette technique s'est certainement perfectionnée dans le temps. On se met à ajouter des aromates, à choisir des levures, à jouer sur la durée de la fermentation, pour obtenir des bières de différentes qualités et de goûts variés. Les Mésopotamiens connaissent de très nombreuses sortes de bières. Certaines sont filtrées et conservées dans des cruches dûment bouchées, transportables et susceptibles d'être conservées pendant un certain temps. Au Ier millénaire, on invente un procédé pour fabriquer de la bière de dattes.

LE COMMERCE

La Mésopotamie manque de pierres et de bois de construction, de pierres et de métaux précieux, de bois et de plantes odoriférants et même d'aromates. Pour se les procurer, il est nécessaire d'avoir recours aux transactions commerciales et aux hommes d'affaires, *damgar* en sumérien, *tamkârum* en akkadien.

L'alternative est, en réalité, tout au long de l'histoire mésopotamienne, entre la guerre et le commerce. Sargon d'Akkadé se vante d'avoir détourné le grand commerce international vers le port de sa nouvelle capitale. En réalité, sous la dynastie qu'il fonde, les expéditions militaires conduites annuellement ne sont pas autre chose que des entreprises commerciales : elles sont destinées, sous la forme de butin, à assurer la Mésopotamie en toutes matières premières. L'exemple sera souvent imité. En Assyrie, aux IIe et Ier millénaires, c'est jusqu'à des animaux exotiques ou des plantes étrangères qui sont rapportés pour peupler et agrémenter les jardins royaux. Tout cela contribue à glorifier les rois.

Dans la multiplicité des échanges, **on peut distinguer entre le commerce local et le grand commerce international**, le premier passant par le *mâhirum*, « marché », le second par le *kârum*, « quartier des affaires ».

Les besoins individuels que couvre le *mâhirum* doivent consister en pièces de bétail et objets manufacturés comme la céramique, des ustensiles de pierre ou de métal, des pièces de mobilier. Les biens de consommation courants comme l'alimentation peuvent s'y rencontrer aussi.

La taverne, habituellement tenue par une femme, est également un lieu où le commerce local trouve sa place. C'est un lieu bien défini dans l'espace, économiquement et socialement important, où l'ivresse est admise. C'est d'abord l'endroit où l'on vend les boissons fermentées, même à crédit. C'est aussi un lieu topographiquement choisi : un espace intermédiaire entre la ville et la campagne, un carrefour.

La taverne peut aussi jouer un rôle politique. Le code de Hammurabi enjoint, sous peine de mort, à la cabaretière de dénoncer ceux qui, chez elle, se rendent coupables de complot. C'est probablement l'une des raisons pour lesquelles, au moyen d'une taxation annuelle, l'État cherche à en contrôler les activités.

Le *kârum* est donc le quartier des affaires. Sur les rivières et les cours d'eaux, les *kâru* sont dotés de ports. Là se trouvent les quais où accostent les bateaux, les maisons des hommes d'affaires et des commerçants, les bureaux des douanes, les entrepôts, les silos. Le personnel des ports comprend de nombreux surveillants, des débardeurs, enfin un « grand du *kârum* » qui contrôle le trafic.

Le brassage de grosses quantités de biens de consommation ou d'usage, de matières premières ou de produits manufacturés est entre les mains de la puissante **corporation des *tamkâru*, possesseurs de capitaux, prêteurs d'argent et de biens, banquiers et agents d'affaires**. Chaque centre de commerce a son barème de prix, signe d'une grande complexité du marché.

LA VIE ÉCONOMIQUE

La Mésopotamie ayant de gros besoins, elle est contrainte au commerce extérieur que monopolisent les hommes d'affaires. Aux époques les plus anciennes, ils sont détenteurs de capitaux autant que marchands itinérants. Mais très rapidement, ils se contentent de rester chez eux et d'agir par des intermédiaires, associés ou commis.

On est mal informé sur les modalités du commerce international ou interurbain au IIIe millénaire. Un commanditaire confie à un commerçant des « marchandises » destinées à être échangées, mais aussi des biens divers qui constituent les montants des « redevances » qu'il est tenu de verser à certaines occasions, ainsi que des « cadeaux », sans doute de ces présents préalables qui sont faits aux princes locaux au moment d'engager des transactions.

Au temps de l'empire d'Ur, les marchands travaillent pour le compte des organismes officiels qu'ils représentent. Leurs attributions ne les empêchent toutefois pas de réaliser des bénéfices personnels ou d'engager des affaires pour leur propre compte.

À l'époque paléo-babylonienne, le grand commerce est entièrement entre les mains des hommes d'affaires. Aisés, parfois descendants de dignitaires de l'empire d'Ur, fortement organisés en corps de métiers, ils savent s'imposer. Hammurabi charge leur chef de certaines tâches officielles ; placé sous l'autorité du gouverneur de province, son activité consiste à contrôler les transactions commerciales. L'import-export fournit le gros de ses revenus, mais le marchand peut aussi se faire banquier ; il arrondit ses revenus en effectuant des missions pour le palais.

Toujours au début du IIe millénaire, et pendant plusieurs siècles, **des colonies marchandes assyriennes sont installées en Cappadoce.** Elles sont relativement bien connues par les archives qu'elles ont laissées, et dont les archéologues ne cessent de retrouver les vestiges sur le site de Kanish.

Les firmes de marchands y dépendent d'un *kârum*. L'organisme principal est la « maison du quai », *bît kârim*. C'est le centre d'importation et d'exportation qui dispose de magasins de stockage, sert de banque et de centre de perception auquel chacun s'acquitte de taxes de péage et de consignation. Sa compétence est également d'ordre judiciaire, puisqu'il arbitre les litiges qui peuvent opposer certains membres entre eux. De tels *kârum* existent dans toutes les villes où les marchands assyriens s'adonnent à leurs activités, mais tous dépendent du *kârum* central de Kanish. Dans des localités de moindre importance, de simples agences sont ouvertes ; elles jouent des rôles similaires.

Le *kârum* de Kanish est lui-même subordonné à une institution située dans la capitale de l'État, la ville d'Assur, le *bît âlim*, « la maison de la Ville ». En réalité, tout porte à croire que la direction des grandes affaires commerciales est entre les mains de hauts dignitaires politiques assyriens, notamment de l'entourage du roi.

Les activités commerciales sont multiples. Les commerçants assyriens prennent le contrôle du commerce du cuivre et détiennent le monopole des fournitures nécessaires à cette industrie. Bref, ils tirent de substantiels bénéfices de l'industrie du bronze. Une fois les prélèvements du fisc effectués, on estime que les bénéfices des firmes s'élèvent à environ 60 %. Ce sont principalement ces bénéfices, en or et surtout en argent, qui sont expédiés à Assur, dans les maisons mères.

Dans l'empire néo-assyrien, **le commerce porte surtout sur les produits de luxe** qui sont également, pour partie, acheminés par voie de conquête, et sur les métaux, le fer, le cuivre et l'étain. Le fait d'exempter de taxes des ports et des carrefours routiers indique qu'il existe un commerce privé. De petits centres urbains sont construits sur les marches de l'empire qui abritent, certes, des garnisons militaires, mais sont autant de lieux où sont favorisés les échanges commerciaux. Sargon II dit explicitement vouloir soutenir le commerce entre Assyriens et Égyptiens. Deux ports assyriens sont ouverts sur la Méditerranée : Kar-Ashur-ahu-iddina (« Port Asarhaddon »), en face de Sidon, et un *kâru sha sharri*, « un port royal », sur le territoire d'Arvad. Asarhaddon à son tour, évoquant la reconstruction de Babylone, insiste sur les activités commerciales de ses habitants dont le réseau des relations couvre le monde entier. Un accord entre le même Asarhaddon et le roi de Tyr prouve le grand intérêt des Assyriens pour la régulation du commerce.

À l'époque néo-babylonienne fleurissent les **associations commerciales** qui regroupent plusieurs hommes d'affaires, réunissent des fonds et se livrent à toutes sortes de trafics lucratifs. À Babylone, un certain Iddin-Marduk commercialise les productions agricoles des paysans de Borsippa. Quant aux temples, ils traitent avec des *tamkâru* pour acquérir les produits circulant sur les grands marchés internationaux et dont ils ont besoin. Ils mettent aussi à la disposition de ces hommes d'affaires des fonds qu'ils leur prêtent et que ceux-ci peuvent utiliser pour leur propre compte ; sachant que l'intérêt à verser au temple est de 20 %, on voit que les bénéfices doivent être considérables.

Les déplacements se font par voie terrestre, fluviale ou maritime. Par voie de terre, la caravane est le mode le plus habituel de voyager. Une seule caravane comprenant au moins deux cents bêtes de somme peut rapporter de Cappadoce vers Assur plus de douze tonnes d'étain. Le directeur de la caravane est généralement un commis de l'homme d'affaires qui commandite la caravane.

La navigation maritime est le fait des Phéniciens. Sur les fleuves et les cours d'eau, le mode de flottement le plus simple est l'outre gonflée, comme en usent des soldats assyriens pour traverser une rivière. De telles outres liées les unes aux autres peuvent servir de support à des radeaux. Des barques variées existent, comme celles, rondes, en roseau tressé passé au bitume, qui sont maniées à la godille, ou d'autres, en bottes de roseau tressées et liées ou en bois, sont conduites soit à la gaffe, soit à la rame. Il existe aussi des bateaux plus importants, des barques à haute étrave ou des barques de halage, tirées par des hommes ou des femmes marchant sur les berges et pouvant contenir jusqu'à 900 hectolitres. Des bateaux plus importants peuvent avoir un ou deux rangs de rameurs. L'usage de la voile est rare. Le gouvernail est constitué par une rame placée à l'arrière de l'embarcation. L'ancre ne semble pas connue.

Le développement des relations commerciales rend nécessaire l'existence d'intermédiaires disposant de capitaux entre les hommes d'affaires et les producteurs. Partant, **la banque se développe très tôt**. Son existence est attestée dès l'époque paléo-babylonienne. Ce sont les *tamkâru* eux-mêmes qui se font banquiers. Ils exercent leur action surtout dans deux domaines : l'avance des capitaux et la simplification du mouvement des fonds. Mais les temples peuvent aussi se muer en institutions bancaires ; leurs activités financières sont aux mains de prêtresses *nadîtu*, des jeunes filles de bonne famille devenues prêtresses et gestionnaires des biens du dieu poliade de leur ville. Dans les colonies assyriennes de Cappadoce, mais également ailleurs, **l'usage du billet au porteur, ancêtre de notre chèque**, est amplement attesté.

L'avance de capitaux se fait ordinairement sous les espèces du grain ou de l'argent, les deux monnaies d'échange de l'époque. L'intérêt de l'argent (20 %) est moindre que celui rapporté par le grain (33 %) parce que ce dernier subit une moins-value entre le moment du prêt et celui du remboursement. On distingue deux sortes de prêts, ceux « de nécessité », modestes et réclamés par des individus dans le besoin, et ceux « de rapport », beaucoup plus importants et qui ne sont, en réalité, que des avances de fonds, des investissements dans des entreprises commerciales.

Une douzaine de siècles plus tard, de véritables firmes familiales ont pignon sur rue. Ainsi la banque des Egibi, une famille liée aux monarques néo-babyloniens, qui exerce ses talents pendant six générations et place ses bénéfices dans l'achat de biens fonciers et la gestion d'esclaves, et celle des Murashu, sensiblement plus récente puisque d'époque perse, et qui joue un rôle d'intermédiaire entre les exploitants des domaines royaux et l'administration impériale achéménide.

POIDS ET MESURES

La métrologie est dominée par trois unités fondamentales : la coudée pour les longueurs, le *qa* pour les capacités, la mine pour les poids. L'ensemble de ces mesures forme un système fondé sur la coudée et dont les différentes unités sont reliées par un rapport simple : le *qa* est le 1/144 de la coudée cube, la mine le poids du volume d'eau égal à 1/240 de la coudée cube. Le *bur*, unité de surface, semble appartenir à un système autonome.

Le système courant est mixte, fondé sur un mélange de base six et dix ; il est exprimé au moyen des chiffres suivants : 1, 10, 60, 600, 3 600. Il est susceptible de profonds changements selon les lieux et les temps.

Mesures de longueur : l'unité est la coudée ; sa dimension est approximativement de 49,50 cm ; les principaux sous-multiples en sont : le doigt, 1/30 ; l'empan, 1/2 ; le pied, 2/3 ; les principaux multiples en sont : la canne (6), la demi-corde (60), la corde (120), la lieue (21 600).

Mesures de capacité : l'unité en est le *sila*, un terme sumérien que les Akkadiens traduisent par *qa* ; sa capacité s'élève approximativement à 0,84 litre. Il a pour sous-multiple une mesure de 4/60, pour multiples des mesures de 2, 5, 10, 20, 30, 40, 50, 60, 120 et 300, ce dernier formant un *gur*.

Mesures de poids : l'unité pondérale est la mine de 505 grammes ; elle a pour sous-multiples le sicle, 1/60, et le grain (1/180), et pour multiple le talent de 60 mines. Un bon nombre de poids étant parvenu jusqu'à nous, nous avons une assez bonne connaissance du système dans sa richesse et ses variantes locales. L'un des plus anciens, il date du règne d'Irikagina de Lagash, porte la mention « 15 sicles » et pèse 119,3 grammes ; parmi les plus lourds figurent un lingot en bronze de Dur-Sharrukin qui pèse 60,303 kg, un autre de Suse et qui pèse 121,543 kg. Dans la pratique, les Mésopotamiens utilisent les mesures de capacité pour des matières comme les céréales ou les légumineuses que nous mesurons au poids.

Mesures de surface : elles varient au cours des temps. Au début du IIe millénaire, on parle de la planche de jardin qui mesure 35,2386 m^2 et dont la centaine fait un arpent, *ikû* ; 6 *ikû* valent une « corde ». 3 cordes valent un *bur* ou *bûru*, soit 63 510,48 m^2. Au milieu du Ier millénaire, on prend l'habitude de mesurer les surfaces par la quantité moyenne d'orge nécessaire à les ensemencer.

LA MONNAIE

Il convient avant tout de préciser le sens que l'on confère à ce terme. Si on considère qu'il ne s'applique qu'à une **pièce de métal frappé**, il est évident que **la Mésopotamie a ignoré** la monnaie **avant la domination perse. Si l'on juge, par contre, que le terme désigne une quantité de métal ou de grain livrée comme moyen de paiement d'une marchandise ou d'un service, alors on en acceptera l'emploi.**

Dès le IIIe millénaire, l'orge, pesé en *gur*, le cuivre et l'argent, pesés en sicles ou en mines, constituent des prix de denrées ou de biens divers. Une équivalence entre les deux types de monnaie est admise. Les rois font en sorte que l'argent soit cher en toutes circonstances.

La fin du IIIe millénaire et le début du IIe voient s'affirmer la prépondérance de l'argent sur le cuivre comme moyen de paiement. L'argent est donc devenu signe et étalon de la valeur ; à l'exception de l'époque cassite où il est remplacé par l'or, il le reste jusqu'à la fin de l'histoire de la Mésopotamie antique.

Qu'il s'agisse du grain ou des métaux, ils sont toujours pesés. Même à l'époque séleucide, lorsque la monnaie frappée devient relativement courante, on continue à peser les pièces. L'opération de la pesée est toujours complexe et longue ; les balances, généralement portatives, atteignent un très haut degré de précision, pouvant peser jusqu'à un ou deux centigrammes. Le commerçant est toujours suspect de fausser la balance ou de manipuler les poids en pierre, de forme géométrique, animale ou humaine.

Dès l'époque de l'empire d'Ur, il existe des lingots qui portent les sceaux de leurs propriétaires, apparemment une garantie quant au poids et quant à la qualité de l'argent.

Indépendamment du grain ou du métal pesés, divers objets façonnés peuvent faire fonction de monnaie, ainsi des faucilles, des haches, des torques en argent, en or ou en étain, ou des anneaux d'argent. C'est peut-être dans l'utilisation de tels objets dont la valeur réelle se double d'une valeur symbolique qu'on peut voir une forme rudimentaire de la monnaie signe.

L'HOMME MÉSOPOTAMIEN

V

L'ESPACE ET LE TEMPS

L'homme est au cœur du cosmos tel que les dieux l'ont créé, aux origines. En tant qu'être conscient, instruit des volontés divines et qui a le privilège de la connaissance des noms, donc des choses, des espèces et de leur devenir, il est investi de la tâche de préserver l'univers. Il lui faut donc y trouver sa place, dans telle province plutôt que dans telle autre. Or, l'architecture du monde, douée de surcroît de mouvement dans le temps, est complexe. Les Mésopotamiens s'interrogent donc sur l'espace et le temps.

• L'ESPACE

Nous savons trop mal quelles sont les conceptions géographiques des anciens Mésopotamiens. La géographie relève, à leurs yeux, de la toponymie et de la cosmographie. **Savants pour lesquels la science se ramène à des catalogues, ils condensent leur géographie dans des listes de noms de pays, de villes, de temples ou de cours d'eau,** bref, dans de sèches énumérations au cœur desquelles le développement sur le mode associatif joue un grand rôle mais dont les principes constitutifs ne nous sont pas toujours clairs. De la sorte, et durant plus d'un millénaire, ils perpétuent par leur routine tout ou partie de vieilles nomenclatures.

Ils sentent aussi la nécessité de cartes figurées. L'une des plus anciennes cartes connues date du XXIIe siècle. L'orientation en est assurée par les notes de marge signalant l'est et l'ouest. Chaque face est et ouest est bordée d'une chaîne de montagnes dessinées selon des conventions habituelles, des demi-cercles superposés. Dans la vallée intermédiaire qui occupe le centre de la carte, on voit un cours d'eau à deux embranchements, l'un coulant vers le nord, l'autre vers l'ouest ; le premier se jette par une sorte de delta dans

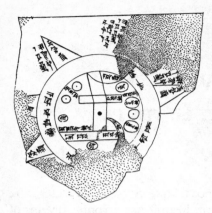

La carte babylonienne du monde.

un cours d'eau plus important ou une étendue d'eau. Des cercles marquent des villages ou des bourgs ; la toponymie montre qu'il faut localiser le territoire représenté aux alentours de la ville moderne de Kirkuk. L'échelle, sans laquelle il n'y a pas de carte possible, est fournie par une indication qui donne la surface d'un cercle : « 354 *ikû* de terre cultivée appartenant à Azala », soit à peu près 150 ha.

Un autre document date du milieu du Ier millénaire ; il est néo-babylonien mais il a pu être copié sur un document plus ancien. C'est **une carte du monde entier tel qu'on l'imagine alors** : une plate-forme circulaire qui reproduit essentiellement la Mésopotamie, avec l'Euphrate qui vient des « montagnes » et coule du haut vers le bas (la carte est donc orientée nord-sud) pour se jeter dans des « marécages ». Divers territoires et villes y sont nommés, comme Assur ou le Bit Yakin. Au centre se trouve Babylone, nombril du monde. La terre ainsi représentée est entourée de la mer appelée « fleuve amer » à cause de la salure de ses eaux. Elle est conçue comme un anneau à la face extérieure duquel figurent, comme des excroissances naturelles, sept « îles » dont l'une, au nord, est décrite comme un lieu où le soleil ne se lève pas. D'un mot, cette carte minuscule n'est, en définitive, pas autre chose qu'un mode d'énumération puisqu'elle se borne à situer très approximativement les noms qu'elle cite les uns par rapport aux autres.

LA DIVISION QUINAIRE DE LA TERRE

Après son triomphe éclatant contre les trois rois rebelles qui avaient soulevé l'ensemble de ses États contre lui, alors qu'il venait à peine de monter sur le trône, la titulature de ses prédécesseurs ne suffit plus à exprimer la toute-puissance et la majesté de Naram-Sin d'Akkadé. La chancellerie imagine, en son honneur, un titre nouveau, celui de « roi des quatre rives (de la terre) ».

En adoptant ce titre nouveau, et personne ne s'y est trompé, Naram-Sin veut exprimer ses prétentions à la souveraineté universelle, les limites de ses états s'identifiant avec celles de la terre. La titulature entière du roi étant « roi d'Akkadé et roi des quatre rives (de la terre) », on voit que **la terre est perçue comme un ensemble composé de cinq parties**. En soi, cette conception n'est pas d'une grande originalité, elle correspond, très grossièrement, à un partage suivant un centre et les quatre orients, une division que connaissent, entre autres, l'Inde et l'Iran et dont quelques documents égyptiens se font également l'écho. Dans la titulature de Naram-Sin, le centre est symbolisé par la capitale, Akkadé, la résidence royale.

Par la suite, les sources littéraires se font l'écho de cette division. Ainsi, la célèbre « Malédiction d'Akkadé » propose-t-elle une description de la terre qui se résume en une liste de cinq noms que l'on peut agencer comme suit :

Subir		Élam
	Sumer	
Mardu		Méluhha

et, semblablement, une épopée chantant les triomphes d'un roi légendaire d'Uruk Enmerkar :

Akkad		Shubur
	Sumer	
Mardu		Hamazi

Certes, il existe d'autres traditions qui offrent de l'espace une partition différente. Selon un mythe en l'honneur du dieu Enki, ce ne sont pas moins de neuf noms de pays qui couvrent la surface de la terre : Tukrish, Méluhha, Magan, Marhashi, le Pays de la mer, le Pays des tentes de nomades, l'Élam, Ur et Dilmun. Comment ne pas se souvenir, à ce propos, que les étages de l'arche que construit Uta-napishtim, le héros babylonien du Déluge, sont subdivisés, chacun, en neuf compartiments ; l'arche reproduisant le cosmos à une échelle réduite, il est hors de doute que l'un des étages figure la terre (cf. La sagesse, ch. VII).

L'HOMME MÉSOPOTAMIEN

Il reste que les chancelleries royales, après Naram-Sin, optent en faveur d'une partition quinaire. Il en est ainsi de celles des rois d'Ur et d'Isin. C'est jusqu'à Hammurabi de Babylone qui se dit « roi de Babylone, roi des quatre rives (de la terre) ». Avec la formation des grands empires des IIe et Ier millénaires, les titulatures royales sont toujours plus longues et plus sophistiquées, mais la même image de la terre continue à s'y faire jour.

a) Le centre

La **partie centrale** ne se limite pas nécessairement à une ville, la capitale d'un État. Elle peut elle-même être subdivisée en provinces, subsumant la totalité des conquêtes réalisées par le souverain régnant. Elle **peut donc former un ensemble hétérogène et complexe**. La diversité des langues, mais celle, également, des traditions et des cultures, la coulée de l'histoire, l'ont modelée inégale, en ont dessiné le relief, souligné les marques signifiantes, tracé les parcelles. **L'espace est ainsi fait de la discontinuité du temps humain**. Tous les toponymes évoqués dans les titres et les épithètes sont ceux d'anciennes cités, d'antiques métropoles aux noms prestigieux, de lieux saints vénérés, de pays de haute culture ou de terres ancestrales d'où la souche royale tire son origine.

Les rois sont de ces êtres privilégiés auxquels incombe la charge de gouverner le monde et d'en assurer l'ordre. Les capitales, résidences royales, participent de leur charisme. Elles sont, avec les temples, de ces lieux hors du commun, qualitativement différents des autres, et qui, semblables en cela aux montagnes, **assurent la liaison entre les différents niveaux de l'univers**. Les noms mêmes de certains temples, par exemple, expriment cette fonction : « temple, mât du pays » ou « temple, lien du ciel et de la terre ».

Le centre tient, en quelque sorte, d'un espace visionnaire lequel intègre une quatrième dimension dont aucune campagne de fouilles ne pourra jamais espérer retrouver la trace. Dans le prologue de son code, Hammurabi de Babylone donne de lui, entendons de l'ensemble des cités qui reconnaissent son autorité, une description, autre nomenclature, fort complète et qui, associant noms de villes, noms de sanctuaires et noms divins, intègre cette ultime dimension à une géographie plus politique. On peut subdiviser sa liste en quatre sous-ensembles :

1) les principaux sanctuaires, la capitale et les grands dieux du panthéon ;

2) les anciennes capitales, au nombre desquelles figure Sippar, métropole antédiluvienne, et leurs dieux respectifs ;

3) les villes, les temples et les dieux des pays de Sumer et d'Akkad ;

4) les villes, divinités et temples étrangers qui sont intégrés à l'empire.

	Divinités	Villes	Temples
§1	Enlil	Nippur	Ékur
	-	Éridu	É'abzu
	Marduk	Babylone	Ésagil
§2	Sin	Ur	Égishnugal
	Shamash et Aya	Sippar	Ébabbar
	Shamash	Larsa	Ébabbar
	Anum et Ishtar	Uruk	Éana
	-	Isin	Égalmah
	Zababa et Ishtar	Kish	Émété'ursag et Hursagkalama
§3	Erra	Cutha	Meslam
	Tutu	Borsippa	Ézida
	Ninurta	Dilbat	-
	Nintu ou Mama	Kesh	-
	-	Lagash et Girsu	Éninu
	Ishtar	Zabalam	-
	Adad	Bit-Karkara	É'udgalgal
	-	Adab	Émah
	-	Mashkan-shapir	Meslam
§4	Éa et Damgalnun	Malgum	-
	Dagan	Mari et Tuttul	-
	Tishpak et Ninasu	Eshnunna	-
	Ishtar	Akkadé	-
	-	Assur	-
	Ishtar	Ninive	Émesmes

Tableau n° 1 : le royaume de Hammurabi à son apogée.

À la fin du IIIe millénaire et à l'orée du IIe, **le centre est désigné solidairement à l'aide d'un terme unique,** *kalam*. Le mot fait référence, tout à la fois, à la surface et à la population qui l'occupe. Au cours de l'époque paléo-babylonienne, l'usage du sumérien *kalam* se perd, cédant la place à **un mot nouveau**, akkadien celui-là, ***kishshatum***, « la totalité » et qui deviendra par la suite l'un des termes de la titulature royale.

La description du mot *kishshatum* est fort bien mise en relief par un texte géographique, la description de l'empire de Sargon d'Akkadé, un document tardif qui est presque intégralement consacré à ce sujet. Selon cette source, la définition de *kishshatum* tient en deux points :

a) c'est l'ensemble des pays et de leurs habitants qui versent tribut au souverain ;

b) le nombre des pays peut varier, suivant l'étendue des conquêtes et la capacité du roi à les administrer. Selon la carte, l'empire de Sargon aurait été composé de vingt-trois pays, chacun défini par une ligne abstraite censée en réunir les points extrêmes, procédé dont les géographes arabes et persans useront encore deux millénaires plus tard. L'espace considéré correspond au monde organisé, domestiqué, dont chaque parcelle a été nommée et délimitée et dont l'étendue a été mesurée par celui qui le gouverne : « 120 doubles lieues depuis la Citerne de l'Euphrate jusqu'à la frontière de Méluhha et de Magan, dont Sargon, roi de la totalité, lorsqu'il conquit tout pays couvert par le ciel, délimita les frontières et mesura l'étendue. »

Kishshatum **représente donc la « totalité » des terres et des gens qui reconnaissent l'autorité d'un souverain**. L'univers prenant naissance de son centre pour s'étendre vers la périphérie, *kishshatum* se situe naturellement au centre, la capitale étant, idéalement, le nombril du monde ; on lui connaît du reste, çà et là, l'appellation de « ville de la totalité ».

Une série lexicographique vient compléter et confirmer cette image pour qui la notion de *kishshatum* fait la synthèse de tout un ensemble de notions (totalité, nombre, importance ou immensité, richesse ou prospérité, piété ou dévotion, rassemblement et accomplissement) qui s'y trouvent confondues.

b) Les quatre rives

L'expression *kibrât arba'i*, **les « quatre rives », est en relation avec les quatre points cardinaux**. Elle s'applique aux régions excentriques, contrées sauvages qui ne font pas partie du monde socialisé, **contrées inconnues et fabuleuses qui participent encore de la « modalité fluide et larvaire » du chaos**, steppes et montagnes inoccupées par les habitants du monde organisé et peuplées, au contraire, de gens qui ressemblent à peine à des hommes et dont les traits, par opposition aux habitants de *kishshatum*, se définissent négativement, comme on a eu l'occasion, déjà, de le développer. Ils tiennent des « génies, anges de mort, démons et diables maléfiques » (cf. Les étrangers, ch. III).

Bref, les habitants de ces contrées excentriques sont des peuplades hors culture, les régions qu'ils habitent sont ces pays que le roi des dieux, Enlil, a « voués à la destruction ». C'est une surface où l'homme n'a point encore laissé son empreinte. Les rois se plaisent à rappeler qu'ils sont les premiers à en franchir les limites. C'est un univers, enfin, qui est réputé d'accès difficile, voire impossible sans l'assistance divine. Les steppes et les montagnes ne sont-elles pas, d'une certaine manière, aux yeux des Mésopotamiens, des représentations de l'au-delà ?

La terre est donc divisée en cinq parties, les quatre Orients, régions fabuleuses qui s'étendent aux confins de la terre, et le centre, l'ensemble des pays assujettis à la même loi.

Une seconde représentation, tout aussi fondamentale, se superpose à cette représentation segmentaire et préconise un ordre concentrique qui oppose une aire réunissant tous les espaces socialisés et une aire regroupant tous les espaces sauvages, le passage de l'une à l'autre étant théoriquement impossible. Cette seconde représentation a le mérite d'introduire la dimension temporelle, car, les espaces étant mobiles, ils ne s'inscrivent pas, une fois pour toutes, dans des limites précises. Ce sont des réalités mouvantes. Composantes, l'une avec l'autre, du disque terrestre, *kishshatum* et *kibrât arba'i* ont, chacune, la vocation, en effet, de s'étendre au détriment de l'autre et d'occuper seule toute la surface de la terre. Car l'ordre que le créateur avait imprimé au chaos n'est pas définitif, toute destruction équivaut à une régression, toute victoire réitère le triomphe exemplaire du démiurge. Il importe aux souverains de faire triompher *kishshatum*.

Il serait naturellement inutile et vain de chercher, à l'arrière-plan de cette vision, aucune évidence positive. La géographie ancienne ne restitue pas les données d'une science positive, même si, ici ou là, certains sites et paysages sont parfaitement réels. C'est **une géographie imaginaire qui nous instruit de la manière dont la terre est méditée et perçue, le fruit d'une pensée « schématico-cosmographique ».**

L'HOMME MÉSOPOTAMIEN

• LE TEMPS

Toute société humaine produit un temps dominant qui impose son ordre, sa logique et son mode d'organisation à l'ensemble du corps social et qui résulte de la synthèse des divers temps singuliers illustrant la variété des activités qu'ils aident à rythmer, à coordonner et à mesurer. En Mésopotamie, il s'agit d'un temps religieux, rythmé par la succession des fêtes et des rituels, et dont il est généralement admis qu'il est cyclique, qu'il s'accorde avec le temps cosmique et qu'il exalte le passé. Les célébrations collectives et rituelles en fournissent les repères ; les rites commémoratifs ou funéraires, tout particulièrement, en soulignent la réversibilité, les rites commémoratifs transposant le passé dans le présent, les rites funéraires le présent dans le passé.

Il est une idée reçue selon laquelle, dans les sociétés traditionnelles, le temps ne serait jamais que la reproduction à l'identique d'un seul et même cycle narré dans le récit du mythe originaire, l'histoire elle-même s'identifiant à ce mythe inlassablement reproduit. C'est en cela, notamment, que les sociétés occidentales feraient preuve d'originalité, le christianisme, puis la révolution industrielle, ayant donné à leur temps son caractère linéaire, en perpétuel devenir, et l'histoire ne se répétant plus. Le modèle du temps cyclique paraît emprunté à l'Inde védique qui a élaboré la doctrine des cycles cosmiques dite des « yugas » et au sein de laquelle l'histoire, avec ses guerres, ses empires ou ses dynasties, s'avère éphémère, voire évanescente.

Certes, **en Mésopotamie, l'année calendaire équivaut, idéalement, à la création et à la durée de vie du monde** ; au cours des cérémonies qui en marquent le début, le chaos et l'acte créateur qui y met un terme sont régulièrement actualisés. Mais **l'horizon temporel d'une société ne saurait s'arrêter au temps immobile des activités répétitives ; il réside aussi, et non moins nécessairement, dans sa capacité à se représenter un avenir et à s'y projeter**. Il est certain que, sans la perception du temps à venir, il n'est pas de stratégie sociale possible ; or, tel est le cas, également, en Mésopotamie où, à l'instar de toute société fondée sur la pratique du don et de l'échange, le contre-don est nécessairement différé, la restitution immédiate signifiant un refus et constituant une offense.

Le temps social s'avère donc, en Mésopotamie, plus complexe qu'il n'y paraissait de prime abord. À distance des routines du monde paysan et de l'immobilité de l'univers mythique, les Mésopotamiens intègrent la dimension temporelle à leur mode de pensée et tentent de mettre en rapport un avenir qu'ils jugent incertain et au sujet duquel ils ne cessent d'interroger les devins, avec leur présent et leur passé. L'intérêt pour le passé qui en résulte ne se réduit pas à la suscitation des souvenirs, il consiste aussi à écrire l'histoire, cette mise en œuvre des données mnésiques sous la forme de genres littéraires inédits.

Deux conceptions du temps se déploient en Mésopotamie. L'une met au premier plan un temps qui est perçu comme une relation structurelle entre deux points et privilégie la scansion de la durée ; elle est exprimée par le sumérien *bala*. L'autre mise davantage sur la durée elle-même ; elle est exprimée par l'akkadien *dâru*.

Il est généralement admis que *bala* (cf. La *bala* d'Ur, ch. III) fait allusion à une circularité du temps. *Bala* contient, premièrement, l'idée de tour, de rang successif ou alternatif ; il dit, très communément, l'exercice alternatif de fonctions ; bref, il signale une scansion du temps. Mais il indique aussi une durée, la période de travail qu'effectuent des employés réquisitionnés ou celle de l'exercice de certaines charges ou fonctions. Cette durée est variable, elle peut aller d'une simple journée annuelle à un nombre plus ou moins élevé d'années. Le mot désigne donc un segment temporel, un espace clos de temps, une part découpée dans le *continuum* du temps social. Ce segment est caractérisé par un début qui correspond à l'entrée en fonction, une durée, le temps que dure l'activité, et une fin disant l'arrêt de cette activité. On retient que cette portion de temps n'est pas linéaire puisque au cœur du champ sémantique défini par le terme se trouvent les idées de rotation et de périodicité qui renvoient à l'image d'un temps circulaire et répétitif.

Toutefois, l'image de la circularité n'implique pas nécessairement la symétrie. On relève que la durée d'un *bala* portant le même nom n'est pas forcément la même. Ceci sous-entend qu'une certaine idée de changement est également présente dans *bala*, le terme ne faisant pas exclusivement référence à ces univers qui vivent, meurent et renaissent depuis le fond des âges, identiques à eux-mêmes.

L'akkadien *dâru* désigne un temps qui procède d'un point de départ dans le passé, toute date de quelque nature pouvant convenir, mais qui, par contre, ne connaît pas de limite dans le futur. Il indique, plus précisément, une durée, un temps qui s'écoule selon un flux continu depuis le passé révolu jusqu'à l'avenir indéterminé. Ce serait une erreur de croire, cependant, qu'il s'agit d'un temps linéaire susceptible d'être représenté au moyen d'un vecteur, d'un segment de ligne droite ayant un point d'origine et s'orientant dans une perspective de progrès. La catégorie du progrès est très absente en Mésopotamie où l'on découvre, au mieux, une pensée du pouvoir faire. En outre, le mot *dâru* dérive d'une racine sémitique DWR disant

165

l'idée de « cercle », de « tour » ou de « génération » et notant l'idée de rond ou de se mouvoir en cercle. L'auteur d'une lettre prend soin d'en expliciter le sens comme suit : « jour après jour, mois après mois, année après année », chacune des unités ainsi désignées étant caractérisée par son aspect cyclique : la journée avec l'alternance du jour et de la nuit, le mois et son cycle lunaire, l'année et le cycle des saisons.

Il se pose, au sujet de ces temps exprimés au moyen des termes *bala* et *dâru*, la question de leur représentation. Un verbe *bala*, qui n'a peut-être, mis à part son homophonie, que peu de rapport avec le substantif *bala*, s'entend, entre autres, de la gesticulation d'une chèvre qui, poursuivie par des loups, finit par s'emmêler les pattes et trébucher, ou, par métaphore, de la contorsion d'un corps humain qui se meut à la façon d'un reptile.

Il est aisé de représenter un cycle temporel par un cercle qui se ferme sur lui-même. Mais la question, anodine en apparence, qui se pose rapidement est : « et ensuite », question par laquelle on est invité à situer deux « périodes » l'une par rapport à l'autre dans une durée continue, les cycles des jours dans leur propre succession, leur relation avec les cycles mensuels et annuels, les cycles mensuels et annuels dans leurs relations entre eux. Un schéma sinusoïdal semble devoir s'imposer. Il permet de mettre en évidence les points de retournement tout en présentant les successions à la fois comme les points ordonnés d'une séquence linéaire ou comme les points d'un cercle qu'on peut se donner en repliant la figure sinusoïdale selon un axe vertical.

Considérons une chronique historiographique mésopotamienne, la chronique de la monarchie une, dont la plus ancienne version pourrait remonter au règne de Naram-Sin d'Akkadé. L'exposé linéaire qui en explicite le contenu, en déroulant simultanément des notices chronographiques et des cycles, offre un moyen économique de donner au lecteur une information réduite aux traits pertinents et ordonnée selon un principe d'ordre, les cycles se succédant dans le temps de façon linéaire. Ce faisant, on a ramené à l'ordre de la succession ce qui avait pu se déployer dans l'espace de la simultanéité. Considérons une affirmation de la chronique selon laquelle le cycle royal nommé Uruk I ayant succédé à celui de Kish I, l'un de ses rois, Dumuzi, réussit cet exploit, étonnant et probablement unique dans l'histoire universelle, de s'emparer, seul, de la personne du roi de Kish Enme(n)baragési, qui a régné 2 560 ans avant lui ! Seule la lecture sinusoïdale permet de résoudre cette apparente contradiction.

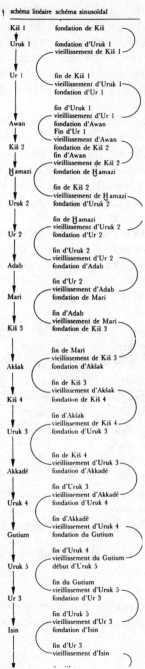

schéma linéaire	schéma sinusoïdal
Kiš 1	fondation de Kiš
Uruk 1	fondation d'Uruk 1 vieillissement de Kiš 1
Ur 1	fin de Kiš 1 vieillissement d'Uruk 1 fondation d'Ur 1
Awan	fin d'Uruk 1 vieillissement d'Ur 1 fondation d'Awan Fin d'Ur 1
Kiš 2	vieillissement d'Awan fondation de Kiš 2 fin d'Awan
Ḫamazi	vieillissement de Kiš 2 fondation de Ḫamazi
Uruk 2	fin de Kiš 2 vieillissement de Ḫamazi fondation d'Uruk 2
Ur 2	fin de Ḫamazi vieillissement d'Uruk 2 fondation d'Ur 2
Adab	fin d'Uruk 2 vieillissement d'Ur 2 fondation d'Adab
Mari	fin d'Ur 2 vieillissement d'Adab fondation de Mari
Kiš 3	fin d'Adab vieillissement de Mari fondation de Kiš 3
Akšak	fin de Mari vieillissement de Kiš 3 fondation d'Akšak
Kiš 4	fin de Kiš 3 vieillissement d'Akšak fondation de Kiš 4
Uruk 3	fin d'Akšak vieillissement de Kiš 4 fondation d'Uruk 3
Akkadé	fin de Kiš 4 vieillissement d'Uruk 3 fondation d'Akkadé
Uruk 4	fin d'Uruk 3 vieillissement d'Akkadé fondation d'Uruk 4
Gutium	fin d'Akkadé vieillissement d'Uruk 4 fondation du Gutium
Uruk 5	fin d'Uruk 4 vieillissement du Gutium début d'Uruk 5
Ur 3	fin du Gutium vieillissement d'Uruk 5 fondation d'Ur 3
Isin	fin d'Uruk 5 vieillissement d'Ur 3 fondation d'Isin
	fin d'Ur 3 vieillissement d'Isin

Le diagramme sinusoïdal permet de restituer le mouvement cyclique que les contraintes graphiques ont oblitéré.

Quant au temps désigné par le terme *dâru* et où l'insistance est mise sur la durée, il admet à son tour une représentation selon **un mouvement oscillatoire ou pendulaire,** dans la fuite du temps, au plan de la vie individuelle ou collective, une alternance étant admise entre des phases ascendantes et descendantes.

LE CALENDRIER

Le calendrier est lunaire. Le nom du mois est *warah* ou *iarah* en akkadien, une des désignations de la lune divinisée. Le premier jour du mois est celui où l'astre réapparaît dans son premier quartier. Cette réapparition inaugure le nouveau mois en même temps qu'elle met fin au mois précédent. S'il réapparaît le 29e jour, le mois précédent est de 28 jours ; s'il réapparaît le 31e, le mois précédent

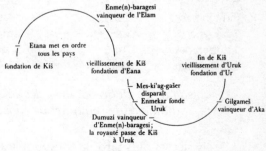

La représentation sinusoïdale du temps : l'exemple de la chronique de la monarchie une.

167

compte 30 jours. La division est donc fondée sur l'observation, elle est empirique.

Ce n'est qu'au début du Ier millénaire que les astronomes, en tenant compte des divers facteurs de visibilité de l'astre, et notamment de ses rapports avec le soleil, établissent des tables éphémérides qui servent à fixer, sans recours à l'observation, le commencement du mois.

Dès le IIIe millénaire, les mois sont désignés soit en fonction des travaux qui s'y effectuent dans le cycle annuel des activités, soit en référence aux fêtes principales qui s'y célèbrent. Jusqu'au début du IIe millénaire cette nomenclature varie avec les centres politiques, anciennement assez nombreux. Nous connaissons de la sorte plusieurs calendriers archaïques à une époque où l'année peut commencer, en outre, à deux moments différents.

La Mésopotamie unifiée par les rois d'Ur adopte difficilement un calendrier impérial lequel ne remplace que très imparfaitement les anciens calendriers locaux qui restent longtemps en vigueur.

Ur	Umma	Lagash	Nippur
1. Mashduku	Shégurku	Ganmash	Barazagar
2. Sheshdaku	Siggishishubagar	Gudubisarsar	Gusisu
3 Ubilu	Shékaragala	Ézen-Lisi	Siga
4. Kisig-Ninazu	MURUB	Shunumun	Shunumun
5. Ézen-Ninazu	RI	Munuku	NÉ.NÉ.gara
6. Akiti	Shunumun	Ézen-Dumuzi	Kin-Inanna
7. Ézen-Shulgi	Minesh	Ézen-Shulgi	Duku
8. Shu'esha	É'iti-6	Ézen-Baba	Apindua
9. Ézenmah	Lisi	Mushudu	Ganganê
10. Ézenana	Ézen-Shulgi	Amara'asi	Abé
11. Ézenmekigal	Papu'é	Shégurku	Ziza
12. Shégurku	Dumuzi	Shé'ila	Shégurku

Tableau n° 2 : Noms des mois des calendriers des villes d'Ur, d'Umma, de Lagash et de Nippur au xxie siècle.

Trois siècles plus tard, la Mésopotamie unifiée par Hammurabi adopte définitivement et unanimement le seul calendrier de Nippur :

Noms sumériens	Noms akkadiens	Correspondance dans notre calendrier
1. BAR.ZAG.GAR (fête)	Nisan (sens inconnu)	janvier/février
2. GU.SI.SA (croît du bétail)	Aiiar (floraison)	février/mars
3. SIG.GA (briques)	Siwân (maturité)	mars/avril
4. SHU.NUMUN.NA (semailles)	Dumuzi	avril/mai
5. NÉ.NÉ.GAR (chaleur)	Ab (sens inconnu)	mai/juin
6. KIN.NINNI (fête d'Inanna)	Élul (purification ?)	juin/juillet
7. DUL.KU (fête)	Teshrît (début d'année)	juillet/août
8. APIN.DU.A (labour)	Arahshamma (herbages ?)	août/septembre
9. GAN.GAN.NA	Kislim	septembre/octobre
10. AB.BA.É (sortie de mer)	Tébêt	octobre/novembre
11. ZIZ.AM (épeautre)	Shabat	novembre/décembre
12. SHÉ.GUR.KU (moisson)	Addar (obscurité ?)	décembre/janvier

Tableau n° 3 : le calendrier babylonien.

L'année commence à l'équinoxe du printemps ; c'est au début du mois de Nisan que l'on célèbre la fête du nouvel an (*rêsh shatti*). Mais des indices montrent qu'au IIIe millénaire l'année peut débuter au solstice d'hiver ; d'autres survivances donnent à penser qu'en d'autres temps on célèbre également le nouvel an à l'équinoxe d'automne : le mois qui y correspond porte encore le nom de Teshrit, qui veut dire « commencement (de l'année) ».

Le regroupement des mois en saisons n'est pas systématique. On oppose surtout l'été, « temps de la chaleur », *emesh* en sumérien, *ummatum* en akkadien, à l'hiver, « temps du froid », *entem* en sumérien, *kussu* en akkadien.

Les douze mois lunaires ne couvrent que 348 à 360 jours par an. Il reste donc toujours au moins 5 jours 1/4 de différence, et souvent plus de dix, avec le cycle du soleil. **Pour éviter tout retard important de l'année officielle sur l'année solaire, on intercale, de temps en temps, un mois entier, en redoublant le précédent**. Cet embolisme se fait arbitrairement, d'une façon purement erratique, par un acte de l'autorité centrale décidant de redoubler un mois entier ou partie de celui-ci lorsque le besoin s'en fait sentir. C'est ainsi que le roi Hammurabi communique à l'un de ses gouverneurs

169

provinciaux sa décision à ce sujet. Seule l'Assyrie du XIIe siècle fait exception où il n'est procédé à aucune intercalation. Le terme akkadien *dirru(m)*, pour désigner un « mois intercalaire » dans le calendrier, dérive d'une racine DWRR, « tourner sur soi-même », une racine qui véhicule notamment l'image d'un ver s'enroulant sur lui-même en tissant son cocon, et qui dérive elle-même de la racine DWR, déjà rencontrée, par redoublement de la troisième consonne de la racine.

Ce n'est pas non plus avant l'époque séleucide qu'est inventée une ère permettant d'énumérer les années et de fonder une chronologie universelle, contrairement aux affirmations de Ptolémée aux dires duquel les observations astronomiques sérieuses et régulières remonteraient au règne du roi de Babylone Nabonassar (748-734) lequel aurait été le fondateur d'une ère historique dont le début se situerait le 26 février 747 à 12 heures. Auparavant, on datait les années de façon assez différente en Assyrie et en Babylonie. En Babylonie, on donnait à chacune un nom qui consistait en une brève allusion à un événement important, mis généralement au compte du roi, et qui s'était passé au cours de l'année précédente ; à défaut, on numérotait les années en les groupant par règne, la première année complète de règne étant comptée pour un. En Assyrie, un magistrat éponyme était désigné chaque année et donnait son nom à l'année où il était en exercice ; on l'appelait le *limmu*.

S'agissant de la conception d'une ère, il faut disposer, en effet, d'un mode régulier d'intercalation du mois supplémentaire et d'un comput astronomique d'une grande précision. Les Babyloniens découvrent deux méthodes qui permettent de calculer et de prévoir l'intercalation régulière d'un mois dans le calendrier, l'une se réfère au cycle faussement appelé du « Saros » qui vaut cent vingt-trois lunaisons et définit une période de dix-huit ans, l'autre s'ordonne au cycle métonique qui vaut deux cent trente-cinq mois lunaires et définit une période de dix-neuf ans.

Certes, l'astronomie connaît au cours de la seconde moitié du VIIIe siècle un regain d'intérêt significatif. Une spectaculaire conjonction de la lune et des planètes est observée en 747. La même année débute une entreprise d'une ampleur considérable qui consiste à établir des rapports systématiques sur les observations des éclipses lunaires ; certains rapports, déjà, classent ces dernières en séries de dix-huit ans. Deux tablettes plus tardives proposent des listes d'années spécifiques de divers souverains babyloniens établissant, l'une, des intervalles de dix-huit ans, l'autre, des intervalles de dix-neuf ans.

Si la première remonte dans le temps, depuis l'an 99 avant notre ère (année remarquable puisque deux éclipses lunaires particulièrement longues y sont observées, le 11 avril et le 5 octobre), jusqu'à 747, la seconde s'arrête en 732 ; les entrées les plus anciennes y ont, cependant, été calculées *a posteriori* et, pour certaines d'entre elles, elles sont fausses !

Mais **le développement de l'astronomie mathématique ne permet pas, au milieu du VIIIᵉ siècle, de régulariser la récurrence automatique de l'intercalation des mois.** Il existe encore, à ce moment, plusieurs manières d'établir la nécessité d'introduire un mois supplémentaire : le calcul, par exemple, de la longueur relative du jour et de la nuit dans la journée de douze doubles heures, calcul attesté par une source du milieu du VIIᵉ siècle, ou l'observation de la conjonction de la lune et des Pléiades au sujet de laquelle les Babyloniens ont des thèses contradictoires. Des lettres royales sous Nabonide, des lettres de hauts dignitaires sous les rois achéménides Cyrus et Cambyse, attestent toujours de l'existence de décrets instituant l'intercalation d'un mois.

En réalité, l'intercalation régulière ne débute qu'avec l'application du cycle métonique, à l'époque achéménide, à partir de 498, 481 ou 360, les avis des spécialistes sont divergents. Les années 0, 3, 6, 11, 14 et 17 du cycle comportent un mois d'Addar supplémentaire, l'année 9 un mois d'Élul.

LA MESURE DU TEMPS

Pour procéder aux mesures, **les Mésopotamiens connaissent la clepsydre**, *DIB.DIB*, terme que les Akkadiens empruntent sous la forme *tiptippu* ou *dibdibbu*. Tout un vocabulaire est rattaché à l'instrument, dont le mot *muzibbu*, « qui fait couler », qui désigne l'orifice d'échappement de l'eau. Elle est composée d'un récipient en bois, cylindrique ou prismatique, rempli d'eau qui s'écoule lentement. Une graduation intérieure permet de mesurer le temps. L'écoulement des 30 litres d'eau qu'elle contient mesure le jour sidéral.

Hérodote attribue aux Babyloniens l'invention du gnomon, cet instrument qui permet de déterminer l'heure du jour et les temps de l'année par la direction et la longueur de l'ombre d'une tige ou d'un élément architectural, l'ombre la plus courte à midi indiquant le moment du solstice d'été, la plus longue celui du solstice d'hiver. Mais les textes sont muets sur son existence, tout comme ils le sont sur le cadran solaire.

Ces instruments de mesure servent à établir les calendriers à la base desquels il y a le mouvement des astres. Le temps est découpé en jours, en mois et en années. Tel est le projet de Marduk qui, dans *La Glorifcation* qui le célèbre, crée les constellations et les met en mouvement, définissant ainsi l'année comme constituée de douze mois, eux-mêmes formés de trois décades, la plus petite subdivision du temps étant la journée, avec l'alternance du jour et de la nuit.

Le jour commence le soir, au coucher du soleil. La nuit elle-même est décomposée en trois veilles ou six doubles heures, un découpage qui est également appliqué au jour ; la longueur respective de ces unités varie, il va sans dire, selon les saisons. Enfin, la double heure elle-même est fractionnée en unités de quatre minutes qui sont subdivisées à leur tour en unités de quatre secondes.

Le mois est un mois lunaire, même s'il est très habituellement arrondi à trente jours.

L'année, composée de douze mois lunaires, commence au printemps, mais quelques exceptions notables indiquent qu'elle peut débuter au solstice d'été ou à l'équinoxe d'automne. En son sein, l'espace de six mois qui sépare les deux équinoxes est également perçu et compté au nombre de ses divisions.

Le cas de la Cappadoce à l'époque paléo-assyrienne mérite une attention particulière ; là, on additionne, en l'espace d'une année, soixante-douze séquences de cinq jours, des « quintaines », un magistrat éponyme étant désigné pour chacune d'elles ; la durée prise en considération étant de trois cent soixante-cinq jours, c'est-à-dire, approximativement, celle d'une année solaire, il semble donc que, dans ce cas particulier, l'année lunaire soit négligée.

On ne sait guère de choses, enfin, sur le groupement en « septaines », semaines *sebûtu*, un découpage fondé sur les phases de la lune.

LES RITES DE PASSAGE ET LES ÉTAPES DE LA VIE

Le destin de tout être humain, pour parler comme l'auraient fait les Mésopotamiens, par allusion à la puissance des forces invisibles qui décide de leur sort, **est ponctué par quatre étapes capitales**

et qu'il ne faut manquer à aucun prix sous peine d'être condamné, rebelle aux lois de la société, en marge du monde des vivants et des morts, à une existence morne et malheureuse et à un au-delà mouvementé : la naissance, l'entrée dans l'âge adulte, le mariage et la mort.

a) La naissance

L'étape peut s'entendre de plusieurs manières, selon le point de vue où l'on se place. **Pour l'enfant lui-même, il s'agit d'une épreuve, de l'entrée dans le monde des vivants. Pour les parents, plus précisément pour le père, il s'agit de la naissance d'un héritier, surtout lorsqu'il est mâle. Pour la mère, la préoccupation essentielle est de donner un enfant à son époux et de passer du statut d'épouse à celui de mère de famille.**

Pendant la grossesse, mille précautions sont prises afin de préserver la femme contre les dangers qui la menacent. Le moment de l'accouchement venu, un rituel idoine est accompli « pour une femme en travail », afin de favoriser et de garantir la délivrance. Chaque étape du rituel est accompagnée de la récitation de certaines prières : invocations au dieu-lune et à quelques personnages mythiques de son entourage ; rappels, en termes allusifs, de la conception de l'enfant ; récits du voyage de celui-ci sur un océan démonté dont « l'œil du soleil n'illuminait pas la profondeur » ; évocation de la mère comparée à un vaisseau chargé de biens précieux.

Les trois moments essentiels du rituel sont les suivants : l'onction de la femme par définition dans un état d'impureté ; la délivrance, *hiâlu* en akkadien, à savoir « s'écouler », allusion à l'écoulement du liquide amniotique, ou *shalâmu*, évocation de la délivrance réussie, avec l'aide des sages-femmes ; l'arrivée de l'enfant, le verbe « tomber » est en usage, le garçon l'arme à la main, la fille avec le fuseau. Pendant toute la durée de l'accouchement, on masse le ventre de la parturiente, du haut vers le bas, et parfois, pour assurer à l'événement une issue rapide, on lui administre quelques médications. Après la délivrance, la femme, qui était jugée impure tout au long de la grossesse, le reste encore pendant un mois au moins, peut-être plus lorsqu'elle met au monde une fille.

De multiples indices tendent à montrer que la femme en travail accouche en position accroupie, le buste penché en avant, le corps se tenant au-dessus d'une brique, la brique de

173

l'enfantement souvent mentionnée dans les mythes les plus variés. Cette position est encore attestée par des médecins et des voyageurs en Irak au XXe siècle et en Iran au XIXe.

L'ultime opération, concernant l'enfant, consiste à couper le cordon ombilical. L'acte est accompli au moyen d'une lame en roseau ; un texte unique décrit un couteau en argent. C'est à ce moment que le destin de l'enfant est scellé, comme le souligne *L'Épopée de Gilgamesh* et il n'est donc pas indifférent qu'à ce moment précis on récite une incantation afin de garder le nouveau-né de toute maladie ou de toute agression.

Immédiatement après avoir coupé le cordon, dit un texte sumérien, **la sage-femme soulève le nouveau-né et le tient la tête en bas afin de faciliter son cri.** Elle le baigne ensuite, et c'est lors de cette opération que le père le reconnaît ; c'est probablement à ce moment que l'enfant est doté d'un nom.

La crainte de la démone Lamashtu, dévoreuse d'enfants, explique les multiples précautions prises. L'onomastique rend compte de ces craintes, ainsi les noms « Mon dieu a eu pitié de moi », « Sin a entendu ma prière » ; le nom « Sin a remplacé un frère » (il s'agit, en l'occurrence, de celui du roi d'Assyrie Sennachérib) est une allusion claire à la mortalité infantile.

Les Mésopotamiens ne pratiquent pas la circoncision. On chante des chansons, enfin, pour calmer, éventuellement, les pleurs du bébé. Il n'existe pas de certificats de naissance, mais, tardivement, des billets existent qui signalent la naissance, indiquant le jour, avec autant de précision que possible sur le moment précis, le mois et l'année ; ce sont, en réalité, des documents destinés à établir l'horoscope du nouveau-né.

De la naissance à l'âge de deux ou trois ans, l'enfant est désigné comme *sherru* ou *la'u*, plus simplement comme *sehru* ou *suhartu*, « petit » ou « petite ». Arrivé à cet âge, il est sevré. On le désigne du terme de *pirsu* jusqu'à l'âge de cinq ou six ans ; entre six ans et dix ans il est appelé *tarû* ou *târîtu*, au-delà *talmidu*, l'âge où il est nubile.

b) L'initiation à la vie adulte

Cet épisode est encore mal connu. Il est documenté par des sources d'une extrême difficulté. Pour autant que l'on puisse savoir, **lors de la fête du nouvel an**, à Isin, au début du second millénaire,

les jeunes paradent au son d'un orchestre en l'honneur de la déesse Inanna, **devant le couple royal qui préside la cérémonie.** Ils sont revêtus de vêtements féminins sur le côté droit, de vêtements masculins sur le côté gauche, ils brandissent une arme de combat. **Ils se livrent, entre eux, à des compétitions, mimant des scènes de combat.** On rencontre à leurs côtés deux personnes, un « homme juste » et une « première dame ». Des jeunes filles et une vieille femme, également, les accompagnent ainsi qu'un personnage énigmatique qui a tout l'air d'un berdache, le *kurgara* (cf. Le rôle de l'homme : le roi, le prêtre, l'agent spécialisé, ch. VI), qui manie un couteau, enfin un ultime personnage, à moins qu'il ne s'agisse du berdache lui-même, qui « macule le poignard de sang », et le sang de gicler et d'éclabousser alentour.

Tous les détails de cette scène haute en couleur ne laissent d'évoquer des rites d'initiation comme on en connaît ailleurs. Les jeunes y participent dans le rôle de novices, le *kurgara* (il y en a peut-être plusieurs) y joue le rôle d'officiant.

c) Le mariage

Le mariage est chose sérieuse. Acte fondateur de la famille, c'est un lien juridique, un engagement souscrit par deux groupes sociaux qui manifestent à travers lui les obligations mutuelles qu'ils se reconnaissent l'un envers l'autre, une alliance qui se noue ou se renforce. **Le mariage forme une relation socialement approuvée dans laquelle les règles de résidence et, plus encore, celles de filiation jouent un rôle essentiel, tant les unions sont asservies à la procréation et au but d'assurer un héritier mâle au chef de famille.**

C'est dire assez que le couple formé par violence ou par consentement n'est pas jugé suffisant pour faire un bon mariage.

En sumérien comme en akkadien, le mariage n'a pas de nom. On se contente, pour le désigner, d'associer deux termes abstraits, comme en akkadien *ashûtu u mutûtu*, « la qualité d'épouse et la qualité d'époux », ou l'on dit, plus simplement, de l'homme qu'il « prend une épouse », *dam tuku* en sumérien, *ashatam ahâzu* en akkadien. Comme on voit, **le mariage consiste dans la prise de possession d'une femme par un homme.**

Dans la pratique, il peut être arrangé très tôt, dès l'enfance, par les familles des futurs époux. Il débute alors avant la consommation et la communauté de vie puisque l'épouse ne quitte le foyer de ses parents qu'une fois nubile (l'homme est nubile à partir de dix ans). Les Mésopotamiens connaissent donc le mariage inchoatif. Le prélude en est l'intervention du père ou du représentant du futur époux qui choisit une femme pour son parent et fait à la famille de l'élue un versement en nature ou en argent, *nimi'usa* en sumérien, *terhatum* en akkadien, en quelque sorte une promesse de mariage, l'ouverture du droit de prendre épouse.

Le versement de la *terhatum* est facultatif, selon les lieux et les milieux sociaux. Il n'est, à vrai dire, qu'une simple formalité indispensable à la constitution d'un véritable mariage, le contrat, *riksâtum* ou *riksu*, deux substantifs dérivés d'une même racine RKS qui signifie « lier » : le contrat de mariage est de nature à créer un lien. Une fois conclu, la femme appartient à l'homme ; en cas d'infidélité, elle encourt la mort, sans rémission. Ce contrat est oral ; il consiste en une déclamation de paroles solennelles. À l'époque paléo-babylonienne, le futur époux déclare à sa future épouse : « Toi, sois mon épouse, moi, je serai ton époux ! » À cette même époque, c'est dans la maison de son beau-père que le futur époux fait cette déclaration à celle qui lui est destinée. Plus tard, la formule est modifiée : « Assurément, elle est mon épouse », est-il dit alors, les paroles ne s'adressant plus à la promise mais au père de celle-ci.

Certes, **il existe des contrats écrits, mais ils ne sont jamais que le reflet de préoccupations singulières** touchant soit au statut particulier de l'un des contractants, comme l'affranchissement d'une esclave, soit au caractère inhabituel d'une clause comme l'imposition d'une exigence particulière.

L'introduction de l'épouse dans la maison de l'époux est donc la phase finale d'un processus qui peut durer des années. Les fragments épars de certains rituels ainsi que le récapitulatif détaillé des dépenses consenties par une famille paléo-babylonienne d'Ur à l'occasion des noces de l'une de ses filles permettent de se faire une idée, ne fût-ce qu'approximative, de la succession des cérémonies, prestations et rites qui contribuent à la célébration d'un mariage. Chaque épisode en est souligné par des réjouissances collectives et des banquets où viennent se produire des musiciens, des jongleurs, des danseuses et des danseurs. Si l'on excepte les offrandes propitiatoires déposées en divers temples et d'autres gestes similaires, quatre moments, dans le cadre de ces festivités, sont plus particulièrement valorisés, à travers lesquels l'union, progressivement, s'actualise.

En premier lieu, le jeune homme fait sa cour à la promise qui, de son côté, directement ou par l'intermédiaire de son père, lui remet un cadeau, *qîshtum*, généralement des vêtements et des métaux précieux.

Cette situation perdure jusqu'au jour où la famille du prétendant apporte le *biblum*, composé de mets et de boissons, parfois complété par des biens non consommables et destinés à être conservés. Il est présenté sur un plateau et généralement il est consommé le jour même. La coutume veut que le père de la jeune fille retourne le plateau, pareillement garni, aux parents du futur. D'autres cadeaux peuvent accompagner le *biblum*.

Quelques sources incitent à penser que ce moment plein de solennité peut être choisi par le jeune homme pour introduire sa demande, si celle-ci n'a pas été formulée préalablement.

Avec l'accomplissement des rites au moyen desquels le jeune homme et la jeune fille acquièrent un statut différent, celui de personnes mariées, et font leur entrée dans une vie nouvelle, le rythme des cérémonies va s'accélérant et le mariage prend une tournure plus actuelle. La mère du jeune homme officie la première pour le laisser partir. Quelque temps plus tard, la réciproque a lieu chez les parents de la jeune fille, avec les cérémonies du bain et de l'onction, autant de préparatifs dont le corps de la femme est l'objet : on le savonne et le lave à l'eau pure afin d'effacer toute trace de souillure, le jeune homme ou son père venant ensuite l'oindre d'huile de cèdre et d'essences diverses, autant d'apprêts qui constituent, avec la libation du *kirrum*, offerte le même jour, des rites de passage bien connus. L'onction ou l'apport de *huruppâte* destinés à un banquet suffisent, dans l'Assyrie de la fin du second millénaire, à l'établissement d'un mariage irrévocable.

La nuit de noces se déroule dans la maison du père de la mariée. Le futur époux, revêtu de ses plus beaux atours, s'y présente à la tête de la cohorte des *susapinu*, de tous ceux qui, selon une coutume bien établie, escortent les deux fiancés jusqu'à leur chambre nuptiale. Le séjour du jeune époux et de sa suite dans la famille de sa femme peut se prolonger pendant plusieurs mois, le beau-père se faisant un devoir d'entretenir tout le monde.

Le jour vient, enfin, où l'épouse quitte la maison de son père pour entrer dans celle de son époux, car la résidence virilocale est l'habitude. Désormais elle est astreinte au port du voile, un usage établi dès le IIIe millénaire.

C'est au moment de quitter sa propre famille que la femme reçoit sa dot, *sheriktum* ou *shirku*.

L'HOMME MÉSOPOTAMIEN

Le mariage est donc prétexte à un échange de présents variés, de biens ou de richesses économiquement utiles, de rites et de festins symboliquement indispensables. Ensemble, avec le contrat, ils scellent l'alliance.

d) La mort

L'humanité est créée mortelle par les dieux. L'échec de la quête d'immortalité par Gilgamesh signifie pour elle l'impossibilité de transcender sa condition. Ainsi confrontés à la mort, les Mésopotamiens élaborent un ensemble de comportements pour s'affirmer, malgré tout, dans la durée ; à les en croire, les rites funéraires auraient été créés par la déesse Inanna. Car, à leurs yeux, l'homme mort demeure animé, même s'il ne mène dans l'au-delà qu'une vie d'ombre : la mort n'est pas conçue comme l'arrêt brutal de toute vie, mais comme le passage à une forme nouvelle d'existence, moins enviable que la précédente. Certes, la mort est une réalité biologique et la putréfaction du cadavre du défunt, objet neutre, en est une conséquence reconnue ; Enkidu compare son propre corps à un vieux vêtement rongé par les vers. Mais en tant qu'objet socio-culturel, et c'est cet aspect qui importe le plus, le corps du défunt devient le support positif d'une activité ritualisée.

Les parents décédés, dont la liste peut être longue et remonter jusqu'aux ancêtres fondateurs de la lignée et de sa « tombe », forment ensemble la partie défunte de la famille, *etem kimti*, ses « mânes » en quelque sorte. Les survivants sont tenus d'en prendre soin. Quant aux morts, ils sont eux-mêmes susceptibles d'intercéder auprès des dieux en faveur de leurs descendants car la croyance est partout répandue selon laquelle, quoique habitant un « pays sans retour », ils ont la faculté d'intervenir dans le monde des vivants.

Les rites funéraires ont pour objet, précisément, d'apaiser le défunt à force de respect et d'assurer son passage dans l'au-delà. Ils se distribuent comme suit :

– ils débutent par des rites de purification (lavage du corps, etc.) ; au moment du trépas, les membres de la famille du défunt doivent porter le deuil, le « pleurer » ;

– les rites de séparation leur succèdent : l'inhumation est la condition de l'acheminement du défunt dans le monde des morts, faute de quoi il errerait parmi les vivants ; Enmétena de Lagash, au XXIVe siècle, se vante d'être allé jusqu'à enterrer les cadavres des soldats ennemis

L'HOMME MÉSOPOTAMIEN

abandonnés sur le champ de bataille. Selon le statut social du défunt, la tombe peut être plus ou moins élaborée, car les pratiques funéraires reproduisent les statuts sociaux. Vers 2600, les rois et les reines d'Ur sont enterrés dans des hypogées grandioses, accompagnés dans la mort par une foule d'hommes et de femmes (l'une des tombes rassemble jusqu'à soixante-quatorze cadavres), un fait tout à fait unique en Mésopotamie, si l'on excepte l'allusion, dans le récit sumérien de la mort de Gilgamesh, à la présence, à ses côtés, de ses épouses, concubines et serviteurs (cf. L'architecture, ch. VIII).

La sépulture est toujours souterraine, comme pour faciliter l'accès au monde infernal dont elle est, d'une certaine façon, l'antichambre. L'habitude est tôt prise d'enterrer les morts dans des cimetières, mais la coutume ne se perd jamais totalement de les enterrer sous le sol de sa propre maison. Tout un mobilier funéraire, mais aussi de la nourriture et des objets précieux destinés, déjà, à se concilier ses grâces, l'accompagnent dans l'au-delà.

Certains personnages privilégiés, pour une raison que l'on ignore, il s'agit de Shulgi d'Ur et d'Ishbi-Erra d'Isin, **montent au ciel après avoir séjourné dans le monde souterrain des morts et connaissent une sorte d'apothéose céleste ;**

– les rites de deuil les accompagnent, marqués principalement par des lamentations ;

– les rites de commémoration ferment le cycle : désormais, le statut du mort est réglé ; ayant, à l'image d'Ur-Namma, présenté ses offrandes aux dieux de l'endroit, il a accédé au monde des ancêtres. Dorénavant, les rites d'inhumation sont relayés par des offrandes périodiques destinées à nourrir le mort et permettant la récupération du défunt comme ancêtre protecteur.

Car, une fois enseveli, encore doit-on encore veiller sur lui en lui apportant nourriture et eau pure. À cette fin, on évoque sa personne en « prononçant son nom », une façon de lui conférer réalité et présence, et on célèbre, chaque fois que le besoin s'en manifeste, le rituel du *kispum*. Il s'agit d'un banquet, la racine sémitique KSP signifie « morceler, partager de la nourriture », une manière de repas de solidarité rassemblant autour des mânes de la famille tous ses membres vivants, et destiné à renforcer entre tous ceux, les vivants et les morts, qui partagent les mêmes mets les liens vitaux qui les unissent. Les rois paléo-babyloniens, à Babylone ou à Mari, ont coutume d'offrir de tels banquets à l'ensemble des mânes de leurs ancêtres, des membres des dynasties défuntes qui les ont précédés, de la totalité de ceux qui sont morts à leur service.

L'HOMME MÉSOPOTAMIEN

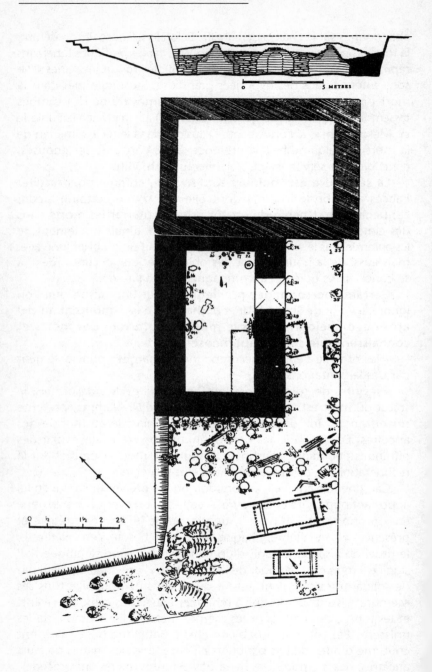

Les tombes royales d'Ur.

Cette récupération parachève la victoire de la vie sur la mort car, en ultime analyse, l'inhumation n'est autre qu'un rite de passage d'une vie à une autre. Un notaire anonyme ne dit pas autre chose, sur une tablette du IIIe millénaire, lorsqu'il indique, au moyen d'un raccourci étonnant, que des parures sont offertes, de son vivant, à une veuve, en guise d'offrandes funéraires, pour le jour où « décédée, (…), elle vivra dans la tombe aux côtés de son (époux) ».

Le monde des morts est souterrain, organisé comme une cité terrestre, défendu par une septuple muraille, régi par un roi ou une reine entourés de ministres et de serviteurs. C'est une terre sans retour, même s'il est quelques notables exceptions à cette règle.

Le défunt y mène une vie fortement dévalorisée. Il est un esprit privé de toute vigueur, d'un mot il est devenu l'ombre de lui-même et porte des vêtements d'ailes et de plumes. Les traditions divergent, cependant, sur la description précise de cet univers : telle source laisse entendre que la hiérarchie sociale de ce monde continue à prévaloir (la découverte de bâtons de commandement dans des sépultures paraît impliquer que certaines fonctions ou dignités sociales gardent un sens après la mort), telle autre, comme *L'Épopée de Gilgamesh* et qui n'est probablement pas dénuée d'humour, en propose une description plus intimiste.

L'HOMME MÉSOPOTAMIEN

VI
LES RELIGIONS

Le mot « religion » peut s'entendre de diverses façons. L'historien lui donne une définition large et nécessairement vague : un **système solidaire de croyances et de pratiques** qui se caractérise par une constellation d'intérêts variés et se situe à la rencontre du social et de sa représentation.

Les sources dont on dispose sont principalement des documents écrits. Très tôt, dès les premiers développements de l'écriture, l'univers de la pensée spéculative fondée sur le signe graphique pénètre dans le domaine des représentations religieuses avec lesquelles il entre en compétition ; de cette tension naît une théologie écrite.

Il sera donc question de **pensée religieuse**, de **théologies** et de **mythologies écrites**, de **panthéons** et de **cultes**.

L'ESSENCE DES DIEUX

L'univers mésopotamien est un monde enchanté. À des degrés divers, tout y est sacré. Deux substantifs sumériens, *dingir* et *me*, seul le premier connaît un correspondant akkadien, *ilum*, aident à mieux cerner cette conception du sacré. Le premier n'est autre que le mot **dieu**. C'est un nom spécifique qui définit la nature des divinités. À quelques exceptions près, tout nom divin, lorsqu'il est noté par écrit, est précédé du signe DINGIR usité comme un déterminatif purement graphique et non pas comme un titre. Or, ce signe n'est autre que le signe AN qui permet d'écrire soit le mot « ciel », soit le nom du dieu An. Les dieux seraient-ils assignés au ciel, à moins que, An étant un dieu suprême, leurs noms ne soient dotés d'un signe générique marquant leur rattachement à sa personne ? On ne saurait l'affirmer.

Le substantif *me* note un concept clé de la pensée sumérienne. Il s'entend d'une pluralité, même si les nombres 7, 50 ou 3600, fréquemment avancés, contiennent davantage l'idée de totalité.

Les *me* finissent par être comme hypostasiés ; parmi les ancêtres d'An, les théologiens reconnaissent les figures d'Enmeshara et de Ninmeshara, respectivement le « Seigneur de la totalité des *me* » et la « Dame de la totalité des *me* ». D'autres théologiens voient dans Enlil le père qui les engendre et dans Ninlil la dame qui les enfante.

Certaines divinités en disposent qui peuvent les offrir, car pour qu'un dieu, un roi, un peuple, un pays, une ville ou un temple possèdent des *me*, il faut qu'un dieu les leur ait transmis. Ce sont An, le dieu du ciel, et Enlil, le roi des dieux du panthéon pan-sumérien, principalement, plus tard Marduk, le souverain de Babylone, et Assur, le dieu national assyrien, qui les remettent ; Enki ou Éa, le dieu créateur, mais aussi celui des sources et de la sagesse, les reçoit lui-même d'An avant d'être apte à les distribuer à son tour. Mais il n'y a pas d'exclusive ; ici, Nungal, une déesse secondaire, reçoit les *me* du ciel et de la terre des mains d'An et d'Enlil en même temps que de celles de sa mère, Éreshkigal, la maîtresse des enfers ; là, Nisaba, la déesse du grain et de l'écriture, est associée à An pour distribuer les *me* du ciel. Selon une tradition urukéenne, c'est An qui remet les *me* à Inanna, une déesse souveraine, alors que, selon la tradition d'Éridu, c'est Enki qui les lui cède ; ailleurs encore, à Nippur, ce sont Enlil et Ninlil, la parèdre d'Enlil, qui les lui offrent.

Les ayant reçus, les dieux et les déesses les brandissent et les manipulent ; ils les maîtrisent comme on fait d'une monture, ils les conduisent, les font aller droit, les rendent parfaits, les commandent. Ils peuvent aussi les altérer, les disperser, les détruire, les perdre ou les abandonner, à l'instar d'Inanna avant de descendre en enfer ; mais ils ont également la faculté de les restaurer ou de les renforcer.

Les rois humains à leur tour reçoivent les *me* en dépôt ; ce sont les dieux, au premier rang desquels on reconnaît An, Enlil, Marduk, Inanna et Su'en, le dieu lune de la ville d'Ur, qui les leur accordent. À l'instar des dieux, par leurs œuvres pieuses, ils ont la faculté de les restaurer.

On a voulu voir dans *me* les décrets ou les pouvoirs divins, les déterminations qui s'imposent aux dieux comme aux hommes, les archétypes ou les modèles de tout ce qui existe. Sans doute rencontre-t-on du *me* partout, chez les dieux eux-mêmes, mais aussi dans les temples, les parties constitutives du cosmos, l'au-delà compris, le temps, les toponymes, les objets les plus divers, les institutions ou les attitudes de l'esprit, les qualités et les traits de caractère, chez les prêtres ou les rois, dans la vie elle-même ; *meninama*, « *me* de tout état », exprime cette universalité. Les occurrences forment, par leurs liaisons, un champ sémantique dans lequel se distribue toute la matière de l'expérience humaine.

Comme l'indique l'expression *menamlugala*, « *me* de la royauté », laquelle fait référence à la somme de ce qui fait qu'un roi est roi, *me* renvoie à l'immanence de l'être. Plus précisément, le terme marque le pouvoir d'action des choses et des êtres, tous ensemble pris comme une traduction et un effet du pouvoir des dieux. D'un mot, *me* **exprime l'ensemble des énergies démiurgiques dont toutes les composantes du cosmos et toutes les créatures sont transies, de leurs manifestations et de leurs représentations** (cf. *La sagesse*, ch. VII).

Deux notions complémentaires, qui tiennent une grande place dans la pensée religieuse, retiennent encore l'attention ; elles sont exprimées au moyen des termes *melam* et *ni* en sumérien, respectivement *melammû* et *puluhtu* en akkadien. **Le premier dit un éclat actif émanant d'une divinité et qui irradie à la façon d'un joyau ou d'une parure** ; il est directement proportionnel à la puissance de la divinité dont il émane, à sa vigueur ou sa vitalité qu'il traduit en intensité lumineuse et c'est jusqu'à la parole divine qui brille de ce rayonnement. Comme tout ce qui touche au sacré, cette **splendeur est tout à la fois fascinante et insupportable ;** en tant que telle, elle s'oppose au chaos, au désordre que caractérisent les ténèbres et le silence, car l'éclat a pour antonyme les mots et les notions de sommeil, d'immobilité et de silence, il est à la fois le signe et le moyen du pouvoir et de la souveraineté. Comme source et symbole de pouvoir, le *melam/melammû* peut aussi être concédé à des héros ou des rois, voire à tout mortel, mais également à toutes sortes d'objets sacrés, statues divines, sanctuaires, emblèmes du culte. Il n'est pas impossible qu'il faille rapprocher *melam* de *me* : le mot peut signifier, en effet, « *me* en tant que brillance ».

Ce sont-là autant de caractères qui justifient l'introduction, dans le vocabulaire de la luminosité, du terme *ni/puluhtu*, « crainte », lequel caractérise l'attitude de l'homme, être mortel et rempli, par essence, de crainte respectueuse. D'un mot, **le terme définit l'être vivant comme personne habitée d'une crainte religieuse ; on y adjoint la piété, c'est-à-dire un système de valeurs qui impose de respecter les dieux et les ancêtres, et l'humilité.**

L'HOMME MÉSOPOTAMIEN

Car **un principe essentiel est celui de la subordination des intérêts humains aux intérêts divins ;** du reste, l'homme ne vit-il pas au cœur d'un univers gouverné par la volonté divine ? Ce principe porte un nom, *namtar* en sumérien, *shimtu* en akkadien, comprenons **le sort qui est attribué à quelqu'un. Cette conception exclut, cependant, un fatalisme complet.**

En conclusion, on peut dire qu'**est considéré comme sacré tout ce qui est en rapport avec le divin, que ce soit un lieu, un temps donné**, comme en témoignent certaines hémérologies, **un objet ou un être humain**. Toute personne qui souhaite s'en approcher doit être en état de le faire ; la purification consiste à se rendre propre corporellement. La sacralité s'oppose à la souillure.

QU'EST-CE QU'UN DIEU ?

Les divinités mésopotamiennes ne sont ni cachées, ni rendues connaissables par des voies surnaturelles. Elles ignorent la transcendance. Elles **sont des puissances, des principes d'ordre, des moyens d'action.** À leur propos, la pensée religieuse ne s'interroge pas sur leur aspect personnel ou non personnel. Certes, dans la masse faussement indistincte que désigne le terme sumérien *dingir* ou l'akkadien *ilum*, il n'est pas de place pour des forces vagues ou anonymes, mais, au contraire, pour des figures bien dessinées, dont chacune a un nom qui englobe la multiplicité de ses épithètes et fonctions, un état-civil, des attributs, des aventures propres qui mettent en œuvre la gamme des facultés affectives, délibératives et intellectuelles. **Elles sont également topiques**, à savoir qu'elles sont attachées à une glèbe qui est le territoire où s'exerce leur autorité. Tous ces traits, cependant, ne suffisent pas à les constituer en sujets singuliers, en unités ontologiques au sens que nous donnons au mot « personne ».

Dingir/ilum s'appliquent, du reste, **à une catégorie assez ample d'êtres qui va jusqu'à embrasser des objets de culte, des symboles, des armes.** Tout ce qui touche à la divinité est sacré et, de ce fait, est destiné à être qualifié comme tel : le trône, la harpe, la stèle, etc. Des offrandes sont offertes à la sainte cire, au saint roseau, au saint encens, au saint chaudron, au saint pot, à la sainte gaffe (pour manœuvrer le bateau) de la déesse Nindara, à la sainte statue, au tambour sacré, à la crapaudine sacrée. Une liste élève la harpe, le lit et le trône du dieu Enlil au rang d'avatars du dieu.

Toutes les divinités, individuées par le récit de leurs exploits, sont à leur tour définies par des formes spécifiques, et l'on aborde avec ces dernières le difficile problème de la représentation. **L'anthropomorphisme semble être la règle la plus couramment admise.** Même si la statue de culte ne semble faire son apparition que tardivement, elle était précédée dans le temple par un emblème, très tôt, dans la glyptique ou l'art du bas-relief, des images divines anthropomorphes existent. Mais ces images ne sont pas les divinités elles-mêmes, elles n'en sont que les représentations, au même titre

La statue de Marduk.

que les emblèmes. **La vraie question qui est posée est celle du rapport homologique existant entre une divinité, son corps, son symbole et sa représentation anthropomorphe.** Le dieu habite sa statue, à partir du moment où il en possède une, mais il n'est jamais identifié à elle. La représentation anthropomorphique, cependant, connaît ses limites ; si elle semble très tôt adoptée pour les grandes figures cosmiques et astrales, une représentation thériomorphe et hybride lui est préférée pour les divinités chtoniennes et infernales ; ainsi voit-on apparaître les figures ambiguës de dieux-serpents, de dieux-bateaux, d'hommes-oiseaux, d'aigle léontocéphale ou de dragon-serpent.

Un exemple : la déesse Inanna/Ishtar.

De toutes les divinités mésopotamiennes, Inanna/Ishtar, « maîtresse du ciel », comme son nom l'indique, et déesse tutélaire d'Uruk, est celle dont les traits nous sont les mieux connus. **Un mythe présente une véritable étiologie de sa puissance.** Après s'être livrée à l'autoglorification de son sexe, elle se rend chez son père Enki, en sa ville d'Éridu ; celui-ci lui offre un repas au cours duquel, selon l'usage, s'engage une compétition sous la forme d'un défi :

c'est à qui boira le plus de boissons fermentées. Enki chavire dans l'ivresse et c'est dans cet état qu'il concède les *me* à son hôtesse. La suite du récit qui évoque les vaines tentatives d'Enki de les récupérer, donne à penser que le geste du dieu n'était pas tout à fait spontané.

La liste impressionnante des *me* (ils sont au nombre de cent dix) déclinée dans ce mythe énonce toutes les manifestations de la puissance incarnée par la déesse. Chaque terme fait référence à des domaines aussi différents que les institutions politiques ou religieuses, le comportement de l'esprit, les activités sociales, le personnel et les objets du culte, enfin les instruments de musique. Mais sa divinité s'épanouit également ailleurs, tout au long d'une ample littérature mythologique et hymnique ; or, précisément, le catalogue des *me* s'éclaire dès lors qu'il est confronté à cette littérature ; en d'autres termes, à l'arrière-plan du catalogue viennent se profiler tous les thèmes mythiques qui mettent en scène la déesse. Bref, tout au long du catalogue qui fonde l'ordre politique et social que gouverne la déesse, l'auteur du mythe se livre, à propos d'Inanna/Ishtar, à une réflexion sur la divinité et son essence.

Inanna/Ishtar est, premièrement, une **divinité de sexe féminin**. Dans le monde des dieux, et de son propre aveu, elle est la femme, *munus*. Les mythes la décrivent tombant en admiration devant son sexe ou le revêtant des *me* comme d'un pagne. **Ce trait fonde sa personnalité. Les Mésopotamiens l'imaginent maîtresse de son corps, libre de toute tutelle masculine et délivrée des oripeaux de la maternité.**

En second lieu, **elle est une déesse souveraine**, dotée de la royauté et du pastorat ainsi que des attributs qui les rendent manifestes : le trône, la couronne, le sceptre et le manteau. Elle est « maîtresse de tous les pays », à l'instar d'Enlil qui est « roi de tous les pays ». On devine que, la souveraineté universelle étant une qualité éminemment masculine, en tant que femme, Inanna/Ishtar ne peut l'exercer que d'une manière toute spécifique.

Or, s'agissant des épithètes de la déesse ou des louanges qui lui sont adressées, comme de certains termes du catalogue, on est frappé par le recours fréquent au schéma logique qui consiste à associer des couples d'expressions opposées ou contradictoires. Elle a le pouvoir de rendre droit ce qui est tors et de rendre tors ce qui est droit, de faire blanc ce qui est noir et de rendre noir ce qui est blanc, d'échanger le haut et le bas, le sommet de la montagne et le creux du vallon, de muer l'obscurité en clarté, etc. Bref, **elle**

apparaît comme l'opérateur privilégié des inversions. On touche ici au cœur du débat théologique qui est tenu sur elle et qui trouve son point d'ancrage dans son sexe car, **dans un monde qui se pense au masculin, le sexe féminin est l'image de l'inverse de la norme**.

Première figure d'inversion et premières manifestations de ses pouvoirs, elle est tour à tour la jeune fille, *kisikil*, et la femme ouverte, *munus*, le premier terme disant, à l'opposé du second, le non-rapport sexuel. Dans le même temps, **ses compétences s'exercent dans ces deux domaines centraux de la vie individuelle et sociale que sont l'amour et la guerre**. En sa qualité de « maîtresse des batailles », experte dans l'art des combats, elle opère avec des armes spécifiques, poignard et couteau, arc et carquois, et exerce ses talents en tant que jeune fille comme si, destinée à faire couler le sang, son propre sang ne pouvait couler. **En sa qualité de déesse de l'amour, c'est tout naturellement en tant que femme qu'elle préside aux ébats sexuels**.

Mais le champ de ses compétences ne s'arrête pas à ces activités ; elle paraît également présente lors de la **célébration de plusieurs rites sociaux non moins importants et qui sont autant de rites de passage** (cf. Rites de passage et étapes de la vie, ch. V) :

– les rites d'initiation des jeunes adolescents. C'est un serviteur de la déesse, le *kurgara* (cf. Le rôle de l'homme : le roi, le prêtre, l'agent spécialisé, ch. VI), qui officie, celui-là même qui, créé par Enki à partir de la crasse de dessous ses ongles, est descendu dans le monde des morts pour la ramener à la vie. Maniant le poignard et le couteau, les armes favorites de la déesse dont, du reste, elle lui a fait présent, il supervise le cortège des *sagursag*, des jeunes novices, paradant, la chevelure rejetée sur la nuque et ornée d'une coiffure multicolore, l'arme de combat au poing, portant des vêtements masculins sur le côté gauche, féminins sur le côté droit ;

– le passage à une nouvelle année : une vertu d'Inanna consiste à éteindre et allumer le feu ; on voit dans cette double évocation une allusion à la fête du nouvel an au cours de laquelle, précisément, il est procédé à l'extinction et à l'allumage du feu. L'extinction rituelle des feux symbolise le fait de mettre un terme au monde antérieur pour faire place à la naissance d'un monde nouveau ;

– le mariage : elle préside à la nuit de noces, régnant en maîtresse sur l'intimité de la chambre nuptiale ;

– les rites funéraires : un mythe décrit la manière dont elle instaure les rites funéraires et les offrandes aux morts. Selon les termes d'une incantation du milieu du IIIᵉ millénaire, elle remplit la fonction de

« conservatrice des registres » dans le monde des morts. C'est dans l'exercice de cette fonction qu'elle fait l'éloge funèbre du défunt Ur-Namma d'Ur, lorsqu'il arrive en enfer, un éloge qui justifiera la sentence concernant le mort délivrée par les autorités de l'au-delà, le moment venu.

Ultime exemple, lorsqu'elle institue les rites funéraires, Inanna transforme les habitants de la steppe, associés à ces rites qu'elle vient d'instituer, en êtres socialisés, le culte des morts étant en effet un trait propre au monde civilisé par opposition au monde sauvage de la steppe ; ce faisant, elle agit en médiatrice permettant le passage d'une aire à une autre, du monde des vivants au monde des morts, en même temps que la mutation d'êtres non acculturés en membres de la communauté humaine. Il apparaît donc que **le sexe de la femme est perçu comme le lieu d'une médiation entre le dehors et le dedans, le sauvage et le civilisé, un statut social et un autre**.

Ces différents domaines où intervient la déesse, aussi large qu'en soit l'éventail, ne sont pas incompatibles. Ils se situent dans un même champ dont ils soulignent les multiples dimensions. Ils dessinent, pris dans leur ensemble, les contours de sa souveraineté.

Mais bien des conduites qui sont celles de la déesse sont paradoxales et font apparaître le caractère relatif, logiquement et sociologiquement, des mutations ou des renversements qu'elles génèrent, car l'inversion sociale n'est jamais le strict équivalent de l'inversion pensée par les théologiens. C'est dire aussi qu'il reste bien des zones d'ombre.

Figure de l'inversion, Inanna/Ishtar n'est pas, pour autant, une figure de résistance. Tous les traits qui la caractérisent mettent en scène le pouvoir et, en ultime analyse, ce qu'il a de pervers. Elle est paradoxale et excessive tant par rapport à la condition masculine qui gouverne le monde des dieux que par rapport à la condition divine elle-même. Elle se comporte vis-à-vis des dieux comme aucun d'eux ne pourrait le faire, porteuse d'une perpétuelle provocation.

Bien des questions, enfin, demeurent sans réponse. Inanna/Ishtar est-elle déesse de la guerre par sa qualité propre à assumer toute souillure, à commencer par celle du sang versé au combat ? Quels rapports entretient-elle avec la végétation, elle qui n'est pas une figure de déesse-mère et qui, pourtant, favorise l'épanouissement de la vie ? À ce propos, les conséquences de la mésaventure qu'elle subit, narrées dans un autre mythe, dans le jardin de Shukalétuda sont peut-être révélatrices, *a contrario*, d'une facette obscure de sa puissance. En effet, abusée pendant son sommeil par le jardinier des lieux, elle se venge en faisant couler du sang à la place de l'eau douce et fécondante. Le rapport sexuel est associé, ici, car il s'agit d'un viol, à une conséquence négative puisque, en guise d'eau fécondante, Inanna fait s'écouler du sang, le sang de la virginité qui souille l'eau des puits. L'effet bénéfique attendu du rapport sexuel est inversé et mué en effet dévastateur. Il s'ensuit une désertification du pays.

D'aucuns ont émis l'hypothèse qu'il y aurait deux Inanna/Ishtar, l'une chtonienne, l'autre céleste, la première étant fille d'Enki, la seconde, fille de Su'en. À dire vrai, dans le système polythéiste sumérien, la double paternité n'apparaît pas comme une contradiction irréductible ; en outre, tous les caractères contradictoires ou énigmatiques de la déesse peuvent lui venir de son rapport privilégié avec la planète Vénus, l'étoile du soir et du matin.

Pour conclure, on constate que les Mésopotamiens fabriquent l'image de la femme libre et idéale, qui accompagne le parcours de toute une vie, à l'exclusion de la naissance, une image exhibée partout, dans les temples, les lieux publics, les cabarets, et dont l'exhibition permet d'expulser la femme totalement libre, égale de l'homme, qui a le parler haut, du champ social.

La pseudo-divinisation des rois

Tout sépare les dieux des hommes, ils sont supérieurs en vitalité et ne meurent pas ; chacune des deux espèces accomplit son propre destin. Nonobstant, **quelques héros d'épopées ou personnages de légende, Lugalbanda, Ziusudra ou Gilgamesh, voient leur nom précédé du déterminatif divin**, alors que d'autres figures tout aussi légendaires, comme Étana ou Adapa, sont rapprochés de la sphère divine, voire fréquentent les dieux. Parallèlement, **on doit à la chancellerie akkadienne, sous Naram-Sin d'Akkadé, l'adoption du déterminatif divin devant le nom royal et du titre** *ilum/dingir*, **« dieu »** (cf. Quelques exemples, ch. III). D'autres, après lui, imiteront son exemple : son propre fils Shar-kali-sharri, les rois d'Ur et d'Isin, certains princes d'Assur ou d'Eshnunna, voire quelque souverain élamite ; l'habitude se perdra avec les souverains de la première dynastie de Babylone, parmi lesquels Hammurabi se proclamera encore « dieu des rois », Enlil, le souverain des dieux, continuant à être le « roi des dieux ».

Il faut en réalité distinguer entre deux situations différentes quoique voisines. S'agissant de la pseudo-divinisation de certains

191

souverains, on relève d'emblée l'ambiguïté de la situation : l'emploi du déterminatif divin tend à rapprocher le souverain humain de la sphère divine alors que celui du titre *ilum/dingir* l'en éloigne, aucune divinité n'ayant jamais porté le titre en question, mais étant toujours « roi » de sa ville ou de son pays. Bref, l'usage du titre *ilum/dingir* établit, à lui seul, la différence entre le dieu et le roi. En fait, le roi est un personnage qui tient de la divinité sa qualification, ses titres et les attributs qui le révèlent, mais il n'en reste pas moins un homme. Pour exprimer à l'aide d'un terme l'extraordinaire démonstration de puissance que prodigue Naram-Sin, sauveur et champion de l'ordre cosmique, les scribes de sa chancellerie ont recours au mot *ilum/dingir* qui quitte la sphère divine et entre dans le vocabulaire des institutions humaines ; dans le même temps, la tiare à corne, emblème divin, suit le même itinéraire et devient l'emblème de la souveraineté d'ici-bas ; quant au déterminatif, on a vu, déjà, que son emploi est susceptible de s'étendre, au-delà de la désignation des seules divinités, à tout un monde d'objets et de constructions ainsi qu'à des personnages de légende ou à des défunts.

Sans doute, à l'époque de l'empire d'Ur, les rois reçoivent, à l'instar des dieux, et de leur vivant, des offrandes qui leur sont présentées lors des fêtes lunaires en même temps qu'aux mânes, la précision est importante, des rois défunts ainsi qu'à leurs parents divins, Lugalbanda et Ninsun. Quant aux statues royales, elles reçoivent également des offrandes dans les temples et, semble-t-il, chez les particuliers.

Cette situation paradoxale s'explique dès lors que l'on se souvient que dans le monde mésopotamien du IIIe millénaire il existe une manière de dons que reçoivent les grands de ce monde et qu'exprime le verbe « abandonner dans la main », le même verbe qui s'entend également d'offrandes présentées aux défunts et aux divinités. Cette ambivalence du terme tient vraisemblablement au fait que, dans l'espace social tel que le conçoivent les Mésopotamiens, **il existe une sphère où accèdent certains personnages éminents dont on sait, dès lors qu'ils s'y trouvent de leur vivant, qu'ils emprunteront dans l'au-delà les chemins de l'ancestralité, se rapprochant des dieux**, car la réflexion sur l'identité ou sur l'acquisition d'un statut social prend en compte une solution de continuité entre le monde sensible et celui des ancêtres et des dieux.

Malgré les apparences, il n'y a donc pas de divinisation du souverain régnant. Selon la phraséologie des inscriptions officielles, le roi est né des dieux ou élevé par eux mais il n'en demeure pas moins dans la sphère de l'humanité et il exerce une autorité toute humaine. On est donc en présence d'un usage métonymique du déterminatif divin ; il est une allusion à une forme idéelle de transmission du pouvoir, les rois étant supposés descendre des dieux. En outre, ce déterminatif est un procédé purement graphique, le produit d'un savoir qui construit la représentation du politique et qui vise à rapprocher le roi de la sphère divine. Il permet de mieux dessiner d'un trait les contours de la totalité hiérarchisée de l'ordre social et signale, dans le même temps, un nouveau rapport écrit au monde.

LE POLYTHÉISME

La Mésopotamie est une terre polythéiste, grouillante de divinités manifestées dont l'existence et la nature sont des faits d'évidence. On a rencontré, déjà, la déesse Inanna/Ishtar. Voici d'autres figures qui se partagent les premières places au sein du panthéon commun :

– An : il est le dieu suprême. Son nom n'est autre que la désignation en sumérien du ciel ou de la partie supérieure du cosmos. Il est l'ancêtre de tous les dieux, le père de toute végétation, source de la pluie et initiateur du calendrier. Il exerce, au sein de l'assemblée divine, l'autorité suprême. Partant, il est la source de toute autorité terrestre. Son épouse est la terre, Ki ou Urash. À Uruk, son lieu de culte principal, c'est la déesse Inanna qui, après son exaltation, devient sa parèdre.

– Enlil : le « Seigneur-souffle » ; créateur de la terre, « roi de tous les pays », il est le dieu souverain par excellence, l'exécuteur des décisions des assemblées divines ; il est aussi le créateur de la houe qui permet le travail de la terre. Inversement, dans le monde akkadophone, il peut provoquer l'intempérie destructrice qu'est le déluge, un aspect qui est sans doute associé aux deux facettes du vent, doux ou violent.

Si l'on en croit la graphie de son nom, En+lil, il est un dieu tisserand ou vannier. Le signe *lil* qui signifie « souffle, esprit », peut aussi se lire *kid*, « natte de roseau », ou *é*, « maison, lieu de résidence d'un groupe social homogène » ; Enlil étant célébré comme le dieu qui sépare Ciel de Terre, préalable à toute création, n'apparaît-il pas comme le spécialiste du vannage ou du tissage, deux activités impliquant le geste de séparer avant d'entrelacer ? En outre, Enlil est le dieu qui instaure, par l'institution du mariage, le lien social. On sait que les Sumériens filent la métaphore du textile pour célébrer le lien maternel et l'union conjugale : la mère du roi d'Ur Shulgi est célébrée comme l'ensouple d'étoffe et son épouse comme l'ensouple de trame ; le lieu où se croisent les fils sur le métier est donc un lieu éminemment masculin puisque l'acteur principal qui est le fils et l'époux s'y trouve ; or, le légendaire Lugalbanda, le père de Gilgamesh, le fils de la déesse Urash et l'époux de la déesse Ninsun, n'est-il pas, précisément, appelé Lil, « souffle », dans certaines sources !

Son lieu de culte principal, où il est vénéré en tant que seigneur de Sumer, est Nippur, une ville dont, cependant, il n'est pas le dieu poliade. À dire vrai, Enlil pourrait être un dieu d'origine sémitique, son nom serait Illilu, qui est adopté par les Sumériens sous la forme d'Enlil. On serait en présence d'une divinité mixte, « Dieu » (le nom Illilu serait la réduplication de la racine sémitique *'il*, « dieu ») pour les uns, « Seigneur-souffle » pour les autres.

– Enki : « Seigneur de la terre », démiurge, il incarne les eaux douces et fertilisantes ; alliant la sagacité, la capacité d'adaptation et le bon sens à l'astuce et à l'intelligence pratique, il est le dieu de la sagesse ; habile et avisé, grand architecte, il est le promoteur des arts et métiers. Son lieu de culte principal est Éridu. Les Akkadiens le désignent sous le nom d'Éa, « la Vie ».

– Ninhursag : « Maîtresse de la montagne », elle est l'incarnation parfaite de la figure de la déesse-mère. Son principal lieu de culte est Kesh.

Comme dans tout système polythéiste, les divinités forment une société où chacune a son champ de compétences, ses privilèges, ses savoirs et ses pouvoirs ; c'est dire assez que chacune d'entre elles est limitée par les pouvoirs et les compétences des autres, pouvoirs et compétences qu'elle respecte. Une divinité se définit aussi et d'une manière non moins essentielle à travers le réseau de relations qu'elle contracte avec les autres membres de la société divine. Pour répondre à ces problèmes d'organisation et de classification des puissances, la pensée religieuse envisage un jeu complexe de hiérarchies, d'équilibres, d'oppositions ou de complémentarités.

Du reste, une puissance divine n'apparaît pas nécessairement comme un sujet singulier, mais aussi bien comme un pluriel et c'est donc, nécessairement, vers une **définition alternativement singulière et plurielle** qu'il convient de s'orienter. Il n'existe pas de culte qui soit rendu à Inanna/Ishtar en général ; on connaît celui qui lui est adressé à Uruk ; mais ailleurs d'autres cultes sont rendus à des avatars particularisés de la même déesse, plus ou moins différents les uns des autres et qui participent néanmoins, même s'ils ne sont pas tous homonymes, de la même puissance : Inanna d'Adab, d'Akshak, de Bad-tibira, d'Isin, de Nippur, de Shuruppak, d'Ur, de Zabalam, de Mur, Zannaru de Nippur, etc. ; à Lagash, l'antique Dingir-Ibgal, la « déesse de l'Igbal », est assimilée à une « Inanna de l'Ibgal » laquelle réside dans l'Éana. Inversement, il arrive que plusieurs divinités puissent exercer les mêmes fonctions ; Inanna, Zababa, Ninurta ou Ningirsu sont autant de divinités de la guerre, il peut être fait appel à chacune d'elles, voire à plusieurs d'entre elles à la fois ; l'état des sources, malheureusement, ne permet pas toujours de reconnaître les particularités qui les distinguent.

Sumer

S'agissant du terme « sumérien », il se pose à son propos la double question du lieu et de la date. On réserve traditionnellement le nom de Sumer à la partie méridionale de l'Irak, mais on ne saurait écarter de l'enquête d'autres régions qui ont avec elle des affinités remarquables, comme la vallée de la Diyala : le temple ovale de Hafadjé, par exemple, y présente la même structure architecturale que ceux découverts au cœur du pays de Sumer, à El Hiba, l'antique Lagash, ou à El Obéid (cf. L'architecture, ch. VIII).

La présence sumérienne, établie à partir de l'invention de l'écriture, dure jusqu'au XIXᵉ siècle, date à laquelle le sumérien cesse d'être une langue vivante. Mais des populations sémitophones, en nombre et en proportion variables selon les lieux, vivent mêlées à la population sumérophone ; partant, des noms de divinités sémitiques, comme Il-mati ou Elum, prennent place dans les panthéons sumériens.

Postérieurement au XXᵉ siècle, d'autre part, alors que certains cultes disparaissent et que d'autres se perpétuent ou connaissent une renaissance tardive, comme celui d'An à Uruk, à l'époque hellénistique, la langue sumérienne se maintient pendant plus d'un millénaire et demi comme véhicule de culture dans le monde sémitophone. Or, c'est de cette époque que datent la plupart des sources qui nous font connaître la pensée religieuse notée en sumérien.

On privilégie la Mésopotamie du Sud au IIIᵉ millénaire. La tendance y est au morcellement politique et, même si la conscience d'appartenir à un même ensemble est forte, **il existe autant de panthéons, et donc de théologies et de mythologies, que de cités**. En d'autres termes, on est en présence d'un **polythéisme à l'armature souple**, apte à se plier aux contraintes de communautés diverses, mais qui ne constitue pas moins un univers de formes et de valeurs que partage l'ensemble des habitants de la Mésopotamie méridionale. Car la séparation n'est pas tant entre Sumériens et non-Sumériens qu'entre ceux qui connaissent et pratiquent tel ou tel culte et ceux qui ne le connaissent ni ne le pratiquent.

La pluralité des dieux s'ordonne en des panthéons hiérarchisés et structurés qui n'ont rien de troupes confuses et qui relèvent de démarches parfois diverses de l'esprit : transposition sur le plan divin des phénomènes de la nature et de la culture, transfert à des puissances multiples des énergies démiurgiques, etc. Selon le mythe d'Enki et l'ordre du monde, chaque élément constitutif du cosmos, de la nature et de la société, est assigné par le démiurge à une divinité particulière : Enbilulu est en charge du Tigre et de l'Euphrate ; Nanshé, de la mer, de la lagune, de la pêche et de la chasse ; Iskur, de la pluie et des météores ; Enkimdu, des travaux agricoles ; Ashnan, des céréales ; Kulla, de la briqueterie ; Mushdamma, de l'architecture ; Shakan, des pâturages ; Dumuzi, de la bergerie ; Utu, de l'administration ; Uttu, du travail des fibres ; Nisaba, de l'écriture ; ailleurs Lahar est en charge du croît du petit bétail, Sirish, de la préparation de la bière. Ainsi se trouve clairement énoncé un principe constitutif du polythéisme sumérien : **les dieux et les déesses du panthéon sont les hypostases de l'énergie démiurgique diffuse dans le cosmos** ; chaque divinité possède son territoire qui coïncide plus ou moins avec sa fonction et contribue à baliser le champ de ses compétences.

Les constructions polythéistes prolifèrent en Mésopotamie ; il en résulte une multiplicité de panthéons qui peuvent se lire jusque dans les manières de présenter des offrandes : telle liste, par exemple, qui regroupe vingt-huit noms de divinités qui « ont mangé du poisson », indique le sens d'une hiérarchie, celle d'un lieu ou d'un moment privilégiés.

L'analyse des structures de ces panthéons s'impose donc pour mettre en lumière les modes de groupements des divinités. On relève une nette **prédilection pour les figures de couples** (associations de principes sexuels opposés : le dieu et sa parèdre) **et de triades** (triade cosmique : An ou le ciel, Enlil ou la terre, Enki ou le monde inférieur ; triade astrale : Utu ou le soleil, Nanna ou la lune, Inanna ou l'étoile Vénus). Deux types de regroupements, principalement, coexistent : **les panthéons locaux et les panthéons syncrétistes**.

Toutes les figures des panthéons ne sont pas liées entre elles dans un même cadre narratif où les concepts et les puissances religieuses sont rassemblés et mobilisés dans un système relationnel global. **Les dieux éprouvent le désir d'avoir chacun une cité dans laquelle, puissances poliades, ils savourent les honneurs que reçoivent ailleurs les divinités suprêmes des panthéons syncrétistes.** Il est rare qu'une même divinité se trouve à la tête de plusieurs panthéons locaux : Enki est dieu d'Éridu, Nanna est dieu d'Ur, Ninhursag est déesse de Kesh, Iskur est dieu de Karkara, etc. Certes, Inanna est reine d'Uruk et de Kish, Utu est roi de Larsa et de Sippar ; dans ces deux cas de figure, cependant, les villes évoquées sont, en alternance, des cités sumériennes et akkadiennes ; on se gardera, en d'autres termes, de confondre Inanna et Ishtar, Utu et Shamash. Il est plus rare encore qu'une ville soit gouvernée par deux divinités ; tel est le cas d'Uruk avec, à sa tête, An et Inanna ; mais cette situation résulte de la genèse même de la cité qui réunit en une seule les deux villes de Kulab et d'Éana avec leurs divinités tutélaires respectives.

Chaque cité est un microcosme où la divinité régnante organise le panthéon à l'échelle locale. Car les divinités poliades ne sont pas des figures solitaires, elles sont à la tête de panthéons qui se laissent découvrir dans des listes d'offrandes, dans l'importance relative des temples, dans le nombre et le rôle des servants et des prêtres, autant d'indices qui signalent les formes de subordination circonstancielles.

Toute divinité vit entourée des membres de sa famille, au milieu d'une cour plus ou moins nombreuse. On connaît bien celle de Ningirsu, le dieu de Girsu, comme son nom l'indique. Igalima, l'un de ses fils, est le maître des cérémonies ; Shulshagana, le fils aîné, s'occupe de l'intendance ; Lugalkurdub est en charge des armes ; Lugalsisa est un conseiller ; Shugan-shegbar est camérier ; Kindazi est en charge du lit et des ablutions ; Ensignun est un commissaire ; Enlulim veille sur les troupeaux et le croît du bétail ; Ushumgal-kalama et Lugal-igihush sont des musiciens ; Gishbar'é est responsable du cadastre ; Lama-enkud-gu'édena est responsable des livraisons de poissons et de roseaux ; Dimgal-abzu est le héraut ; Lugal-ennun-urukuga et Aga'us-daggana, enfin, sont les gardes.

Une triade composée d'un dieu, de son épouse et de sa sœur, se rencontre de manière récurrente à la tête de plusieurs panthéons locaux. Tel est le cas à Nippur où Ninurta, le dieu poliade, est flanqué

L'HOMME MÉSOPOTAMIEN

de Nin-Nibru, son épouse, un avatar de la divinité de la médecine, et d'Ungal-Nibru ou Zannaru, sa sœur, un avatar d'Inanna. Tel est également le cas au sommet du panthéon du royaume de Lagash où le dieu Ningirsu est flanqué de son épouse Baba, dont la tradition fait une déesse de la médecine, et de sa sœur Nanshé, une déesse souveraine. La présence conjointe de deux divinités souveraines dans ces constructions semble indiquer que l'organisation des panthéons se fait parfois au terme de rivalités entre plusieurs puissances qui prétendent à la souveraineté sur un même territoire ou sur des territoires contigus.

Cette représentation connaît des variantes, notamment lorsque le personnage central n'est plus un dieu mais une déesse ; tel est le cas dans la ville, de Lagash où règne la triade Gatumdu – Dingir-Bagara – Dingir-Ibgal, une triade où la déesse Gatumdu joue le rôle de divinité poliade, et qui est tardivement assimilée à Baba, Ningirsu et Inanna.

S'agissant toujours de Lagash, aucun indice ne permet, antérieurement au règne de Gudéa, au XXIe siècle, de rapprocher Baba de la ville et force est d'admettre que la triade divine qui gouverne, idéalement, le royaume, ignore la ville du même nom qui en est, pourtant, au moins nominalement, la capitale. Un constat s'impose donc : entre la divinité et le roi, il existe une certaine représentation au miroir ; nonobstant, **le royaume d'un dieu** (un espace symbolique extensible à la terre entière mais concrètement défini par un centre de culte) **ne correspond pas nécessairement et exactement au royaume territorial**, aux frontières fluctuantes et dont le roi est, en outre, pris dans un réseau de relations avec une multiplicité d'autres divinités.

Ces triades ne laissent d'évoquer, par ailleurs, les trois figures de Dumuzi, de son épouse Inanna et de sa sœur Geshtinana, qui sont les personnages centraux d'un cycle de mythes agraires. Le thème du dieu qui meurt et ressuscite est au cœur d'une mythologie dont le projet est d'expliquer le rythme annuel de la vie végétale qui se développe six mois par an avant de se dessécher pendant les six autres mois. Le dieu est censé descendre annuellement dans le monde inférieur, alors que les végétaux entrent en sommeil, pour en sortir six mois plus tard, lorsque les jeunes sèves relancent dans un nouvel élan tout ce qui était assoupi. C'est sur ce vieux fond que l'on a, pour des raisons qui nous sont obscures, à moins qu'ils n'aient été eux-mêmes, anciennement, des divinités de la végétation, transféré les personnages de Dumuzi, Tammuz chez les Akkadiens (parfois de

Damu, une divinité ouest-sémitique) et d'Inanna, Ishtar chez les Akkadiens, en les associant à Geshtinana, qui est, quant à elle, une authentique divinité agraire.

La prévalence d'un code familial implique que le système de valeurs est alors centré sur les relations de parenté et que la perception de l'ordre symbolique se fait à travers l'expérience des relations intra-familiales. C'est Geshtinana qui introduit Inanna, la future épouse, auprès de son frère Dumuzi ; ailleurs, de manière similaire, Aruru introduit Sud auprès de son frère Enlil. Et la même Geshtinana pleurera son frère disparu et ira jusqu'à le remplacer six mois par an dans le monde des morts ; ailleurs encore, autre dieu qui meurt, Lil est également pleuré par sa sœur, Égimé. Toutes ces images évoquent le monde sumérien du IIIe millénaire avec ses vastes maisonnées aux stratégies d'alliances vraisemblablement complexes et où la sœur est le symbole de la sexualité interdite pour le frère ; idéalement, la règle est sans doute de donner ses sœurs à exigence égale d'épouses, mais la réalité peut faire apparaître une cascade de célibats viagers, de sœurs cadettes ou parfois veuves et dépourvues d'enfants, demeurant auprès d'un frère avec tout ce que cela suppose, peut-être, d'esprit d'inceste adelphique. Ces images, cependant, qui font référence avant tout à la société des hommes, ne sont pas immédiatement interprétables en termes sociaux.

À côté des panthéons locaux, il existe des panthéons syncrétistes qui sont l'œuvre de lettrés et de théologiens de haut rang et qui diffèrent considérablement des premiers. Dans les listes qui nous les font connaître, l'ordre de l'énumération relève de principes obéissant simultanément à des critères formels et à des critères sémantiques :

– les critères formels : ils sont d'ordre graphique et phonétique ; les uns privilégient la similitude fondée sur la présence récurrente d'un signe graphique commun ; les autres se fondent sur l'analogie conférée par un son commun ou une assonance ;

– les critères sémantiques : ils prennent en compte les concepts et les catégories de pensée ; la théologie y affleure, avec la mise en scène d'antagonismes ou d'affinités, le regroupement de divinités d'origine étrangère, les énoncés de hiérarchies, l'exposé de théogonies au moyen, par exemple, de couples divins successifs. Mais dans le schéma d'ensemble, des ruptures interviennent et cela fait, au bout du compte, beaucoup de dieux présentés dans un beau désordre.

Une tendance existe, par exemple, qui consiste à identifier différents dieux entre eux ; elle apparaît clairement dans les listes

L'HOMME MÉSOPOTAMIEN

divines du début du IIe millénaire où les dieux sont groupés d'après un système théologique qui associe pour mieux les identifier les unes aux autres les divinités de même caractère ; ainsi, la parèdre d'Enlil est-elle désignée successivement sous les noms de Ninlil, Nintuma et Sud ; celle de Ninurta sous ceux de Nin-Nibru, Nintula, Ninurusaga, Ninnigina, Ninuzalli ; le dieu Enki connaît diverses appellations : Dara'abzu, Daradim, Darabanda, Daranuna, Nudimmud, Lugalabzu, etc.

Mais arrêtons-nous davantage sur les sources du IIIe millénaire. L'incipit d'une grande liste divine du XXVIe siècle et découverte dans une bibliothèque d'Abu Salabih s'énonce comme suit : An, Enlil, Ninlil, Enki, Nanna, Inanna ; celui d'une grande liste contemporaine mais provenant d'une bibliothèque de Fara, l'antique Shuruppak, s'énonce : An, Enlil, Inanna, Enki, Nanna, Utu ; une inscription du roi Éanatum de Lagash énumère, au XXIVe siècle, les noms d'Enlil, Ninhursag, Enki, Su'en, Utu et Ninki ; Gudéa de Lagash, enfin, présente à son tour, au XXIe siècle, un panthéon composé de An, Enlil, Ninhursag, Enki, Su'en et Ningirsu. Ce rapide aperçu montre assez combien les opinions des théologiens divergent sur la hiérarchie qui règne dans le monde des dieux.

On sait la prédilection de ces mêmes théologiens pour l'organisation du monde divin en couples et en triades. Or, une première triade apparaît dans ces sources, formée par An, Enlil et Enki ; elle est représentative des trois niveaux de l'univers. Enlil en est, à l'évidence, le personnage central. À ses côtés, An est une autre représentation du pouvoir, un pouvoir jugé plus antique et plus lointain ; du reste, le texte d'Éanatum omet purement et simplement de le mentionner. Quant à Enki, l'ultime pôle de cette triade, il n'est pas une figure du pouvoir suprême et universel, au mieux il se présente comme un hobereau aménageant ses états.

Si la composition de la triade majeure fait l'unanimité, les divergences sont grandes quant à l'identité des déesses qui lui sont associées. La liste d'Abu Salabih mentionne deux noms de déesses, Ninlil, la parèdre d'Enlil, et Inanna ; la liste de Fara se contente de nommer Inanna en lieu et place de Ninlil ; dans les deux textes de Lagash, c'est Ninhursag qui est mentionnée, aux côtés d'Enlil, Éanatum ajoutant le nom d'une autre déesse, Ninki.

Ninhursag, la parèdre d'Enlil selon certaines théologies (un mythe narrant, semble-t-il, la naissance de Ninurta, en fait peut-être une sœur de ce même dieu), est une figure de déesse-mère ; Inanna est une déesse souveraine qui forme avec Enlil un couple de puissances opposées et complémentaires, mais n'apparaît jamais comme sa parèdre ; quant à Ninki et Ninlil, on ne connaît guère la première mais on suppute qu'elles sont, respectivement, les parèdres d'Enki et d'Enlil. Nous sommes donc en présence, finalement, de trois figures féminines tout à fait dissemblables, trois puissances dont les talents s'exercent dans des aires totalement différentes.

À tous ces noms s'ajoutent ceux de Nanna/Su'en et d'Utu. Nanna/Su'en, le dieu Sin des Sémites, a pour fonction cosmique d'éclairer la nuit, de mesurer le temps, et comme fonction culturelle d'apporter la fécondité. Utu, son fils, est la lumière en tant que puissance, le maître de la justice et de l'équité ; sa présence, cependant, est facultative : chez Gudéa, il cède la place à Ningirsu, juge en son pays et qui introduit la théorie des dieux du panthéon de Lagash. Avec Inanna, Nanna et Utu forment une nouvelle triade astrale, leurs astres respectifs étant Vénus, la Lune et le Soleil.

À côté des dieux, on observe la présence d'autres êtres surnaturels, des démons et des hybrides. Les démons incarnent les maux et les maladies qui peuvent atteindre les hommes, et sont très habituellement assujettis à une divinité dont ils exécutent les volontés, dont ils sont en quelque sorte les gendarmes ; tels sont les *gala*, dans le mythe d'Inanna en enfer, qui ont pour rôle de chercher Dumuzi et de l'amener dans le monde des morts. À l'instar des démons, les hybrides sont également associés à une divinité dans la sphère de laquelle ils exercent leurs activités : Lahama, le « chevelu », est associé à Enki, Ukaduha, qui incarne le grondement du jour, à Iskur, etc. Face aux dieux et à l'ordre cosmique, **ils représentent le désordre et l'imprévisible, mais ils peuvent aussi servir de figures apotropaïques.**

Babylone

L'ascension de Babylone sous Hammurabi entraîne celle de son dieu, Marduk, qui s'arroge la première place dans le panthéon. À vrai dire, il est difficile de savoir quand cette élévation du dieu de Babylone à la royauté suprême se fait. Hammurabi lui-même est encore très respectueux du panthéon sumérien, et ce n'est que sous le règne de l'un de ses successeurs, Abi-éshuh, au début du XVIIe siècle, qu'une littérature exaltant Marduk commence à apparaître. Le nouveau maître du panthéon officiel emprunte à Enlil nombre de ses traits, ainsi qu'à Enki ; ce dernier emprunt est

L'HOMME MÉSOPOTAMIEN

particulièrement important puisque l'ensemble de la théologie d'Éridu est adoptée par les savants et les érudits de Babylone. Quant à l'identité du dieu qui figure au sommet de la stèle qui porte le texte du code de Hammurabi, les spécialistes hésitent entre Shamash et Marduk.

Quoi qu'il en soit, même si les conceptions religieuses, à l'évidence, évoluent et requièrent une remise en ordre du panthéon officiel, les vieilles divinités sumériennes conservent la faveur populaire et leurs clergés restent puissants. Un dieu étranger, Amurru, le dieu éponyme des Amorrites, fait une apparition aussi brève que fulgurante.

Plus tard, à l'époque cassite, **la conception de la divinité se modifie, elle devient celle d'un être lointain dont l'attitude et les réactions sont incompréhensibles pour l'entendement humain**. Face au dieu, la soumission est toujours de rigueur, mais une soumission mêlée de scepticisme.

Parallèlement, la religion officielle découvre des personnalités divines nouvelles. Si les rois cassites se font les dévots des dieux babyloniens, l'un d'entre eux met son point d'honneur à faire revenir les statues de Marduk et de sa parèdre Sarpanitu autrefois emportées par les Hittites, ils introduisent dans le panthéon leurs propres divinités, Shuqamuna et Shumaliya, qui sont les dieux protecteurs de la dynastie. Leurs noms apparaissent aux côtés de ceux de Nuska, le feu, et de Bélet-ékalli, la « maîtresse du palais ». Le panthéon reste toutefois dominé par les trois figures d'Anu, Enlil et Éa, l'avatar akkadien d'Enki. Enlil, surtout, est l'objet d'une dévotion toute particulière de la part des Cassites.

Sous la deuxième dynastie d'Isin, c'est au contraire Marduk qui redevient la figure suprême du panthéon officiel. C'est très vraisemblablement à cette époque qu'est composée *La Glorification de Marduk* dont les sept chants s'ouvrent sur l'évocation du monde primitif pour s'achever sur l'apothéose des cinquante noms de Marduk qui vient de triompher des forces du mal (cf. Quelques œuvres majeures, ch. VII). Le dieu capte les énergies de la plupart des divinités babyloniennes, mais le polythéisme babylonien est trop mal connu pour qu'il soit possible de parler d'emblée d'hénothéisme ou de culte syncrétique. On ne peut ignorer, toutefois, les éléments syncrétiques de la figure de Marduk.

L'étoile de Marduk ne faiblira plus. Toutefois, à partir du second tiers du Ier millénaire, son fils Nabu, le dieu poliade de Borsippa et divinité de la sagesse, a tendance à le supplanter. À partir du VIe siècle, en outre, d'antiques cultes locaux connaissent un nouveau regain, comme le culte d'Anu à Uruk.

Assur

Au sommet du panthéon assyrien se trouve le dieu national, Assur. À ses côtés, Shamash jouit d'une grande popularité. L'un et l'autre, à leur façon, personnifient les vertus guerrières de l'Assyrie en armes.

Dès la fin du IIe millénaire, et sans pour autant bouleverser ses traditions, l'Assyrie accepte Marduk et Nabu au rang de ses dieux, mais c'est Assur qui remplace Marduk lors de la célébration de la fête du nouvel an. Cette **profonde influence babylonienne que subit la religion assyrienne** est sans doute le fait majeur. Avec Assurnasirpal II, Nabu fait son entrée à Kalhu ; Adad-nirari III construit en son honneur un temple à Ninive ; l'onomastique révèle le succès de son culte. Lors de leurs campagnes en Babylonie, les rois assyriens ne manquent jamais d'aller vénérer les dieux en leurs sanctuaires de Babylone, de Borsippa et de Cutha qui sont devenus autant de lieux saints. Shamshi-Adad place Marduk au second rang dans le panthéon officiel. L'adoption de divinités babyloniennes n'a pas seulement pour effet d'élargir le panthéon assyrien, elle s'accompagne d'un changement de mentalité. **Avec Nabu, la science et la sagesse acquièrent droit de cité en Assyrie.** Le roi, de seigneur de la guerre, devient protecteur des arts et des lettres.

Plus généralement, l'influence babylonienne sur les lettres assyriennes remonte à l'époque de Tukulti-Ninurta Ier qui a rapporté en Assyrie des collections de tablettes babyloniennes. L'épopée de ce roi, en belle langue babylonienne, en est un bel exemple. Cette littérature babylonisante est mise au service du roi et de sa gloire.

À partir du VIIe siècle, l'influence chaldéenne se manifeste également ; les écrits du temps reflètent la profondeur de l'obsession des présages. Les textes des traités de vassalité laissent une bonne place aux extatiques, illuminés et autres inspirés. Il faut conclure à l'existence d'un mouvement prophétique d'une certaine ampleur. Le phénomène ne se réduit certainement pas à la cour et au souverain.

Les dieux des peuples assujettis sont d'un rang inférieur aux dieux assyriens et doivent reconnaître leur suprématie. Inversement, jamais les Assyriens n'imposent aux vaincus le culte des divinités assyriennes ;

L'HOMME MÉSOPOTAMIEN

203

au contraire, ils reconnaissent les pouvoirs des dieux étrangers et les respectent. À la base de cette attitude, il y a **la conviction profonde que les dieux locaux sont des dieux souverains qui gouvernent les communautés de leurs dévots et que sans leur consentement nulle victoire ne serait possible.** Lorsqu'une cité est vaincue, c'est que son dieu l'avait abandonnée. Telle est l'explication avancée, par exemple, de la chute de Babylone. L'abandon par les dieux est associé au rapt de la statue divine. Inversement, le retour de la statue divine signale l'ouverture d'une ère nouvelle de paix et de prospérité. Mais les dieux eux-mêmes doivent manifester leur intention de retour ; les oracles sont consultés à cette fin.

LES COSMOLOGIES

Les Mésopotamiens spéculent sur la nature de l'univers, son origine, son organisation, la place l'homme en son sein (cf. La sagesse, ch. VII). C'est au moyen du mythe et par référence aux dieux qu'ils exposent les solutions aux problèmes auxquels ils sont confrontés. À l'horizon de leurs spéculations, **le discours cosmogonique prime** et, à travers lui, le monde devient pensable. Mais l'intervention du divin dans l'élaboration du cosmos rend indispensable une **théogonie** laquelle, à son tour, nécessite les prémisses d'une **anthropogonie** puisque les hommes accomplissent le service indispensable à la survie des dieux et à la bonne marche de l'univers.

a) Les cosmogonies

Il existe plusieurs traditions cosmogoniques, selon les lieux et selon que l'acteur principal en est Enlil, Marduk, Enki/Éa ou An. Il peut y avoir deux acteurs, un couple divin composé de deux des quatre dieux précités, ou trois, les acteurs formant alors une triade. Quelques notions essentielles, récurrentes, font surface, toutefois, à l'arrière-plan des récits, qui permettent d'y voir un peu plus clair en y mettant bon ordre.

Les Mésopotamiens admettent l'existence d'une **matière primordiale antérieurement à la création.** Les listes divines mettent en scène des successions plus ou moins longues de couples divins figurant le monde embryonnaire et qui composent la théorie des ancêtres des dieux An et Enlil. Nous voyons donc qu'Enlil descend d'un premier couple divin, Enki et Ninki, le « Seigneur-Terre » et la « Dame-Terre » ; quant à la théorie des couples divins qui lui succède, elle est parfois abrégée au moyen de formules comme « les Enki », ou « les mères-pères ». Bref, Enlil est fils de la Terre et celle-ci est la matière primordiale.

Pour les théologiens de Nippur, aux origines existent, intimement accouplés au point d'être soudés l'un à l'autre, An et Ki ou An et Urash, soit Ciel et Terre, deux êtres qui sont et dont on ne sait pas, au juste, s'ils se distinguent vraiment l'un de l'autre : il est permis de postuler l'union du même avec le même, à l'image de la série des couples du type Enki-Ninki ; du reste, une liste du début du IIe millénaire mentionne un couple An-Antum, Ciel-masculin et Ciel-féminin, où Antum figure difficilement la Terre.

Selon les savants d'Éridu, la matière primordiale est composée par les eaux douces de la déesse Namma, dotée de l'épithète « mère qui enfante Ciel et Terre ». Enki/Éa en est le fils, mais Namma est, en fait, la génitrice de tous les dieux. Selon *La Glorification de Marduk*, le monde primordial est composé de deux êtres, Tiamat ou l'océan amer et Apsu ou les eaux douces, ces dernières étant contenues dans le premier.

À une certaine époque, la déesse Namma devient l'unique matière primordiale, comme si les différentes traditions étaient venues se confondre en un seul et même récit ; au début du *Mythe d'Enki et Ninmah*, de composition relativement récente, les deux traditions de Nippur et d'Éridu sont évoquées à la suite l'une de l'autre.

Une ultime liste divine, enfin, conçoit l'univers embryonnaire comme une ville, « la cité de jadis », au sein de laquelle surgit le Ciel, An, qui en devient le seigneur et s'unit à Urash dans une hiérogamie cosmique.

Le véritable commencement du monde s'identifie à l'acte qui transforme la matière primordiale et dont l'auteur est conçu comme une divinité. La procédure suit trois modèles : le premier répond à une vision technique où l'architecture et le modelage tiennent une large place ; le second fait référence à la procréation, à la génération sexuée, le monde devant son existence à l'action génératrice des dieux ; le troisième fait appel à la thèse du pouvoir créateur de la parole divine.

La première procédure montre le dieu, en l'espèce il s'agit d'Enki/Éa, en action : ici, il calcule les dimensions de la terre et y tire au cordeau comme font les architectes et les maçons ; là, il partage l'univers en autant de secteurs indispensables à son bon équilibre et à son fonctionnement ; ailleurs, il joue au potier, malaxant la glaise et modelant le corps de l'homme. Plus tard, Marduk crée la terre en jouant les vanniers, à la manière d'Enlil, et en fabriquant, pour qu'elle flotte à la surface de l'océan primordial, une natte de roseau qu'il saupoudre de terre ; cette natte est l'assise du futur temple cosmique.

La troisième procédure est amplement présente dans *La Glorification de Marduk*, le dieu étant sommé de nommer un objet pour le faire apparaître. Antérieurement à ce récit, les derniers vers du mythe d'Enki et Ninhursag montrent la déesse en train de soigner les huit maux dont le dieu souffre ; elle crée pour chaque maladie la divinité spécifique qui apportera la guérison. Enki a-t-il mal aux cheveux ? elle crée Ninsikila, nom où figure le mot *siki*, « cheveu » ; a-t-il mal au nez ? elle crée Ninkiriutu, nom où figure *kiri*, « nez » ; a-t-il mal à la côte ? elle crée Ninti, nom où figure le mot *ti*, « côte ». La vocation de chaque déesse est inscrite dans l'énoncé même de son nom ; celui de Ninti signifie « dame de la côte » mais aussi, par un jeu d'homophonie, « dame de la vie » ; d'un mot, en guérissant la partie du corps malade, elle rend la vie. C'est que **les Mésopotamiens croient en l'identité de nature et d'essence entre le nom et ce qu'il désigne** ; le réel est assigné dans le terme qui l'exprime, un être ou une chose n'arrivant à l'existence qu'une fois nommés. La parole ne se contente pas de dire les faits, elle les instaure, et le même verbe, qui crée le monde en le nommant, l'anime et le meut.

La seconde procédure jouit de la faveur des mythographes. Fruit de l'accouplement primitif, Enlil (Ninlil l'accompagnerait selon certaines sources) semble mener une vie latente et embryonnaire, étant dans l'impossibilité de sortir du ventre maternel ; condamné à la réclusion permanente, son être n'est que potentiel. Il sépare donc le Ciel de la Terre dans le but d'extraire de cette dernière la graine du pays, en d'autres termes pour libérer la vie ; lui-même peut alors accéder à une existence normale. Le geste est d'une importance décisive car **il sépare en deux la matière primordiale, prélude indispensable à la morphogénèse à venir et à la mise en ordre du monde** parce qu'autorisant l'émergence de la vie. L'événement se déroule, nécessairement, à l'endroit de la césure, le lieu où, précisément, se situera la terre des hommes, domaine de prédilection du même Enlil. Mais doit-on s'attendre à voir le sang couler ? Est-ce le sexe de la terre qui saigne ou, comme chez Hésiode, le pénis du ciel ? En toute logique, la déesse accouchant et ce jour étant, est-il parfois précisé, celui de la parturition, il doit s'agir du sexe féminin.

Plus tard, à Babylone, dans *La Glorification de Marduk*, ce dernier tranche en deux le corps de Tiamat, bâtissant le ciel dans l'une des deux moitiés et réservant l'autre moitié à la terre comme l'image au miroir du ciel, les deux moitiés du corps de la défunte déesse se faisant face de manière symétrique.

Quoi qu'il en soit, à partir de ce moment, l'ordre cosmique, progressivement, va être mis en place. Tel récit signale la distribution des trois niveaux de l'univers entre les dieux, An emportant le Ciel et Enlil la Terre, le monde souterrain étant octroyé à la déesse Ereshkigal ; tel autre évoque la création par Enlil de l'unité de temps qui correspond à la journée et qu'il distribue entre le jour et la nuit.

Consécutivement à ce préalable indispensable, **tout démiurge, semblable à un taureau en rut, enfonce son sexe dans la Terre afin de l'engrosser**. Ainsi fait Enlil qu'une variante du thème montre s'accouplant avec la Montagne et la chevauchant tout un jour et toute une nuit, donnant naissance aux saisons. Similairement, dans *Le Mythe d'Enki et Ninhursag*, le dieu homonyme, qui s'emploie à transformer une lagune en un pays ruisselant de vie, procède aux créations en enfonçant son pénis dans la Terre, creusant les canaux d'irrigation dont l'eau est assimilée à son propre sperme. C'est donc bien de l'union charnelle des protagonistes que naissent les plantes ; mais chaque union donnant naissance à une fille, Enki s'unit successivement à chacune d'elles, les engrossant à tour de rôle. S'agissant d'Enki, il existe plusieurs variantes autour de ce même thème ; dans *Le Mythe d'Enki et l'ordre du monde*, le dieu insémine en se masturbant le Tigre et l'Euphrate ; dans *Le Mythe d'Enki et Ninmah*, Namma donne naissance, mais le dieu a précédé l'acte par une évocation de technicien connaisseur ; dans le même mythe, enfin, Ninmah fait l'homme sans l'appoint du sperme d'Enki.

Bref, **les mythographes jouent donc des diverses facettes d'une même image, celle de la fécondation d'un être de sexe féminin par la liqueur spermatique assimilée à l'eau**.

b) Les théogonies

Le **caractère théologique de la cosmogonie** s'impose avec force. Le démiurge est un dieu. Il agit généralement seul ; les mythes qui font d'un couple ou d'une triade les créateurs ne font que répéter le même personnage sous deux ou trois noms différents. Quant à Enlil et Enki/Éa, tous deux concernés par les deux registres connexes de l'agriculture et de la sexualité, ils sont dans une grande proximité, même si bien des points les séparent. **Ils sont l'un et l'autre indissociables de l'élément physique dont ils sont l'expression, l'air et l'eau, ces éléments fluide et liquide qui, par leur mobilité même, suscitent l'image d'un dieu agissant.** Aucun autre dieu, à l'exception de Marduk qui cumule les traits de leurs caractères, n'est, comme eux, par essence, en mesure d'apporter le mouvement à la masse compacte et figée dans l'immobilité de la matière primitive.

Ces figures démiurgiques sont aussi ambivalentes. Le geste fondateur d'Enlil ne consiste-t-il pas, premièrement, à transgresser l'ordre antérieur ? Ne féconde-t-il pas la Terre comme An l'avait fait avant lui, An dont il prend la place et qui est relégué au Ciel lointain par le nouveau souverain ? Certes, facteur d'ordre et séparant Ciel de Terre, il divise pour mieux ordonner, instaurant les rythmes cosmiques, l'alternance du jour et de la nuit, les saisons, et inventant la houe. Mais il est aussi fauteur de troubles. Il copule avec Terre qui n'est autre que sa mère, avant de devenir son ancêtre, par l'intermédiaire de paires de divinités primitives, selon le schéma de la procréation, par engendrement de générations sexuées ; union incestueuse donc. Ailleurs, il séduit sa future parèdre, commettant une nouvelle faute puisqu'il la possède sans l'avoir préalablement demandée en mariage ; il résulte de cette situation qu'il est chassé de sa ville. Enlil est donc facteur de désordre et la punition s'impose, même si, dans un ultime mythe, il a tiré la leçon de son acte et présente une demande en mariage selon les règles de la sociabilité.

Enki/Éa, de même, se révèle un agent du désordre, lui qui copule avec chacune des filles qui lui naissent de ses unions successives, commettant l'inceste entre père et fille. S'agissant de la dernière, Uttu, Ninhursag intervient, retire le sperme du ventre de la fille et crée huit plantes auxquelles le dieu, cependant, s'empresse de goûter. Le geste de la déesse qui extrait le sperme du dieu de sa dernière conquête est sans ambiguïté, il dit hautement la réprobation de l'inceste. Quant au parallèle entre les consommations, l'une sexuelle, l'autre alimentaire, auxquelles se livre le dieu, il n'en est pas moins évident : Enki consomme ses œuvres. Là encore, la punition s'impose : il tombe malade, Ninhursag, irritée, l'ayant maudit.

Ces démiurges, mais chacun à sa manière, organisent le cosmos comme autant de souverains orientaux, mettant bon ordre à leurs États et veillant à leur prospérité et à leur bon fonctionnement. Enlil sépare le Ciel de la Terre afin d'obtenir aussi un espace où sa propre souveraineté puisse s'exercer. À ses côtés, Enki fait davantage figure de hobereau qui se préoccupe du bon fonctionnement de ses domaines, instituant l'homme en qualité de chef jardinier et préoccupé du bien-être de son personnel. Car **les mythes de genèse sont, premièrement, des mythes de souveraineté ;** la dimension du politique y est bien présente, contribuant à la mise en place d'un ordre cosmique hautement centralisé et qui repose sur les épaules d'un souverain, un monarque exemplaire dans la personne du démiurge.

L'intervention divine introduit donc dans la cosmogonie une dimension qu'il faut expliquer, et l'on ajoute au récit des origines son indispensable complément théogonique. En peu de mots, les premiers dieux font corps avec la matière originelle primordiale ; par la suite, la naissance des dieux prend l'allure d'une ample fresque généalogique, la théogonie usant avec prédilection de couples d'antagonistes et jouant du jeu des générations qui, chacune, forme un couple incestueux. De ces premières dualités, toutefois, on peut dire qu'elles ne sont soulignées avec autant d'insistance que pour mieux indiquer qu'il s'agit de fausses dualités. L'union de couples successifs pose en fait le problème de l'union incestueuse entre frères et sœurs, et les textes tentent de contourner la difficulté en évoquant des noms de paires divines où les éléments féminins sont évanescents.

Selon *La Glorification de Marduk* (cf. Quelques œuvres majeures, ch. VII), les dieux, au départ, ne font qu'un avec la matière primordiale, et Tiamat est le lieu où se meuvent les premières générations divines. Plus tard, on distingue entre les « dieux-pères », la génération des ancêtres, et les « dieux-frères », qui forment à leur tour des générations successives. Dans ses premiers moments, l'histoire de l'univers s'identifie avec le conflit de générations entre les dieux. Tiamat, l'élément primordial, tient, parmi eux tous, une place singulière. Elle est un être qui n'arrive jamais à maturité : vivante, elle est un « primitif » non acculturé, un *lullû ;* morte, elle est un être embryonnaire avorté, un *kûbu*. Sa mise à mort consiste à transformer son corps qui, débarrassé de sa vie antérieure, sert à fabriquer l'univers.

c) Les anthropogonies

Le discours sur les dieux rend à son tour indispensable l'esquisse d'une anthropogonie. Pour satisfaire les dieux, il faut exploiter les ressources de l'univers qu'ils ont conçu à leur profit, ce qui rend indispensable la création de l'homme.

Car **l'homme est créé pour servir les dieux**, tous les récits s'accordent sur ce point. C'est ce qu'explique avec une logique implacable le récit sumérien de l'invention de la houe par Enlil : acte liminaire qui prélude à la création de l'humanité, le dieu conçoit en effet l'outil indispensable à son futur labeur, ce n'est qu'ensuite qu'il institue la corvée pour les hommes. Un autre récit sumérien indique qu'à l'origine les dieux vivent nus, broutent l'herbe et lapent l'eau à la façon des bêtes ; or, lorsqu'ils créent l'homme à leur service, ils se civilisent : **tout se passe donc comme si l'acte de création des hommes n'était autre que l'acte de naissance des dieux !** Un ultime récit, un grand mythe de création akkadien, s'énonce comme suit : après la séparation de Ciel et Terre, les dieux nés des rapports entre les couples primordiaux sont affectés à la production agricole ; las de cette situation, ils se révoltent contre leur condition laborieuse et obtiennent satisfaction ; pour fabriquer des substituts aux dieux ouvriers, Enki/Éa est chargé de créer l'homme.

d) Le mythe du déluge

Enlil est un fauteur de troubles, et c'est sans doute de ce trait de caractère qu'il tire sa faculté à créer des intempéries dévastatrices. Le thème du déluge qui lui est associé n'est pas un motif narratif sumérien ancien ; ce n'est qu'à l'extrême fin du XXe ou au tout début du XIXe siècle que les théologiens d'Isin conviennent de situer dans le temps du mythe, c'est-à-dire aux origines, le phénomène météorologique appelé *amaru*, « déluge », tout en le créditant d'une portée universelle ; environ un siècle plus tard, les historiens introduisent le déluge dans la trame de l'histoire et en font un événement à caractère répétitif. Le mythe qui ne fait, en ultime analyse, qu'exposer une seconde création, après la destruction de l'humanité par la volonté d'Enlil, est un mythe akkadien. Sous sa forme achevée, il semble élaboré à partir de plusieurs traditions distinctes. L'une dit la colère d'un dieu à l'égard de sa ville, signifiant ainsi son abandon et la désignant pour être détruite. Une seconde tradition concerne les rois antédiluviens dont diverses listes énumèrent les noms, ceux des villes où ils ont régné ainsi que la durée fort longue de leurs règnes respectifs. Une ultime tradition est centrée sur le thème du sommeil contrarié des dieux et du vacarme de

L'HOMME MÉSOPOTAMIEN

l'humanité. Le terme akkadien *hubûru*, « bruit, rumeur, vacarme », qui figure dans tous les textes où il est question du repos des dieux et de leur inactivité, dit de façon métaphorique l'activité créatrice d'une humanité industrieuse, l'indépendance d'une humanité héritière de l'esprit frondeur des dieux et non encore soumise aux ordres divins. Selon le mythe akkadien d'Atrahasis, c'est Enlil qui, gêné par ce « vacarme » de l'humanité laborieuse, après avoir lancé contre elle une maladie et une sécheresse, invente le déluge pour la réduire au silence en la détruisant et pour retrouver le repos. Beaucoup plus tard, dans *Le Mythe d'Erra*, un glissement sémantique s'est produit, faisant apparaître l'idée d'une humanité bruyante parce que nombreuse et, de ce fait, dangereuse pour les dieux sur lesquels elle pourrait l'emporter. Plus tard également, dans la version assyrienne de *L'épopée de Gilgamesh*, le mythe s'enrichit d'une imagerie redondante, et l'idée que l'on se fait du cataclysme prend une certaine consistance avec le thème de la jonction des eaux du ciel et de la terre.

LE RÔLE DE L'HOMME : LE ROI, LE PRÊTRE, L'AGENT SPÉCIALISÉ

S'il s'est trouvé une poignée de dieux pour créer le cosmos, encore faut-il le faire durer. Telle est la tâche qui incombe à l'humanité et dont elle s'acquitte, principalement, par ses actes de dévotion, les dieux mésopotamiens jouant le rôle de médiateurs et étant de nature à se laisser traiter par des manipulations diverses. Mais ces actes, pour être efficaces, nécessitent un personnel stable au premier rang duquel figure le roi.

Il existe entre le pouvoir et le sacré un lien indissoluble : le sacré fait partie de la structure même du pouvoir. Chef de la communauté humaine, parent ou ami des dieux, élevé par eux, transi de la parole divine, le roi est l'intermédiaire indispensable entre les hommes et les dieux. Il se consacre à l'accomplissement d'un certain nombre de rituels qui lui sont réservés : il prend l'initiative de fonder les temples, conduit la guerre et participe peut-être à l'hiérogamie, encore qu'on ne dispose à ce sujet d'aucune certitude.

Il est une idée admise selon laquelle les civilisations dites historiques auraient élaboré le type du roi-prêtre, et tel serait le cas de la Mésopotamie.

L'HOMME MÉSOPOTAMIEN

211

La thèse de la cité-temple et de son roi-prêtre, inventée entre les deux guerres mondiales, peut se résumer comme suit : les temples sont au cœur de la cité ; uniques propriétaires du sol aux origines, ils en restent, en toutes circonstances, les propriétaires de la plus grande partie ; leur situation est d'autant plus centrale qu'ils disposent de la totalité de la main-d'œuvre ; l'administration de leurs biens est confiée à un intendant ou à un inspecteur, mais la responsabilité de la direction incombe à un prêtre, *sanga* ; le roi est, pour sa part, le prêtre et l'administrateur du temple du dieu poliade, mais sa position subit, au cours de l'histoire, un certain nombre de mutations ; à un moment donné, un prêtre spécial, chargé des fonctions cultuelles, fait son apparition, précisément, à la tête du temple de ce même dieu poliade ; parallèlement, l'apparition du palais dans la texture urbaine semble signaler la volonté du souverain de s'affranchir du temple. L'histoire de la cité-temple serait donc celle de la progressive séparation entre autorité religieuse et autorité politique.

D'abord accepté par l'immense majorité des spécialistes, et malgré les réserves exprimées très rapidement, le modèle peut être considéré aujourd'hui comme ayant vécu, aucune source ne venant l'étayer. **Il est possible, par contre, qu'une tentation théocratique soit le fait, tardivement, d'une réaction locale face aux efforts que certains souverains déploient lorsqu'ils cherchent à constituer de vastes États fortement centralisés.**

Bref, si **le caractère religieux de la royauté ne laisse pas de doute,** on ne voit pas, cependant, que le monarque exerce, dans la première moitié du IIIᵉ millénaire, es qualités, une quelconque fonction de prêtre. Le geste de Mésalim, le vieux roi de Kish, qui consiste à accomplir, dans le temple d'Inanna à Adab, une cérémonie au cours de laquelle des vases remplis de nourriture et de boisson sont offerts à la divinité, ne vient nullement contredire la portée de cette conclusion, la cérémonie manifestant banalement la dévotion toute naturelle d'un souverain envers une divinité.

Quoi qu'il en soit, il serait imprudent de vouloir dissocier tout à fait le politique et le religieux dans une société où la figure royale se manifeste avec une telle force. Mais le rapport du roi et du prêtre est à revoir en fonction d'une autre approche. On observe que l'un et l'autre sont issus de la même élite sociale dont l'unité et la cohésion sont entretenues par des échanges constants de dons ou de cadeaux. Plusieurs cas de figure peuvent se présenter, toutefois, au cours de l'histoire ; à Babylone, le roi et le grand-prêtre du dieu Marduk sont deux personnages parfaitement dissociés ; en Assyrie, par contre, le roi exerce la fonction de grand-prêtre du dieu national (cf. également, sur la divinisation de certains monarques, De Sumer à Babylone, ch. III).

Aux côtés du roi, on est accoutumé à désigner les autres spécialistes du divin sous l'appellation collective de « clergé ». Si le terme a le mérite de la commodité, il ne reflète qu'imparfaitement la réalité du temps : **généralement attachés à des sanctuaires particuliers, les spécialistes du divin ne sont pas reliés entre eux par des structures hiérarchiques précises ; ils forment davantage un corps relativement hétérogène, même s'ils exercent la même fonction sociale.** Parmi eux, on peut distinguer entre les agents du culte, les détenteurs des fonctions administratives et la domesticité. On préférera donc, pour les désigner, le terme, plus vague, de prêtrise.

Ces spécialistes exercent leurs compétences à l'intérieur des temples, demeures des dieux qui y résident sous les apparences de leurs statues de culte, en même temps que grands complexes économiques, administrant d'amples domaines fonciers et se livrant à toutes sortes d'activités artisanales.

Parmi les fonctions cultuelles et administratives, on distingue celles dont l'exercice est solitaire, et qui sont détenues par un seul titulaire, de celles dont l'exercice est collégial ou de celles qui sont confiées à des équipes placées sous l'autorité d'un de leurs membres. Les sources n'autorisent guère à établir une hiérarchie rigoureuse entre les unes et les autres. Du reste, d'une ville à l'autre, voire d'un temple à l'autre, les titres varient, entraînant autant de mutations dans l'ordre hiérarchique. Une approximation grossière permet tout au plus de situer les titulaires de fonctions solitaires dans les échelons supérieurs de la hiérarchie. Ainsi le titre *en* désigne-t-il le dépositaire de la plus haute fonction cultuelle, un grand-prêtre lorsqu'il s'agit du service d'une déesse, une grande prêtresse dans le cas d'un dieu ; quant au *sanga* ou au *shabra*, ils sont les plus hauts responsables administratifs. La pratique largement répandue des cumuls ajoute encore à la complexité de la situation. À Nippur, par exemple, au XXIe siècle, un *nu'esh* ou *erib bîti*, « un entrant dans le temple », soit un prêtre de second rang, du temple d'Enlil exerce la fonction de *shabra* du temple d'Inanna ; de prime abord, le fait est surprenant, mais ce hiatus s'explique dès lors que l'on se souvient qu'à Nippur Enlil a la préséance sur Inanna.

On ignore le plus souvent les tâches et les attributions de chacun ; il en est ainsi de la *nindingir* ou du *sheshgal*. Lorsqu'on les connaît, on est frappé par leur extrême spécialisation. L'*ishib* ou *ishippu* est un prêtre qui accomplit des cérémonies d'incantation et de conjuration, exorcismes, purifications et libations ; le *gudu* procède aux onctions et est également chargé de fonctions administratives ; un *sanga* a pour rôle d'ouvrir, chaque jour, la bouche de la statue divine ; l'*enkum* accomplit ses activités en utilisant de l'eau ; l'*abrig*, chargé de la fermeture quotidienne des portes et des offrandes aux verrous, use d'huile ; le *zabardab* veille sur la nourriture du dieu et la vaisselle dans laquelle elle est servie, notamment le gobelet de bronze dans lequel il boit ; l'*agrigezen* est l'ordonnateur des fêtes ; le *lu'aguba* est « l'homme de l'eau bénite » ; d'autres veillent sur les instruments et ustensiles de cuivre, sur la trompette sacrée ou sur la statue.

Les activités de certaines catégories de personnel sont étroitement associées à la sphère de l'écriture et exigent aussi un certain nombre de connaissances approfondies.

Viennent ensuite les chantres, *gala* en sumérien, *kalû* en akkadien, et quelques auxiliaires de moindre importance. Au rang des personnels domestiques et subalternes, on compte les balayeurs, les brasseurs, les cuisiniers et les portiers, un nombre important, enfin, de manutentionnaires.

Les devins, *ensi*, *enmeli* ou autres *barû*, ne figurent pas au nombre des personnels des temples (pour la divination, cf. Des savoirs spécialisés, ch. VII).

Cette description serait incomplète s'il n'y figurait, pour finir, le peuple des acteurs, danseurs, charmeurs de serpents ou hiérodules, qui participent à certaines fêtes et rituels ; le *kurgara* (cf. Rites de passage et étapes de la vie, ch. V ; Qu'est-ce qu'un dieu, ch. VII) mérite une attention toute particulière : transvesti, peut-être homosexuel, au comportement efféminé, mais participant aux batailles et accomplissant parfois de durs travaux, possédant des talents de guérisseur, il officie dans certaines cérémonies, en dirigeant des danses ; son pouvoir et ses compétences sont requis en maintes circonstances ; il évoque les figures du berdache.

S'agissant du statut des personnes, le fait marquant et qui retient l'attention tient dans l'hérédité des charges. Certaines charges sont détenues en priorité par des membres des familles royales régnantes. À y regarder de plus près, on peut distinguer entre deux catégories de fonctions, les unes qui se transmettent intactes de père en fils et qu'on exerce sa vie durant, les autres, également transmissibles, qui sont prébendées, divisibles dans le temps et négociables, voire susceptibles d'êtres aliénées. Les tâches attachées à ces prébendes sont de durée variable, allant d'une demi-journée à quelques mois par an.

Il n'est d'autre exigence requise à l'accession à une charge sacerdotale que l'intégrité corporelle et la pureté cultuelle ; la première est une qualité inhérente à la personne, la seconde s'obtient au moyen d'un acte rituel. Comment concilier ces deux points de vue difficilement conciliables et qui sont la nécessité de présenter des caractères physiques et moraux spécifiques et l'acceptation du principe de l'hérédité des fonctions ? **Il faut admettre que les conceptions de transmission de l'hérédité sont intégrées à un ensemble dont font partie les représentations de la personne mais aussi les croyances religieuses, les normes d'alliance et de filiation.**

À Sumer, pour désigner certains hauts dignitaires religieux, on a recours, sous l'autorité du roi, à un procédé divinatoire. **La divination joue** alors **le rôle d'instance de légitimation.** Cette manière de désignation revêt une telle importance qu'elle est commémorée par le mode de datation propre à l'époque et qui consiste à donner à chaque année le nom d'un événement marquant qui s'y produit. L'exercice alternatif de certaines charges (ce qu'évoque le mot *bala* ; cf. Le *bala* d'Ur, ch. III ; Le temps, ch. V), le recours à la divination comme instance de légitimation pour désigner les titulaires de certaines fonctions religieuses ont pour effet de maintenir l'équilibre des groupes constitutifs de l'élite sociale et entre lesquels il faut admettre, tout à la fois, une forme de coalescence et une rivalité, source de convoitises, d'intrigues et d'émulation plutôt que de rapports polémologiques.

Comme toutes **les divinités immanentes, en d'autres termes qui font partie intégrante du monde qu'elles ont créé pour leur propre satisfaction et leur propre bien-être, les divinités mésopotamiennes ont, en tout premier lieu, des besoins spécifiques à satisfaire, demandant à être logées dans des palais somptueux, abreuvées et nourries** (on sert jusqu'à quatre repas par jour, autant de menus variés accompagnés de boissons, servis dans des coupes et une vaisselle précieuses), **à être baignées, parfumées et habillées** (on procède tous les jours à la toilette des dieux, les revêtant à chaque fois d'habits précieux, les chargeant de joyaux), **enfin promenées et distraites.** Heurs et malheurs de ces divinités qui ont pour elles, contrairement aux humains, l'immortalité, mais qui connaissent les affres de la faim ! Le temple (cf. L'architecture, ch. VIII) est le théâtre de ce cérémonial quotidien

L'HOMME MÉSOPOTAMIEN

dont les rituels fixent l'ordonnancement dans le détail mais dont le déroulement est mal connu. Ce culte officiel est inspiré du modèle royal : il ne s'agit, avec lui, de rien d'autre que du service que les hommes, en tant que sujets, rendent à des souverains.

Le culte sacramentel, enfin, est celui que les sujets rendent aux dieux dans l'espoir d'obtenir d'eux un avantage ; il a pour fin propre d'obtenir que les dieux écartent le mal venu frapper ou menacer ses victimes : maladies, épreuves, catastrophes, ennuis de toutes sortes.

LES FÊTES

Outre ce culte quotidien, **il existe une liturgie mensuelle et annuelle.** Le vocabulaire distingue entre plusieurs types de célébration, principalement *ezen*, *eshesh* et *siskur*, en sumérien, *isinnu* en akkadien ; ces termes désignent des fêtes différentes et que l'on ne peut confondre, même si l'on ne sait pas très bien ce qui les distingue les unes des autres ; on décèle, parfois, des différences entre le régime des offrandes d'une fête *eshesh* et celui d'une fête *siskur*, mais aucune règle générale ne peut être inférée de ce constat.

On peut dissocier la célébration de **fêtes fixes**, qui reviennent chaque mois ou chaque année, de celle de **fêtes variables**. S'agissant des fêtes fixes, le calendrier en est déterminé, premièrement, par le mouvement de la lune. Chaque mois, les 1er, 7e et 15e jours sont célébrés ; à l'époque de l'empire d'Ur, le culte du roi vivant et celui des rois défunts sont associés à ces fêtes lunaires. Mais il est d'autres fêtes fixes qui ne sont pas déterminées par le calendrier lunaire : ainsi, pour ne citer qu'un seul exemple, le bain rituel de la déesse Nintinuga à Nippur, les 3e et 4e jours du mois.

Quant aux fêtes variables, par définition, elles sont diverses : celles organisées pour célébrer l'installation d'un prêtre ou d'une prêtresse *en*, celles commémorant une victoire royale, ou celles célébrant la fondation d'un temple (dans ce cas, elles ont lieu à certains jours spécifiques du mois ou de l'année).

À certaines occasions, le dieu peut aussi se déplacer, il est alors transporté en procession ; quelquefois, c'est à un vrai pèlerinage en char ou en bateau auquel il est procédé, le dieu se rendant d'une ville à une autre en visite de courtoisie ou de parenté.

Si le calendrier cultuel est commandé, premièrement, par le cycle lunaire, le cycle des saisons joue également un rôle non négligeable ;

le rôle des cultes et des rites agraires est souligné par la place éminente des divinités présidant à la fécondité et des récits dévolus à la figure de Dumuzi/Tammuz.

Une ultime période, celle qui sépare les équinoxes, commande le calendrier cultuel. Elle est marquée par la célébration, deux fois l'an, de **la fête** *akiti* **en sumérien,** *akîtu* **en akkadien,** laquelle trouverait son origine à Ur dans une fête lunaire destinée à célébrer l'événement ; la même fête évoquerait aussi la prise de possession de sa ville par le dieu poliade Nanna. Elle serait adoptée ailleurs, d'autres dieux poliades venant remplacer le dieu d'Ur, mais la relation avec les équinoxes ayant été oubliée, elle cesse d'être bisannuelle et **finit par marquer le début de l'année,** aux environs de l'équinoxe de printemps.

Sa célébration est surtout connue à Babylone, au Ier millénaire, où elle revêt une importance tout à fait exceptionnelle. La fête y dure onze jours pendant lesquels des rites multiples et variés sont accomplis, des prières récitées. Trois moments forts se déroulent le quatrième jour. Dans la journée, le roi se rend au temple d'une hypostase du dieu Nabu où le sceptre lui est remis, probable rappel d'une antique cérémonie d'investiture. Au soir du même jour, le prêtre *sheshgallu* récite *La Glorification de Marduk.* Plus tard, le roi entre dans l'Ésagil, le temple de Marduk. Là, le même *sheshgallu* le dépossède des attributs de sa fonction, le gifle, puis, le tirant par les oreilles, l'introduit devant le dieu en le faisant s'agenouiller. Le roi, alors, s'adresse au dieu en ces termes : « Je n'ai pas commis de faute, ô roi de tous les pays, je n'ai pas été négligent à l'égard de ta divinité. Je n'ai pas détruit Babylone, je n'ai pas ordonné sa dispersion. Je n'ai pas profané l'Ésagil, je n'ai pas oublié les rites. […] Je veille sur Babylone, je n'ai pas abattu ses murailles. » Ensuite, après avoir répondu au monarque et l'ayant à nouveau revêtu de ses insignes, le *sheshgallu* lui assène une seconde gifle ; on infère de la réaction du roi à cette seconde gifle un présage favorable ou défavorable pour le pays : « Si ses larmes coulent, Marduk est en de bonnes dispositions ; si ses larmes ne coulent pas, c'est que Marduk est en colère ; l'ennemi surgira et provoquera la ruine. »

L'HOMME MÉSOPOTAMIEN

VII

LES LETTRES ET LES SAVOIRS

L'analogie joue le rôle d'un grand bâtisseur de savoir. Les relations qu'elle contribue à établir reposent sur l'aptitude des Mésopotamiens à saisir la pertinence sémiologique de certaines similarités. Ces spéculations débutent avec la création du monde elle-même. Pour certains théologiens, deux êtres primordiaux existent, intimement accouplés l'un à l'autre (cf. Les cosmologies, ch. VI). Ils sont face à face et pourtant, par la force de leur étreinte, ils ne semblent former qu'un être unique, ne serait le genre qui les sépare. Avec eux, le monde s'enroule sur lui-même, la Terre répétant le Ciel. Toutes les figures de la similitude que cultive la Mésopotamie pendant trois longs millénaires ont pour lieu de naissance cette pliure première où l'un se reflète dans son double tout en s'opposant à lui. Car l'analogie est fondée, précisément, sur cette différence, cet écart parfois infime qui peut séparer le réel de sa représentation en même temps qu'il préserve, dans l'un et l'autre registre, la spécificité de chacun.

L'INVENTION DE L'ÉCRITURE

L'écriture inventée par les Sumériens, en Mésopotamie, est l'un des systèmes graphiques les plus importants qu'ait produit l'humanité. Entre le XXXIVe siècle avant notre ère et les premiers siècles de la nôtre, de la Méditerranée au plateau Iranien, de la mer Noire à la Péninsule arabique, elle est le support d'une dizaine de langues différentes, les unes qui ne se rattachent à aucun groupe linguistique connu et qui n'ont, de surcroît, aucun lien entre elles, les autres sémitiques ou indo-européennes.

S'agissant de son origine, les opinions des spécialistes se partageaient, naguère, entre deux thèses, l'une pictographique, l'autre comptable. Pour les uns, l'écriture en ses débuts n'entretenait pas de rapport avec la langue et n'était supposée disposer que de deux moyens pour sa réalisation, en accord avec la sémiologie aristotélicienne, l'imitation et la convention. Pour d'autres, la genèse de l'écriture résidait dans des techniques comptables. Les défenseurs de l'une ou de l'autre thèse avaient en commun de n'avoir jamais étudié de près, parce qu'elles étaient à peu près inaccessibles, les sources sumériennes contemporaines de l'invention. Or, tel n'est plus le cas, et leur étude permet désormais d'aborder la question de l'invention en postulant que les signes archaïques ne sont rivés à aucune autochtonie hermétique qui les rendent impénétrables à notre entendement et qu'ils sont les témoins les plus anciens de l'écriture cunéiforme. C'est donc à une description des signes et des procédures érudites et savantes qui ont présidé à leur création que l'on peut se livrer.

Le projet de l'invention vise, à terme, à traduire en signes visibles tous les mots de la langue.

L'invention exige tout d'abord de créer ou de rendre disponible une gamme d'objets matériels et d'outils : l'écriture ne saurait, en effet, venir à l'existence sans un emplacement physique préparé pour l'accueillir, **la tablette d'argile**, et sans un ustensile pour la noter, **le calame en roseau**. C'est cette rencontre entre une surface d'argile et un calame biseauté qui est à la source de l'aspect « cunéiforme » des signes. **Elle requiert également la présence d'un spécialiste, le scribe.** Mais c'est **le système de signes lui-même** qui **constitue le noyau irréductible du concept d'écriture.** Trois approches, simultanément, président à sa fabrication.

Les Sumériens commencent par inventer une sémiologie. Ils dessinent des signes dont un petit nombre représente des objets concrets, l'immense majorité n'entretenant avec le réel aucun rapport précis. Mais ils ne se contentent pas de fabriquer de tels signes que l'on peut appeler « primitifs », ils les manipulent et, jouant de leur position, de leur reproduction au miroir, de l'addition de surcharges, de leurs combinaisons, enfin, ils obtiennent des signes « dérivés ».

Ce travail formel ne peut être dissocié, toutefois, de l'aspect sémantique, car ce n'est pas la substance des signes qui importe mais leur valeur. **Les Sumériens inventent** donc **une herméneutique.** Ils ont recours au pictogramme-signe qui désigne directement des référents immédiatement identifiables, et au déictogramme qui donne une forme visuelle à tout ce qui n'est pas distinctement figurable, mais ils font surtout appel au

Scribe écrivant sur une tablette au moyen d'un calame.

syllogigramme où le sens n'est plus suggéré par un signe simple, mais articulé en plusieurs sous-graphies, et au morphophono-nogramme, cette composition de deux sous-graphies dont l'une a une fonction plus ou moins figurative et l'autre une valeur phonétique conçue pour indiquer la prononciation de l'ensemble, l'association finissant par se faire entre un signe qui n'est qu'une matrice ne définissant aucun champ lexical précis et un signe phonétique.

Ni l'arbitraire ni la ressemblance ne sont les liens qui unissent, premièrement, le signe graphique à son référent, ce lien est fondé sur une relation analogique. **Les Sumériens inventent**, donc, **une science de l'analogie** aux termes de laquelle **le sens des signes repose sur les motivations qui assurent les validités des similitudes mises en relief**. En d'autres termes, l'interrogation des inventeurs porte, dans sa généralité, sur les raisons qui font qu'elle désigne ce qu'elle signifie. Ces raisons, qui leur sont propres, deviennent tout à fait obvies lorsqu'elles sont explicitées au moyen

L'HOMME MÉSOPOTAMIEN

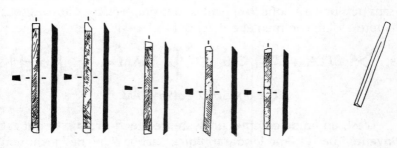

Exemples de calames.

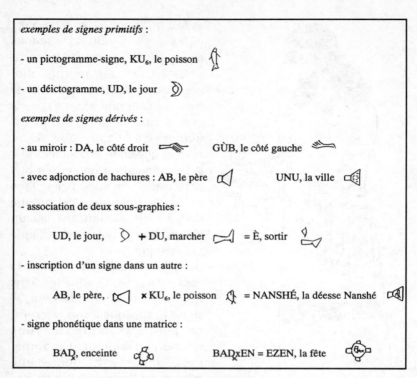

Exemples de signes primitifs et dérivés.

d'un véritable commentaire. Considérons le signe SHITA+GISH+NAM ; le signe GISH est un déterminatif sémantique accompagnant tout terme désignant du bois ou un objet en bois ; GISH+SHITA, à lire *tishdan*, désigne une masse d'armes ; NAM, à lire UMUSH, signale un membre d'une assemblée ; le signe, à lire peut-être *umush-tishdan*, signale le membre de l'assemblée porteur d'une masse d'armes : le sens du signe est donc livré par les sous-graphies constitutives sous la forme d'un commentaire descriptif.

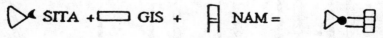

Le signe SHITA+GISH+NÁM.

C'est, en fin de compte, **un système d'écriture mixte qui est inventé** : un **système logographique**, chaque signe désignant non seulement un mot de la langue mais étant doté de plusieurs valeurs

L'HOMME MÉSOPOTAMIEN

sémantiques : il sert, en effet, à noter plusieurs mots de la langue, d'un mot il est polysémique ; un **système phonétique**, d'autre part, le recours au **syllabisme** autorisant la fabrication de signes toujours plus nombreux. Ajoutons que l'un des modes d'écriture phonétique les plus usités consiste à noter un mot en se servant du signe d'un terme homophone : c'est le procédé du rébus. L'invention du caractère phonétique de

Graphie d'un mot akkadien mashkânum, *l'« aire de battage ».*

l'écriture permet d'écrire les mots des langues étrangères.

On voit que l'élaboration de l'écriture n'est donc pas le fruit d'une imagination solitaire ou du hasard, mais qu'elle résulte, au contraire, d'un effort délibéré de construire un système cohérent. **L'invention suppose une activité conceptuelle intense et qui est la condition même de son existence.**

Peut-on connaître les raisons qui conduisent les Sumériens à inventer l'écriture ? Sa conception même montre qu'elle consiste dans un gain de connaissance, l'élaboration des signes nécessitant tout un travail préalable afin de les motiver ; on aboutit avec elle à une meilleure connaissance du réel, de la nature et de la culture. L'écriture transforme donc le rapport de l'homme au monde. Dès les débuts de l'écriture naissent, par exemple, des listes thématiques, une activité qui manifeste la volonté, tout à la fois, de classer les signes et de classer le réel en tous ses éléments. Un exemple suffira à le montrer ; les mots *mash*, « moitié », et *mash*, « caprin », étant homophones, il est postulé que le même signe MASH, soit deux segments de lignes droites croisés, servira à traduire l'un et l'autre. Il est décidé, en outre, que l'inscription du signe MASH dans la matrice LAGAB forme un signe nouveau, UDU, qui désigne le mouton, également *udu*. La récurrence des mêmes procédures de dérivation, à partir de MASH et de LAGAB, permet de créer un groupe de signes conceptuellement homogène et traduisant une réalité également identifiée comme telle, celle de l'espèce des ovi-capridés.

Classer le monde étant un moyen d'avoir prise sur lui, **on s'interroge pour savoir si la divination n'a pas joué un rôle moteur lors de l'invention de l'écriture :** les Sumériens auraient-ils, en dernière analyse, tenté de traduire en des signes lisibles les marques déposées dans le monde par les dieux et hermétiques aux humains. L'hypothèse mérite d'être formulée.

Bien entendu, comme tout outil ou toute technique, l'écriture évolue et la forme des signes change avec le temps qui passe.

L'HOMME MÉSOPOTAMIEN

+	MAS	caprin en général, jeune caprin
+₩	MAS.*gunû*	caprin mâle
+◇	MAS+SIR ('testicule')	bouc
⊕ ⊕	LAGABxMAS = udu	mouton
⊟	LAGAB.*gunû*+appendice	caprin femelle
⊕₩	LAGABxMAS.*gunû*	?
⊟◇	UDU+SIR	bélier
⊕	UDU+SIR.*gunû*- = utua	bélier reproducteur
⊕	UDU.*gunû* = u₈	brebis pleine
⊕	UDU+appendice signalant la queue grasse = gukkal	mouton à queue grasse
⊕	GUKKAL+SIR.*gunû*	bélier reproducteur à queue grasse
⊠	UDU+appendice = ud₅	chèvre domestique
□	LAGABxLAGAB = sila₄	agneau
⊘	SILA₄+SIR	agneau mâle
⊖ ▷	SILA₄+SAL = kir₁₁	agnelle

Les ovi-capridés.

*Écriture cunéiforme alphabétique
d'Ugarit (IIᵉ millénaire).*

Exemples d'écritures des IIIe et Ier millénaires.

L'HOMME MÉSOPOTAMIEN

ÉCRITURE OU LANGUE ORALE : LES DEUX SOURCES DU POUVOIR

Les Sumériens composent dès le IIIe millénaire un récit narrant leur vision de l'invention de l'écriture. Au cours d'un duel qui l'oppose à son rival, le seigneur de la ville d'Aratta, un duel qui se situe sur le plan de l'intelligence et de l'astuce, le roi légendaire d'Uruk Enmerkar invente, sans l'aide d'aucune divinité, l'écriture et son support, la tablette d'argile. Le jeu consistant à obtenir par tous les moyens la soumission de l'adversaire, il se contente de noter à la surface de l'argile un signe unique, polysémique, et qui peut donc se lire, simultanément, de plusieurs manières. En fait, il note une phrase, « le clou est enfoncé », laquelle réfère à une pratique juridico-magique bien connue en Mésopotamie antique, qui évoque un transfert de propriété et rappelle que, lors de la conclusion de la transaction, la coutume veut que l'on enfonce un clou en argile dans un support. Le geste est lourd de signification ; non content de marquer la fin de la transaction, il signale l'impossibilité d'aucun recours.

Un clou enfoncé dans un mur.

225

Certains actes précisent, en effet, que le même clou qui fut planté dans un support le sera dans la bouche ou le nez de toute personne qui viendrait à contester la légitimité de l'acte. Il s'agit là d'une mutilation faciale particulièrement humiliante. Dans le cas d'Enmerkar et du seigneur d'Aratta, ce dernier tenant dans ses mains la tablette sur laquelle est notée l'expression « le clou est enfoncé », tout se passe comme si le clou, marqueur de territoire, était planté au cœur de son royaume, comme si la transaction signalant le transfert de bien était conclue et qu'il n'existait plus aucune possibilité pour s'y soustraire ou l'annuler. Le seigneur d'Aratta est donc vaincu et ne dispose d'aucun recours.

Il ressort de ce récit que **l'écriture est une invention humaine dotée d'une grande efficacité**. Or, on sait que les Mésopotamiens croient en la vertu créatrice des mots (cf. Les cosmologies, ch. VI). Ils considèrent aussi que les mots de la langue parlée sont des dons des dieux, lesquels peuvent les manipuler et les changer à loisir. Partant, les mots de la langue étant enfermés dans les signes qui les visualisent, les hommes ont acquis la possibilité également de les manipuler à leur tour. Mieux encore, le fait de créer les signes écrits disant les mots les autorise, au-delà des mots eux-mêmes, à manipuler les choses : l'écriture ayant le pouvoir de défaire l'ordre des mots, elle a aussi celui de défaire l'ordre des choses. Bref, **l'écriture se pose, d'emblée, comme une transgression puisqu'il est désormais deux modèles de pouvoir en Mésopotamie**, celui qui relève du divin et qui est fondé sur la parole, celui qui est propre à l'humain et qui est fondé sur l'écriture. Plus précisément, car les Mésopotamiens vivent dans le respect des forces invisibles, sans aller jusqu'à les commander ; l'homme a conquis, d'une certaine façon, un moyen d'agir, à terme, sur l'action des dieux.

LA SAGESSE

Les Sumériens inventent donc une écriture qui ne s'arrête pas à la simple transcription d'énoncés oraux, comme si elle commençait et finissait, banalement, avec la notation des signes. En réalité, les pratiques de l'écrit se sentent libérées, très tôt, de l'énoncé oral, **un nouveau langage fait son apparition qui accroît les possibilités de manipulation du sens**, qui se pose comme un médiateur entre le savoir et son dépositaire, entre ce dernier et celui qu'il instruit. Une institution nouvelle apparaît, **l'école**, qui ouvre à une aptitude inédite de stockage et d'accumulation du savoir, laquelle offre à l'homme mésopotamien la possibilité d'ordonner le monde selon des critères originaux, d'ordre graphique et linguistique.

Partant, **les Mésopotamiens réfléchissent et spéculent sur la nature de l'univers, son origine, son organisation et la place de l'homme en son sein** (cf. Les cosmologies, ch. VI). Polythéistes, leur mode d'expression favori est le mythe et ils ne sont guère portés à formuler les résultats de leurs cogitations en termes philosophiques explicites. Le **mythe** est une histoire dont les dieux sont les acteurs principaux, et qui se rapporte habituellement à une création ; c'est un instrument intellectuel qui exprime sous une forme à la fois symbolique et concrète le système conceptuel permettant de penser le politique, le social, la nature et le cosmos, qui valide les institutions, les pratiques ou les usages par son pouvoir de dénomination et de mise en ordre. Nonobstant, le mythe tient lieu de système explicatif et c'est, précisément, dans sa logique même, dans l'utilisation et l'organisation des représentations divines qu'il met en scène, que se révèlent l'esprit et la **pensée philosophique**.

L'akkadien *nêmequ* note l'idée de sagesse. Comme il transparaît des multiples activités du dieu Enki/Éa, le « seigneur de *nêmequ* », et des ressources inépuisables de son intelligence, **le mot *nêmequ* réfère à l'acuité de l'esprit qui permet de saisir un problème dans son essence et dans la totalité de ses implications** et de lui apporter en toutes circonstances la solution appropriée.

La sagesse est fille de la révélation et mène à la vérité. Le rapport unique que le sage entretient avec la divinité se manifeste par cette révélation dont il est gratifié et qui revêt à l'ordinaire la forme d'un songe. À l'idée de révélation est associée l'image d'un chemin de recherche, tel le voyage de Gilgamesh qui conduit le héros « par le très long chemin par où sort le soleil », mais qui peut prendre aussi l'apparence d'un **voyage mystique** au cours d'un rêve, comme la **catabase** au cours de laquelle un prince assyrien fait un bref séjour en enfer.

La sagesse révélée ne peut être assimilée à la connaissance philosophique. Il est cependant des témoignages qui attestent d'une autre orientation de la pensée. Un document du Iᵉʳ millénaire dresse le portrait flatteur d'un roi qui « a scruté les plans de la cohésion de la terre » ; l'expression est unique, elle met l'accent sur la perception, par un homme, des idées directrices qui président à l'ordre cosmique et l'on veut y voir une allusion explicite à un **esprit philosophique**. Les Mésopotamiens prisent d'autre part les débats académiques au cours desquels s'affrontent deux personnes ou deux

LES LETTRES ET LES SAVOIRS

réalités antithétiques personnifiées afin de démontrer, chacune, sa supériorité. Or, la philosophie naît de la pensée dialectique qui s'exprime le plus volontiers au moyen du dialogue. L'un de ces débats, *La Théodicée babylonienne*, dont l'auteur, Saggil-kinam-ubbib, vit à la fin du IIe millénaire, par sa forme (chaque interlocuteur reprend les arguments de l'autre pour les corriger ou les contredire) et par son contenu (échapper au particulier pour s'élever au général) confine à l'optique et à la rigueur propres à la pensée philosophique.

a) Des maîtres, des auteurs

Le dépositaire du savoir, en Mésopotamie, est **un « sage », le détenteur d'une « sagesse »**, cette façon de **connaissance révélée des choses** qui ouvre la voie à la vérité. En sumérien, ce personnage est appelé *abgal* ou *ummea*, deux termes que l'akkadien emprunte sous la forme *apkallu* et *ummiânu* ; ils signalent tout détenteur d'un savoir spécialisé, scribe, arpenteur, artiste ou artisan.

À toutes époques, les sages sont des figures essentielles de la société mésopotamienne ; familiers des rois, ils les éclairent de leurs conseils. La plupart sont personnages de légende ; plusieurs récits se rapportent aux sept sages antédiluviens, principalement au premier d'entre eux, Uana, l'Oannès de Bérose, un ambigu de poisson et d'humain célébré pour avoir enseigné la culture à l'humanité. Mais il en est parmi eux qui sont des figures historiques, tel Aba-Enlil-dari, plus connu sous son nom araméen d'Ahiqar.

Ordinairement, **les œuvres mésopotamiennes sont anonymes ;** on connaît au mieux les noms de certains copistes et quelques notables exceptions, comme Saggil-kinam-ubbib, l'auteur de *La Théodicée babylonienne*, Kabti-ili-Marduk, celui, supposé, du mythe d'Erra, ou, peut-être, Shamash-muballit, fils de Warad-Sin, possiblement l'auteur d'un hymne à la déesse Inanna, ne compensent pas cette lacune. Sans doute possède-t-on une liste antique d'auteurs, mais le document est difficilement acceptable comme tel qui cite pêle-mêle des noms de divinités, de créatures de légende et de personnages historiques : le dieu Enki/Éa, le sage Uana-Adapa, *alias* Oannès, le roi légendaire d'Uruk Enmerkar. Parmi ces noms figurent ceux de Sin-léqé-unninni, le soi-disant auteur de *L'Épopée de Gilgamesh* qui aurait vécu au temps de Gilgamesh lui-même, Lu-Nanna, l'auteur tout aussi présumé de la légende d'Étana et qui aurait vécu à Ur, au temps du roi Shulgi. Semblablement, d'autres noms sont associés

228

L'HOMME MÉSOPOTAMIEN

à certains règnes : Saggil-kinam-ubbib aurait vécu au XIe siècle sous celui d'Adad-apla-iddina de Babylone, Aba-Enlil-dari aurait vécu sous celui d'Asarhaddon d'Assyrie au VIIe siècle.

Parmi tous ces noms, seul celui de Saggil-kinam-ubbib est assuré d'être celui d'un auteur : il compose son ouvrage sous la forme d'un poème acrostiche de vingt-six strophes, les vers de chacune des strophes commençant par la même syllabe mais variant d'une strophe à l'autre ; elles concourent à noter la phrase : « Je suis Saggil-kinam-ubbib, l'exorciste, celui qui rend grâce aux dieux et au roi. »

Beaucoup plus tôt puisqu'au XXIIIe siècle, un autre auteur nous est peut-être connu par certains de ses écrits ; il s'agit d'une femme, Enhéduana, un personnage historique, princesse royale, fille du roi Sargon d'Akkadé, et grande prêtresse du dieu poliade d'Ur, le dieu Nanna. On lui prête deux hymnes à la déesse Inanna au sein desquels elle parle d'elle-même à la première personne. Mais on lui prête aussi d'autres œuvres comme une collection d'hymnes à des temples même si, dans le colophon de l'une des éditions, son nom est associé à la fonction de « compilateur » et non d'auteur. Il subsiste, enfin, un fragment de prière où son nom figure une ultime fois. Toutefois, dans l'ensemble des textes évoqués, son nom peut être interprété comme un terme générique désignant toute grande prêtresse du dieu poliade d'Ur et non comme un nom d'auteur.

Le terme de « compilateur », il est vrai, peut prêter à débat. Kabti-ili-Marduk lui-même se dit « le compilateur de son œuvre », expression où le pronom renvoie au dieu Ishum, le même dieu dont il est dit qu'il « lui révéla » le récit, de nuit (entendons au cours d'un rêve), lui-même le récitant au matin, sans rien omettre et sans rien ajouter.

Partant, les dieux seraient-ils, selon les Mésopotamiens, les véritables auteurs des œuvres que les hommes se contenteraient de reproduire ? Il faut se souvenir ici que tout savoir, aux dires des Mésopotamiens, est fils d'une révélation.

En réalité, on ne peut nier, à la lecture, par exemple, des poèmes sumériens consacrés aux exploits d'un personnage de légende du nom de Lugalbanda, que leur auteur est un poète de très grande classe ; son style se distingue de celui des récits sumériens concernant Gilgamesh qui ont l'apparence d'une littérature plus populaire, émaillée de dictons. Même anonymes, des auteurs existent donc.

Ainsi posée, la question ne peut trouver de réponse. **L'accès à l'écriture implique, en réalité, que les auteurs sont passés par l'école où ils ont appris le maniement d'une langue écrite qui diffère de la langue parlée, qu'ils sont fondés, par leur expertise,**

L'HOMME MÉSOPOTAMIEN

à tenir un langage particulier, qu'ils reçoivent de ce langage leur **singularité et leur prestige et qu'ils sont membres du groupe social que constituent les scribes.**

Existe-t-il, pour autant, des élites qui ne dépendent d'aucune classe politique mais qui se fondent sur leurs seules qualités individuelles et leurs seules aptitudes intellectuelles ? Il est clair que, tout au long de l'histoire mésopotamienne, des familles de scribes qui perdurent sur plusieurs générations contrôlent l'ensemble de la production littéraire ; certaines d'entre elles, à l'époque hellénistique, prétendent même remonter à un ancêtre lointain dont on suppute, s'il s'agit d'un personnage historique, qu'il vivait à l'époque cassite, au milieu du IIe millénaire avant notre ère. Ces familles jouent un rôle immense puisqu'elles ont la responsabilité de la transmission des sources depuis le milieu du IIe millénaire jusqu'à l'époque séleucide.

Les auteurs et/ou les compilateurs des grandes œuvres littéraires exercent, dans leur grande majorité, les professions d'exorcistes, de lamentateurs, ou de devins. Il apparaît donc qu'il existe **des élites intellectuelles dont ces auteurs sont les piliers, des élites qui se caractérisent comme des groupes hétérogènes entretenant entre eux des relations complexes et où nul n'est le dépositaire d'un savoir exclusivement spécialisé.**

Les palais et les temples ne joueraient-ils pas la part qu'on leur attribue dans la composition, la copie et la transmission des œuvres littéraires et érudites ? **Il n'y a point, en réalité, entre les sphères intellectuelles, politiques ou religieuses, de cloisons étanches et infranchissables.** Car le temple peut embaucher des lettrés, comme le fait l'assemblée de l'Ésagil, le temple de Marduk à Babylone, qui décide de rémunérer des astronomes chargés de faire des observations quotidiennes et de les coucher par écrit. Parmi les familles de scribes, certaines sont, par tradition, rétribuées par les rois, comme celle d'Arad-Éa de Babylone, alors que d'autres sont au service des temples. Et comment pourrait-on oublier qu'en 703 un notable provincial, membre d'une grande famille de scribes, conduit une révolte et monte sur le trône de Babylone sous le nom de Marduk-zakir-shumi II ?

b) Des bibliothèques

On connaît des bibliothèques. Celle du temple de Nabu, à Kalhu, abrite des œuvres historiques, notamment les annales des

L'HOMME MÉSOPOTAMIEN

rois d'Assyrie, des écrits religieux et des textes médicaux. Il existe à Assur des bibliothèques privées, et la bibliothèque néo-assyrienne de Sultan-tépé, l'antique Guzana, appartient à un certain Qurdi-Nergal qui exerce la fonction de prêtre du dieu Sin. Plus tard, on connaît d'autres bibliothèques, à Babylone et à Uruk, comme celle du scribe Anu-belshunu, fils de Nidintu-Anu et qui se dit le descendant de l'exorciste Sin-léqé-unninni.

Encore faut-il s'entendre, préalablement, sur ce que l'on entend par bibliothèque. C'est **une institution qui a pour objet de faire coexister en un même lieu des écrits qui véhiculent des traces de la pensée humaine.** Elle forme une collection d'œuvres ordonnées selon des principes qui peuvent être variables, les choix intellectuels qui président au classement reflétant une conception du savoir et de la mémoire propres à la société de leur temps. Elle est accessible à un public spécifique, mais qui peut être divers ; la pratique de la lecture et celle, connexe, de l'écriture, avec la production de copies, d'extraits, de commentaires, voire de textes nouveaux, sont les reflets de ses ressources, des possibilités offertes par ses collections, des critères de leurs classements et des catalogues qui en facilitent l'accès.

Considérons la ville d'Ur au XVIIIᵉ siècle. On y a découvert deux collections d'œuvres, dans deux maisons privées. Dans la première – à côté de textes lexicaux et grammaticaux, mathématiques et cadastraux, autant de sources destinées à l'enseignement, et de quelques copies très fautives d'inscriptions royales, copies effectuées par des apprentis, tous documents qui témoignent de l'activité d'enseignement qui se déroule dans cette maison – figure un groupe d'œuvres à caractère littéraire dont les copies sont de bonne qualité. Il s'agit d'hymnes et de mythes, parfois d'extraits, connus par ailleurs, des travaux auxquels il faut ajouter un petit groupe d'œuvres autrement inconnues : très exactement une collection d'hymnes sumériens en hommage au roi de Larsa du moment, Rim-Sin, de deux exemplaires, toujours en sumérien, d'un hymne à une déesse avec intercession pour le même Rim-Sin, enfin d'un dialogue en langue akkadienne. Il s'agit d'autant de compositions élaborées sous ce règne par le propriétaire des lieux, un certain Ku-Ningal, un prêtre purificateur du dieu Enki/Éa en même temps qu'un maître d'école enseignant à domicile et auquel ses fils succéderont dans ses fonctions. L'ensemble de ces documents présente tous les traits caractéristiques d'une bibliothèque privée dans une maison qui se trouve être, de surcroît, un lieu d'enseignement ; il reflète l'histoire intellectuelle d'un individu et de sa famille, l'un d'eux étant peut-être l'auteur de certaines des œuvres présentes.

L'HOMME MÉSOPOTAMIEN

Une seconde collection d'œuvres littéraires et érudites, beaucoup plus importante, a été découverte dans une autre demeure d'Ur. Les thèmes abordés y sont variables : des textes mythologiques, des dialogues, des épopées, des hymnes et des prières, des lamentations, des recueils de dictons et de proverbes, des lettres littéraires, des copies d'inscriptions royales, des textes mathématiques, des listes savantes enfin. On dispose, pour ce même groupement d'œuvres, d'une liste énumérant 67 titres et présentant les traits d'une liste méthodique visant à un classement des œuvres considérées. Nous sommes donc également en présence d'une bibliothèque.

D'Ur, rendons-nous à Assur, et du XVIIIe siècle passons au VIIe siècle Une liste d'ouvrages a été découverte qui énumère les principaux travaux d'érudition que doit connaître un exorciste pour être un expert dans son art ; elle appartient à un certain Kisir-Nabu, fils de Shamash-ibni, un exorciste du temple Ésharra d'Assur. La tablette provient de sa maison, celle, précisément, de sa famille, des scribes et des exorcistes. On y a découvert 631 textes, en majorité littéraires et savants ; la liste est l'une d'elles, mais elle n'est pas le catalogue de la bibliothèque puisqu'elle n'énumère qu'une partie des œuvres qui y figurent. La bibliothèque offre un ample aperçu des principales activités des occupants de cette maison qui est protégée par un nombre impressionnant de figurines apotropaïques. Les copies qui constituent le fonds de la bibliothèque indiquent parfois les sources où elles sont puisées ; les unes sont originaires de Babylonie, avec, parfois, plus ample précision du nom de la ville dont les originaux sont issus : Uruk, Babylone, Borsippa et, peut-être, Nippur ; d'autres proviennent d'Assyrie même : Assur ou Ninive ; certaines indications sont plus précises encore : palais de Hammurabi, soit Babylone, palais d'Asarhaddon, soit Ninive, temple de Gula à Assur, etc. Le nom du propriétaire de l'original est plus rarement mentionné : Babu-balassu-iqbi de Dakkuru, Assur-sharanni, Mudammiq-Adad, etc. La première partie du catalogue rassemble des œuvres qu'avait réunies autrefois un certain Ésagil-kin-apli, un expert babylonien du IXe siècle, à fin d'enseignement, et qu'il possédait probablement dans sa bibliothèque personnelle, pour son usage propre et celui de ses élèves. Ce catalogue est ensuite élargi et la tablette, dans son ensemble, regroupe non pas l'intégralité de la littérature exorcistique mais les titres des principaux recueils dont l'étude est jugée indispensable à la formation d'un exorciste.

On ne peut évoquer ici les nombreuses bibliothèques mésopotamiennes dont on a retrouvé la trace. Évoquons, pour mémoire, celles de Ba'al-malik, « scribe et devin de tous les dieux d'Émar » qui a été retrouvée dans un temple, ou celle du temple de Nabu sha Haré à Babylone. L'une des plus récentes et des plus récemment découvertes appartient au temple de Shamash à Sippar ; elle date de l'époque perse. Trois des murs de la modeste pièce où elle trouve abri, avec ses 4,40 m de long et 2,70 de large, sont agrémentés de niches, on en compte au moins 44 ; elles ont chacune environ 70 cm de profondeur. C'est dans quelques-unes de ces niches que furent découvertes les quelque 800 tablettes que comptait la bibliothèque.

Mentionnons, pour finir, une bibliothèque royale, celle constituée par Assurbanipal dans ses palais de Ninive. Elle fut découverte au XIXᵉ siècle et les vestiges en sont conservés au British Museum qui héberge les quelque 30 000 tablettes et fragments de cette provenance. On estime le contenu de cette bibliothèque à environ 5 000 œuvres. À dire vrai, il faut distinguer entre deux bibliothèques, l'une située dans le palais sud-ouest, le palais de Sennachérib, le grand-père d'Assurbanipal, mais dans lequel ce roi réside au début de son règne, l'autre dans le palais nord, celui qu'il fait édifier lui-même.

On ignore tout de son organisation interne et du classement des ouvrages. On dispose, par contre, de quelques informations sur la manière dont le fonds est constitué. Une partie provient du transport depuis la ville de Kalhu, autre capitale assyrienne, jusqu'à Ninive, de la bibliothèque du scribe Nabu-zuqup-kéna, membre d'une importante famille de lettrés. D'autres proviennent des bibliothèques de prêtres d'Assur et de celle d'un frère du roi lui-même, Ashur-mukin-paléa.

Après l'écrasement de la révolte de Shamash-shum-ukin et la reconquête de Babylone, le contenu de parties ou de la totalité de certaines bibliothèques de Babylone et de Babylonie, à la suite de confiscations ou de dons plus ou moins volontaires, est également apporté à Ninive. Un inventaire de tablettes réquisitionnées dans vingt-trois bibliothèques privées ou institutionnelles de Babylonie est parvenu jusqu'à nous ; quoique en mauvais état, il permet d'évaluer cet apport babylonien à près de 2 300 œuvres. C'est dire l'importance du mouvement, puisqu'il représente presque la moitié du fonds supposé de la bibliothèque !

On connaît mal les scribes qui y sont au travail. Il s'agit d'experts, jugés dignes du service royal. Ils forment cinq groupes spécialisés : les scribes et les astrologues ; les haruspices, les devins ou les augures ; les exorcistes ou les magiciens ; les médecins ; les lamentateurs. Chacun se vante d'être expert dans plusieurs disciplines à la fois. Un

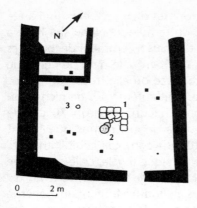

Un poste de scribe de Terqa (IIe millénaire), avec l'emplacement dallé où se trouve le scribe, la jarre pour conserver l'argile fraîche, un placard pour ranger les tablettes.

mémorandum signale la présence simultanée de 7 astrologues, 3 augures, 9 exorcistes, 5 devins, 9 médecins, 6 lamentateurs, 3 magiciens égyptiens et 3 scribes égyptiens. Tous sont qualifiés de « sages ».

Les cinq spécialisations mettent l'accent sur l'orientation fortement religieuse et métaphysique de la sagesse mésopotamienne : l'astrologie, la divination, la magie, la médecine, l'ésotérisme au sens premier du mot. Elles sont autant de savoirs séparés, réservés à une élite. Ajoutons les mathématiques, l'astronomie, la philologie, mais ces trois disciplines, également, sont à situer dans le cadre d'une pensée essentiellement religieuse. La bibliothèque ne comporte qu'un petit nombre d'œuvres à caractère littéraire ; l'essentiel consiste dans des écrits savants et scientifiques concernant l'exorcisme, les présages (astrologie, haruspicine, tératologie, oniromancie, présages tirés de la vie quotidienne) ou la médecine. Dans les catalogues ou les inventaires, ces ouvrages sont habituellement cités dans le même ordre, l'astrologie venant en tête. Il n'est pas indifférent de noter, enfin, que nombre d'entre eux ne sont présents que sous la forme d'extraits. L'activité des bibliothécaires consiste donc à copier des textes, à les traduire lorsqu'ils sont écrits en langue babylonienne, et à les présenter d'une manière claire et uniforme ; des gloses multiples, insérées entre les lignes, servent à expliquer des expressions difficiles, des mots rares ou des graphies particulières.

Tous les registres de la connaissance réunis dans la bibliothèque royale tournent à vrai dire autour de la personne du roi. Le projet n'existe pas, alors,

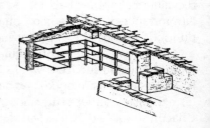

Étagères sur lesquelles étaient classées les tablettes découvertes à Ébla (IIIe millénaire).

L'HOMME MÉSOPOTAMIEN

de réunir toute la littérature du monde, en quelque langue que ce soit, en un lieu unique. Le projet consiste à acquérir toutes les formes de savoirs qui expliquent sa conduite au monarque et permettent de le préserver contre les erreurs et les fautes, la maladie, les mauvais sorts et la mort.

c) Les supports des œuvres

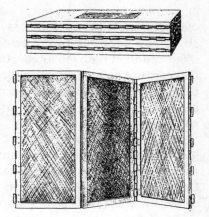

Le polyptique de Dur-Sharrukin.

Il n'y a pas de livres. Le support habituel de l'écrit est la tablette d'argile, *dub* en sumérien, *tuppu* en akkadien. On ignore tout des supports périssables, en cuir notamment ; le papyrus n'est jamais mentionné. Mais on sait que sont utilisées des plaquettes de bois couvertes d'une mince pellicule de cire. Il est possible de relier ces tablettes en bois et cire entre elles pour en faire des **polyptiques**, ancêtres de nos livres ; il existe des polyptiques en ivoire : une édition d'un grand manuel d'astrologie a été découverte à Dur-Sharrukin, sur un tel support comportant seize plaquettes d'ivoire ; on évalue à 7 500 lignes l'ampleur de l'œuvre ainsi notée.

Le plus souvent, une œuvre trop longue pour être notée sur une tablette unique est répartie sur plusieurs tablettes après avoir été divisée en portions à peu près équivalentes. Au Ier millénaire, à la fin de chacune des tablettes, un colophon ajouté par le copiste donne les renseignements jugés nécessaires : titre de l'œuvre, numéro de la tablette, nombre de lignes qu'elle contient, première ligne, *in extenso*, de la tablette suivante, annotations diverses sur le travail éditorial du copiste, nom de ce dernier et du haut personnage pour le compte duquel il travaille, souvent un roi ou un dieu. Le texte de *L'Épopée de Gilgamesh*, par exemple, est réparti sur douze tablettes.

d) L'organisation du savoir

On dispose de quantités d'ouvrages savants, listes de mots ou traités consacrés aux principales disciplines alors étudiées comme la divination, la théologie, l'astrologie, les mathématiques, la médecine ou le droit (cf. Des savoirs spécialisés, ch. VII ; Le droit, ch. III). **Ce sont autant d'ouvrages qui naissent des méthodes d'éducation et d'un jeu intellectuel facilité par le développement de l'écriture et qui sont autant de tentatives de situer la somme des connaissances dans une perspective toute spéculative.** Il n'est pas aisé, hélas, faute d'en connaître toutes les clefs, d'en saisir parfaitement les plans.

Les listes se présentent comme des énumérations plus ou moins longues de signes ou de mots, des syllabaires donnant la prononciation de mots dont les vocabulaires donnent la signification. Dans ces vocabulaires, les termes sont associés selon des principes divers : linguistiques, thématiques ou, parfois, acrographiques. Certaines listes sont bilingues et, loin d'être de simples dictionnaires, elles initient une véritable réflexion sur le langage.

Les traités se présentent comme d'interminables successions de sentences composées chacune d'une protase et d'une apodose, la protase exposant un aspect de l'objet étudié sous la forme d'une proposition principale. Ce mode d'expression, avec la formule « si... alors... » qui le caractérise et met l'accent sur la relation nécessaire entre les deux éléments de la sentence, fait du savoir un système hypothético-déductif d'une grande rigueur logique. Les sentences sont rangées à leur tour selon un ordre défini où l'on découvre un autre aspect de la rationalité mésopotamienne. **Jamais la pensée n'y est exprimée à l'aide de formules synthétiques**, le caractère même du savoir qui est de type cumulatif s'opposant à une telle démarche. **Ce savoir est** en effet **additionnel** et se laisse découvrir progressivement comme un chemin que l'on parcourt, les touches juxtaposées ne valant, chacune, que par leur association avec les touches voisines.

Parmi les schémas logiquement possibles et qui sont retenus, la prédilection va à l'organisation duelle du champ de la réflexion au moyen de couples de sentences opposées ou complémentaires, schéma qui évoque les joutes oratoires où s'affrontent des couples opposés comme le berger et le laboureur, l'été et l'hiver, l'oiseau et le poisson, et qui sont autant de tentatives d'analyser et de définir en les opposant les êtres et les choses. En plus de cette conceptualisation binaire, il en existe une autre, de nature ternaire, qui est exprimée par des triades de sentences comportant un moyen terme entre deux extrêmes, et auxquelles fait écho, ailleurs, la répartition en triades des grandes divinités du panthéon (la triade

L'HOMME MÉSOPOTAMIEN

souveraine sumérienne An-Enlil-Enki ; la triade astrale sémitique Shamash-Sin-Ishtar ; etc.).

Les procédures logiques étant quelque peu éclaircies, il reste à parler de l'essentiel. Pour les Mésopotamiens, l'univers est parcouru par un réseau complexe et dense de sympathies et d'antipathies qui rapproche ou éloigne les objets et les êtres les plus divers. D'un registre à l'autre du cosmos, les êtres et les éléments s'ajustent les uns aux autres et communiquent entre eux ; les dieux ont dans les cieux leurs « répliques jumelles », leurs « images astrales » ; le héros est au ciel « bœuf sauvage » et « lion » sur terre. Lorsque le terme « sang » est usité pour désigner le vin ou la sève de certains arbres, notamment les cèdres, cette essence que l'on n'abat pas mais que l'on « tue » à l'instar des hommes ou des dieux, lorsque Sennachérib proclame, parlant de Ninive, que « son plan avait été tracé de tout temps par les étoiles dans le firmament », lorsque Asarhaddon grave sur la pierre « les images astrales qui correspondent à l'écriture de (son) propre nom », lorsque Assurbanipal qualifie le « palais du prince héritier » d'« alternance du palais qui est dans Ninive », il ne faut pas voir là de simples figures de style, mais l'affirmation que des traits communs, des rapports d'analogie ou de similitude rapprochent les différents éléments dont il est question.

Bref, l'homme, la bête et les éléments se répondent selon ce **principe essentiel de la similitude qui veut que le semblable agisse sur le semblable**. La ressemblance commence dans la sphère de la proximité dans l'espace mais elle s'affranchit vite de cette contrainte initiale. Au réseau des homologies s'adjoint, enfin, le groupe des incompatibilités qui enferme les espèces dans leurs différences. Il existe, d'ailleurs, des forces obscures qui menacent l'ordre et la symétrie de l'univers, « des forces mauvaises [...] de destruction de la symétrie ». D'un mot, avec sa force dynamique propre, l'analogie fonde la pensée, poussant jusqu'en de lointaines limites la mise en œuvre d'un univers de miroirs où tout se reflète dans tout. Pour l'auteur de *La Glorification de Marduk*, **la dynamique engendrée par l'analogie prend naissance dès la création du monde** lorsque le dieu Marduk fend le corps de Tiamat, ce monstre primitif conçu comme un corps humain, en deux moitiés se faisant face, l'une, la terre, répondant à l'autre, le ciel, comme une image et son reflet spéculaire.

L'analogie est imbriquée dans la nature même du langage, et l'on est saisi par la surprenante agilité avec laquelle les Mésopotamiens usent des ressources infinies de leurs langues pour exprimer les

L'HOMME MÉSOPOTAMIEN

rapports entre les mots et les choses. Or, on touche ici au noyau dur de leur pensée, car **les rapports analogiques ne sont pas seulement consacrés par les mots, ils sont fondés par eux**. L'identité entre le nom et la chose désignée entraîne leur ressemblance. Le réel est assigné dans le terme qui l'exprime, un être ou une chose n'arrivant à l'existence qu'une fois nommés. Il suffit au dieu créateur de prononcer un nom pour que la chose désignée existe. La parole ne se contente pas de dire les faits, elle les instaure, et le même verbe, qui crée le monde en le nommant, l'anime et le meut. **Les Mésopotamiens se livrent donc de façon systématique à la spéculation verbale**. Celle-ci obéit à plusieurs principes essentiels :

– signe et sens s'épousent mutuellement car le sens naît dans le signe lui-même. Autrement dit, à la base du système existent les signes cunéiformes, avec toutes leurs virtualités de lectures et de sens, car, l'écriture étant polysémique, à travers un seul et même signe on passe d'une chose à une autre ou d'une idée à une autre. Du reste, considérant la bipolarité fondamentale de la culture mésopotamienne et de son écriture, tout signe a nécessairement une double lecture au moins, sumérienne et akkadienne : la spéculation verbale est nourrie des équivalences lexicographiques suméro-akkadiennes ;

– la pluralité des interprétations résulte le plus souvent du monnayage du terme analysé en un certain nombre de mots sumériens qu'il est censé contenir et de leur éventuelle traduction akkadienne, le nom s'expliquant par l'analyse de ses éléments supposés ;

– de la simple association phonétique aux associations sémantiques les plus inattendues, l'explication peut être complexe et révèle souvent une érudition étonnante. Chaque signification appelle immédiatement la nuée de toutes les significations supposées présentes dans le terme étudié qui s'enrichit par d'infrangibles imbrications de sens variés. Supposons le signe RE qui dit *re'û*, « berger » et dont il est la syllabe initiale ; on admet l'équivalence RE = *sênu*, « petit bétail », celui-ci étant l'objet essentiel du travail du *re'û*.

Les Mésopotamiens qui montrent tant d'adresse à jouer avec les mots et les signes d'écriture jouent aussi avec les nombres et les fractions. Le roi Asarhaddon, réécrivant l'histoire récente de Babylone, rapporte comment Marduk avait puni les crimes de ses habitants en inscrivant, pour la ville, sur les « Tablettes des destins », ces tablettes où les dieux sont censés noter le devenir de l'espèce humaine et du monde, une durée de destruction de soixante-dix ans, et comment, dans sa grande compassion, il était revenu sur cette décision en intervertissant les nombres et en décidant que la ville serait réoccupée au bout de onze ans seulement. Cette interversion est proprement incompréhensible si l'on ignore qu'en cunéiforme la graphie de 70 est « I< », celle de 11 étant « <I », c'est-à-dire l'ordre inverse des signes graphiques figurant 70.

Toutes ces opérations ne sont pas gratuites, elles sont le propre fondement de la production intellectuelle mésopotamienne. Les méthodes employées sont proches du procédé que la nomenclature rabbinique appellera *notarikon* et *gematriah*, mais agrémentées d'une telle virtuosité que le *notarikon* et la *gematriah*, à leur côté, paraissent jeu d'enfant.

e) La question des origines

Prenant appui sur les mythes, les Mésopotamiens proposent des origines du monde des explications embrouillées dans une imagerie dramatique (cf. Les cosmologies, ch. VI). Car l'horizon des mythes, ici comme ailleurs, se situe dans la même perspective temporelle, un événement mythologique n'en précédant pas un autre car le mythe, récit sans date d'événements ponctuels, en dehors de l'histoire et ouvrant à elle, est invariablement à l'origine. Quelques notions essentielles, toutefois, font surface à l'arrière-plan de leurs récits.

Même si l'état des choses antérieur à la création est, ici ou là, décrit négativement par rapport à l'issue de cette dernière, **jamais les Mésopotamiens n'imaginent ce défaut d'existence antérieur à la naissance qu'est le néant.** Ils admettent en revanche l'existence d'une matière primordiale unique, la terre, l'eau ou le temps. Parmi ces trois éléments, l'eau a la préférence.

On a vu, déjà, comment le commencement du monde s'identifie à l'acte qui transforme cette matière primordiale et l'indispensable discours théologique qui lui est associé, le discours sur les dieux rendant à son tour indispensable **l'esquisse d'une anthropologie**. L'homme vivant se dit, en akkadien, *awîlu/awêlu* ; une fois mort, il est *etemmu/wetemmu*. Les penseurs babyloniens notent, dans ces deux termes, la présence récurrente de la même syllabe WE, ainsi que celle des mots *ilu*, « dieu », et *têmu*, « esprit », plus exactement cette forme d'intelligence propre au genre humain en général. Bref, **l'homme est l'être qui comporte aussi bien du dieu que de l'esprit**, et le son WE participe de ses deux aspects, vivant ou trépassé. Lorsque les dieux

239

s'attellent à la tâche de fabriquer l'homme, ils sacrifient l'un des leurs, appelé Wé, choisi parce qu'il possède du *têmu*. Son sang, marque de la vie, sert à humidifier et à rendre malléable l'argile, la matière première de l'*awîlu*. **Ainsi sont définis d'un mot l'essence et le destin de l'homme : il est fait d'argile et de sang, il est doué d'intelligence, son rôle consiste à servir les dieux, enfin, il est mortel.**

f) L'ordre du monde

De **forme sphérique** (d'aucuns lui reconnaissent une forme cubique), **le cosmos est constitué par trois niveaux superposés : l'« En-Haut », l'« En-Bas » et, entre les deux, la terre, support de l'humanité, est le plan médian.** Chacune de ces parties se subdivise elle-même en plusieurs sous-parties. Selon les uns, l'En-Haut est fait de trois cieux superposés, le ciel inférieur étant à son tour subdivisé en trois. Ensemble, cet En-Haut est conçu comme une masse liquide que retient une peau. D'autres auteurs, il est vrai, ne reconnaissent au ciel que deux étages, chacun étant fait d'une pierre particulière. L'En-Bas est la réplique symétrique de l'En-Haut, encore que l'on ne s'en fasse que tardivement une idée quelque peu claire, le divisant en trois vastes étages. Au milieu, la terre est une sorte de plancher solide, en forme de disque ou de carré, flottant sur les eaux inférieures et entouré de hautes montagnes, supports de la partie supérieure du cosmos (cf. La division quinaire de la terre, ch. V).

Cet univers est animé par une puissante énergie que les Sumériens appellent *me* (cf. Les notions clefs, ch. VI). Les Akkadiens ignorent un terme équivalent et ils ont beaucoup de peine à en rendre, en leur langue, toute la substance ; plutôt que d'en proposer une traduction approximative, ils ont recours à des listes plus ou moins longues d'équations comme : En-Haut, En-Bas, seigneur, fureur, silence, être tendu, dignité, tourner en rond, mère, assemblée, secret, parler, langue, faiblesse.

Cependant, **l'ordre que le démiurge a imprimé à l'univers n'est qu'imparfait** ; il subsiste des îlots dominés encore par les puissances du chaos et dont la seule présence constitue un grave danger pour le cosmos tout entier : ainsi la steppe ou la montagne et sa forêt, régions fabuleuses et redoutées, monde de ténèbres et de silence, mais qui peut être chargé de valeurs ambivalentes, la montagne regorgeant des bois et des pierres dont on fait les demeures et les parures des dieux et des rois, emblèmes de leur majesté. Ces puissances,

L'HOMME MÉSOPOTAMIEN

dont les caractères spécifiques s'opposent, terme à terme, aux traits caractéristiques des manifestations du cosmos, s'incarnent dans des êtres étranges et menaçants dès lors qu'ils quittent le territoire qui leur est dévolu : barbares qui s'agitent sur les marges du monde socialisé ; défunts dont le mode de vie est à rebours de celui des vivants et qui sont toujours susceptibles de quitter l'Enfer, cette ultime contrée des antipodes où tout est réglé à l'envers, et de monter sur terre pour dévorer les vivants ; démons, enfin, au premier rang desquels se trouvent les monstres primitifs vaincus lors de la création mais qui survivent dans la nuit du monde infernal d'où ils peuvent surgir à tout instant, provoquant maladie, épidémie ou mort.

Le monde est donc ballotté entre deux forces opposées et qui ne s'inscrivent pas, une fois pour toutes, dans l'immobilité, chacune ayant vocation à s'étendre au détriment de l'autre. Comme on l'a vu, le plan médian de l'univers, soit la terre des hommes, est l'enjeu principal de ce conflit, et l'homme lui-même, qui demeure en son centre, joue dans la défense de l'ordre cosmique un rôle capital.

Au cœur de l'univers, l'homme est un être saturé d'analogies. En outre, n'a-t-il pas le privilège de la connaissance de tous les noms et, par voie de conséquence, du devenir des espèces ? Enfin, comme il résulte de l'énoncé même de son nom, il participe des dieux et des démons, étant *awîlu*, « homme », *etemmu*, « spectre », et *ilu*, « dieu ». Plusieurs maquettes de foies divinatoires du début du IIe millénaire apportent un étonnant témoignage sur cette conception anthropocentrique. En effet, la situation du présage n'y annonce aucunement un oracle à se produire, mais elle est elle-même déduite de l'oracle en question ; l'une de ces sources de dire, par exemple : « Si je jouis de butin et entre en ville en pleine santé, [le présage] se présentera ainsi (allusion au dessin de la maquette). » N'est-il pas affirmation plus éclatante de ce que **nature et société sont intimement confondues** et que l'ordre universel, jusqu'à l'aspect du foie d'un mouton, dépend en ultime analyse de l'attitude de l'homme ?

De fait, s'il a fallu l'établir, l'ordre cosmique doit être maintenu pour durer ; on a vu le projet divin visant l'humanité lors de sa création.

g) Le destin

Tout cela signifie-t-il que l'homme n'est pas totalement maître de son destin ? **Les Mésopotamiens croient au destin.** À l'image du grec *moïra*, le sumérien *namtar* et l'akkadien *shîmtu* disent avant tout une « part » ; « assigner un destin », revient, premièrement, à « allouer une part ». En d'autres termes, il est admis que chaque homme, qu'il soit roi ou simple particulier, ne dispose pas d'un temps sans limite mais seulement d'une « part » de temps, la mort étant le seul événement de la vie individuelle auquel nul n'échappe : « Il a été donné à nos pères, est-il dit, de suivre le chemin de la mort ; de tout temps il leur a été ordonné de franchir le Fleuve infernal » ; toutefois, les puissances supérieures n'ont pas pris soin d'en préciser le terme à l'avance : « [les dieux] disposent de la mort et de la vie, mais les jours de la mort, ils ne les révèlent pas » !

Mais *namtar/shîmtu* ne désignent nullement l'ensemble des événements d'une vie comme fixés d'une manière irrévocable par une puissance supérieure. **Hormis son terme fatal, l'homme dispose, durant sa vie, d'une certaine liberté**, et les Mésopotamiens ont développé, à leur façon, une **théorie de l'action intentionnelle** : la liberté requiert que ce qui, du fait d'un choix, deviendra impossible ait été préalablement possible avant que la décision ne soit prise ; ainsi, le roi Naram-Sin d'Akkadé, refusant de se soumettre à la décision des dieux exprimée par des oracles, change-t-il le cours de l'histoire et condamne-t-il ses États à la ruine. Plus généralement, à partir de la fin du IIIe millénaire et jusqu'à la fin de la civilisation mésopotamienne, il est admis qu'il existe un lien entre les comportements humains et divins, les premiers étant les *stimuli* auxquels les seconds sont les réponses. La démarche se situe pleinement dans la logique propre au mode de pensée mésopotamien qui pose **le principe d'une punition pour les manquements à la volonté divine.** Implicitement, cette démarche fait valoir, en outre, qu'il est possible de prévoir le comportement divin dès lors que l'on connaît le *stimulus* humain. En somme, malgré la toute-puissance divine, l'homme a prise sur son propre avenir, l'attitude des dieux étant dictée, en dernière analyse, par celle des hommes eux-mêmes. Il importe donc à ces derniers de tirer les leçons de leur propre histoire afin d'éviter de commettre, dans le futur, les mêmes erreurs que par le passé, car les dieux ne sont pas des entités étrangères au monde et indifférentes à l'action des hommes ; ils tiennent leur place dans l'univers cosmique, et leur colère n'est pas un acte de pure forme ; ils réagissent aux agressions dont ils sont les victimes ; ainsi le dieu Erra qui a « tramé le mal à cause d'une faute antérieure », à savoir le « mépris » de l'humanité à son égard. Ces agressions sont, principalement, le fait de mauvais rois, rois impies et manquant à leur parole, comme Salmanasar V dont Sargon II dit qu'il « n'avait pas de respect pour le Roi de l'Univers », et qu'ayant imposé de lourdes corvées à son peuple, « l'Enlil des dieux, dans la colère de son cœur, renversa son règne ».

À la fin du II⁰ et durant le I⁰ᵉʳ millénaire, cette question prend un relief tout particulier. **Le sentiment se fait jour, alors, d'une manière toujours plus aiguë, qu'il existe une discordance entre les mérites personnels des vivants et le traitement que les dieux leur font subir.** Pour l'expliquer, il est fait appel à l'incapacité des hommes à comprendre les plan divins. *La Théodicée babylonienne* (cf. Quelques œuvres majeures, ch. VII) de Saggil-kinam-ubbib pose la même question en des termes plus extrêmes : comment un sujet affligé par le malheur dès sa plus tendre enfance peut-il juger que ce soit par sa propre faute ? La même question se trouve à l'arrière-plan d'autres œuvres comme le poème du *Juste souffrant* ou *Le Dialogue du Pessimiste*. Telle est également la préoccupation de l'auteur de l'*Épopée d'Erra*. Ce texte exceptionnel, amplement diffusé, dont les extraits sont notés sur des amulettes apotropaïques suspendues aux portes des maisons, décrit une situation où Marduk a abandonné Babylone, étant de mauvaise humeur et laissant le dieu de la peste et du monde des morts, Erra, régner en maître ; le résultat en est la guerre civile, le meurtre, la maladie, la révolte, bref un monde à l'envers. On reconnaît, à l'arrière-plan du récit, quoiqu'il soit impossible de dater avec une certitude absolue les événements qui y sont narrés, l'écho à la situation qui prédomina au X⁰ᵉ siècle.

La réponse à la question demeure invariablement la même : l'**esprit humain est incapable d'accéder aux pensées et aux plans mystérieux des dieux.** Mais il est dit, aussi, faisant appel à la notion de temps pour apporter une solution à ce délicat problème, qu'un malheur immérité ou un bonheur illégitime ne sont que transitoires ; dans la fuite du temps, au plan de la vie individuelle, comme le dit explicitement *La Théodicée*, une alternance est admise entre des phases ascendantes et descendantes : « C'est la règle depuis toujours qu'[alternance de] richesse et pauvreté. »

Ailleurs, cependant, une autre réponse est esquissée selon laquelle **toute situation serait imputable à une puissance supérieure aux dieux eux-mêmes.** Les dieux, est-il annoncé, sont, certes, les détenteurs de la « tablette des destins », laquelle sert à fixer les destins des dieux et des hommes, mais le fait de la détenir n'autorise pas le contrôle absolu de tout. En fait, les dieux eux-mêmes obéissent à une puissance supérieure et anonyme, comme une loi universelle qui, tout en ayant été posée par les dieux créateurs, leur échapperait.

L'HOMME MÉSOPOTAMIEN

L'APPRENTISSAGE ET LA TRANSMISSION DES ŒUVRES

a) L'apprentissage des scribes

Il se déroule très habituellement dans des maisons privées, celles de scribes ou de prêtres lettrés, mais l'organisation même des études est mal connue. **Souvent le métier de scribe se transmet de père en fils.** Les écoles de certains centres importants ou de métropoles religieuses sont renommées et attirent les étudiants, ainsi celle de Nippur pour le sumérien et le droit, celle d'Isin pour la médecine ou celle de Sippar que mentionnent Bérose et Pline.

Sur les activités des écoliers et l'enseignement, on est assez bien renseigné par une littérature scolaire, des compositions familières sous forme de dialogues. À la tête de l'école se trouve le maître, appelé parfois « père » ou « petit père ». Il est secondé par des élèves avancés chargés d'inculquer les rudiments aux débutants et qu'on appelle « grand frère ». Au surveillant incombent la discipline et la marche matérielle de l'institution. Des professeurs enseignent les diverses matières du programme : il y a le professeur du beau langage qui enseigne le sumérien. L'élève est appelé le « fils de la maison de[?] la tablette ». On connaît quelques femmes scribes.

Le rythme de travail est quotidien, chaque mois comportant toutefois quelques jours de repos et de fête. Le contenu de l'enseignement est progressif et s'ordonne selon plusieurs étapes : une fois le maniement du calame et le façonnage des tablettes acquis, l'élève apprend à lire et à écrire, copie des syllabaires, puis des listes de vocabulaire, de noms propres ou de noms de métiers. L'étape suivante consiste à se familiariser avec la polysémie des signes. Vient ensuite l'apprentissage des formes grammaticales et de la langue sumérienne. Ce n'est qu'à partir de ce moment que l'élève commence à se familiariser avec des textes littéraires ; il le fait progressivement, allant de la copie de courts extraits jusqu'à celle d'œuvres entières.

Certains écoliers n'accèdent qu'à un savoir minimal qui leur suffit dans l'exercice de clercs. D'autres poursuivent des études plus longues, et pour eux, l'*éduba'a*, « la maison de[?] la tablette », équivaut à une de nos universités.

On a retrouvé quantité de tablettes scolaires sur lesquelles les jeunes débutants s'essaient à tracer des signes. Elles sont parfois rectangulaires, parfois épaisses, leur face étant divisée en deux, à gauche le modèle du maître, calligraphié, à droite la copie de l'élève très souvent effacée ou brisée. En effet, un même modèle sert plusieurs fois au même élève ou à des élèves différents ; sur la tablette humidifiée on efface le devoir avec le doigt ou avec une spatule et on recommence la copie tant que l'épaisseur de la tablette le permet.

D'autres tablettes sont lenticulaires, ce sont de simples boules d'argile aplaties d'un côté et convexes de l'autre ; elles portent souvent un modèle ou bien deux lignes de modèle et deux de copie. Le devoir terminé, l'élève reforme la boule d'argile et pétrit une nouvelle tablette. Certains textes sont certainement dictés car ils comportent des fautes qui sont visiblement des fautes d'oreille.

b) La circulation des œuvres

En Mésopotamie antique, les œuvres circulent et se transmettent, comme elles le font ailleurs. C'est là une observation triviale. Pourtant, **les informations sur les modes de circulation ou de transmission sont rares. La tradition orale, c'est un fait d'évidence, est totalement perdue ;** quant aux témoignages écrits, ils sont en nombre extrêmement réduit et peu explicites.

Les œuvres se présentent sous diverses formes : des tablettes relativement petites, lenticulaires, oblongues ou carrées, réservées à l'entraînement des élèves ; on n'y voit notés que de courts extraits ; des tablettes à une colonne simple par face, rarement deux, et qui présentent des extraits d'œuvres ; c'est la grande masse des sources actuellement disponibles ; des tablettes à deux ou trois colonnes par face ; elles offrent des copies d'œuvres complètes ; des prismes, de quatre à huit faces, avec une colonne de texte par face ; ils présentent également des œuvres complètes. Il est impératif d'ajouter une ultime précision : **les œuvres mésopotamiennes ne nous sont pas seulement parvenues sous la forme d'extraits, elles le sont aussi sous un aspect désespérément fragmentaire, une tablette ayant rarement survécu entière jusqu'à nous.**

Les textes littéraires et savants que nous connaissons sont donc, à quelques rares exceptions près, des reconstitutions, effectuées au prix d'un travail éditorial considérable, mais qui n'ont probablement jamais existé telles que nous les restaurons. Toutefois, c'est à ce

L'HOMME MÉSOPOTAMIEN

245

jour la meilleure manière d'approcher un tant soit peu le contenu de cette antique littérature.

Considérons les deux bibliothèques d'Ur, déjà rencontrées. L'une d'elles abrite, notamment, un exemplaire d'un texte technique, un almanach de fermier, noté sur une tablette à deux colonnes par face. Le texte en est bien écrit, mais il présente, sur le plan paléographique, des particularités singulières que les autres œuvres conservées dans cette bibliothèque ignorent. On en déduit que la tablette incriminée est le support d'une copie apportée de l'extérieur par un tiers pour la déposer dans la bibliothèque (cf. La sagesse, ch. VII).

Tournons-nous vers la seconde bibliothèque d'Ur et intéressons-nous aux activités d'un certain Damiq-ilishu qui y travaille à deux ouvrages au moins. D'une part, *La Lamentation sur Sumer et Ur* dont un extrait figure sur une tablette à une colonne dotée d'un colophon qui porte son nom : « 60 lignes, tablette longue ; Damiq-ilishu, mois de Tebet, 12e jour » ; une seconde tablette qui contient la suite du même texte, débutant par le même vers que celui qui termine la tablette précédente, ne porte plus la signature du copiste, perdue dans la cassure finale ; elle présente les mêmes caractéristiques formelles de présentation que la première, avec la marque des dizaines dans la marge pour le décompte des lignes, et elle est de toute évidence de la même main que la précédente, elle est donc également l'œuvre de Damiq-ilishu.

Une seconde œuvre, *La Dispute entre Lahar et Ashnan*, figure également dans cette bibliothèque. Le texte complet est réparti sur trois tablettes, or, deux d'entre elles sont inscrites, les colophons le disent explicitement, par le même Damiq-ilishu ; même si la troisième est anonyme, faute de colophon, l'écriture y est la même et il ne fait pas de doute que c'est la même main qui l'a écrite ; les colophons signalent que le travail du copiste commence le 14 du mois de Tebet pour s'achever le 24 du même mois.

Il apparaît donc qu'un certain Damiq-ilishu est actif, au cours d'un certain mois de Tebet, dans une bibliothèque de la ville d'Ur, où il copie plusieurs œuvres littéraires. On observe qu'il ne termine pas la copie d'une œuvre avant de passer à une autre mais qu'il copie simultanément plusieurs œuvres à la fois.

Qui est ce personnage ? Les sources paléo-babyloniennes d'Ur, malheureusement, hormis les textes évoqués, l'ignorent complètement. Les documents économiques et juridiques associés à la maison ne mentionnent jamais son nom. On imagine donc qu'il est un utilisateur de la bibliothèque et non son propriétaire et qu'il est venu de l'extérieur pour y travailler.

On ne fait donc pas que consulter des sources dans les bibliothèques, **on y copie aussi des œuvres dans le but de les diffuser**. Et **si les hommes circulent, les tablettes circulent avec eux**. Rappelons, pour ne mentionner que cet exemple, qu'une tablette provenant de la bibliothèque d'Assurbanipal à Ninive, qui date du VIIᵉ siècle, a été retrouvée dans une bibliothèque privée d'Uruk datant de la fin du IVᵉ siècle.

• DES SAVOIRS SPÉCIALISÉS

Les multiples savoirs des intellectuels apparaissent comme autant de connaissances « secrètes », « protégées » ou « séparées », dont les spécialistes se réservent l'exclusivité. Un document de la pratique signale que l'auteur d'une divulgation de tels secrets encourt une punition royale.

L'explication du secret tient au fait que, pour les Mésopotamiens, tout procède des dieux, y compris les registres de la connaissance. Seuls les dieux en sont les dépositaires et ce sont eux qui les transmettent aux humains. Ce savoir, une fois transmis, ne peut en aucune façon être mis à la portée de tous. Il requiert la présence d'un intermédiaire, un médiateur apte à comprendre les messages divins. Ce médiateur, nécessairement le dévot d'une divinité, est le dépositaire privilégié de ce savoir transmis. Une fois en charge du secret qui lui est ainsi délivré, il s'engage à le protéger et ne le livrer qu'à une personne de confiance.

L'HOMME MÉSOPOTAMIEN

LA LEXICOGRAPHIE

Inventeurs de l'écriture, les Mésopotamiens inventent, dans le même élan, les ouvrages destinés à expliquer les mots et les choses. Ils se livrent, dans cette perspective, à un classement des mots de leurs langues et des signes de leur écriture et composent, parmi d'autres œuvres, une imposante compilation classant par thèmes les réalités de la nature et de la culture. Ce travail est initié dès l'invention de l'écriture, à la fin du IVᵉ millénaire ; il se poursuit encore au début de notre ère, les textes pouvant être notés, à cette époque, au moyen de l'alphabet grec. La version canonique de cet ouvrage, intitulée *Ura-hubullu*, « prêt », selon son incipit, comporte vingt-quatre chapitres :

1) formules juridiques ; 2) arbres et leurs parties ; 3) objets en bois ; 4) outils en bois ; 5) instruments et outils partiellement en bois ; 6) armes et objets divers ; 7) instruments de musique et objets en bois ; 8) roseaux et objets en roseau ; 9) parures et ustensiles en roseau ; 10) récipients et objets en argile ; 11) peaux, minéraux, métaux et divers ; 12) bronze, métaux précieux et bijoux ; 13) animaux domestiques ; 14) animaux sauvages ; 15) chairs et viandes ; 16) pierres ; 17) herbes et plantes ; 18) poissons et oiseaux ; 19) laines et tissus ; 20) toponymes ; 21) noms de villes ; 22) noms de pays, de cours d'eau, d'étoiles, fibres et cordes ; 23) aliments solides et liquides, bières ; 24) graisses, condiments, fruits et légumes, produits lactés, bitume.

D'autres listes thématiques existent, énumérant des noms de titres, de professions et de métiers, des noms de maladies, des synonymes ; il existe aussi une pharmacopée.

À côté de ces listes thématiques, les Mésopotamiens imaginent des listes acrographiques dans lesquelles ils rangent les mots d'après le signe graphique initial qui sert à les noter. Une ultime liste qui ne comporte pas moins de trente-deux tablettes est gouvernée par un double principe, l'association par proximité sémantique ou formelle, cette dernière permettant de regrouper toutes sortes de mots proches par leur apparence.

LE CALCUL, LA GÉOMÉTRIE, L'ASTRONOMIE

La comptabilité est très tôt développée. Dès avant l'invention de l'écriture, au IVe millénaire, on a recours à des *calculi* que l'on enferme dans des bulles-enveloppes en argile. Leur usage ne se perd jamais.

La numération est à la fois décimale et sexagésimale. Elle se présente, à Sumer, dès le IVe millénaire, de la façon suivante : 1, 10,

Calculi et bulle-enveloppe du IVe millénaire.

60, 60 x 10 = 600, 3 600, 3 600 x 10 = 36 000. Les Akkadiens introduisent les nombres 100 et 1 000. Dans la pratique quotidienne, plusieurs systèmes sont employés de conserve, l'un pour les objets, un second pour les surfaces, un troisième pour les liquides.

L'existence d'un système de **calcul savant** est établie par deux types de documents, des tables numériques de multiplication, d'inverses ou de racines carrées, ainsi que des recueils de problèmes. La base en est une numération positionnelle : soit, par exemple, la graphie III qui, dans le système comptable ordinaire, se lit 3 et qui prend, dans le système savant, une tout autre valeur : le signe de gauche vaut 60 fois le médian, lui-même valant 60 fois celui de droite, soit 3 600 + 60 + 1 = 3 661. C'est seulement à l'époque séleucide, et dans les seuls textes astronomiques, que la notation mésopotamienne dispose d'un signe particulier pour noter **le zéro**.

La **notion d'inverse** constitue l'une des bases du calcul. Dans le système sexagésimal, en effet, 1/3, l'inverse de trois, vaut 20, soit 60/3 ; 1/4, l'inverse de 4, vaut 60/4 = 15. En présence d'une division à effectuer, les Mésopotamiens dénouent le diviseur en cherchant dans les tables son inverse ; ils multiplient le dividende par le nombre trouvé et obtiennent le résultat.

Avec leur outil mathématique, les Mésopotamiens **savent résoudre des équations du premier degré à une, deux ou trois inconnues et des équations du second degré**. Les problèmes posés apparaissent très concrets. Ils concernent des champs, des caves, des villes, des murailles, des fossés, des tas de briques, bref, des surfaces et des volumes. Ils sont d'ordinaire posés en série, une même tablette pouvant aller jusqu'à en enregistrer plus de vingt du même type, chacun se présentant comme une variante des autres. **Les solutions sont toujours arithmétiques**. Jamais n'est énoncée une formule pouvant s'appliquer à tous les cas analogues. Jamais un symbole ne vient se substituer à un nombre. Mais les tables diverses de multiplication, d'inverses, de racines carrées ou cubiques, sont d'un usage constant.

Les problèmes de géométrie, qui semblent, de prime abord, toujours concernés par des cas concrets et ne comporter nul théorème, sont parfois posés, cependant, en termes généraux. **La relation de Pythagore est déjà couramment utilisée** ; les principales propriétés du cercle sont connues.

L'astronomie est, dans un premier temps, étroitement associée à l'astrologie. Le rôle des astres est, en effet, double ; ils marquent

L'HOMME MÉSOPOTAMIEN

la succession des temps et signifient aux hommes les événements à venir. Ils sont perçus comme les reflets des dieux et constituent l'un des liens privilégiés entre le monde des dieux et celui des humains. Examiner leurs mouvements et leurs particularités est donc d'une nécessité vitale.

Comme observateurs, les Mésopotamiens sont d'une acuité extraordinaire puisqu'**ils découvrent sans instruments optiques les phases de la planète Vénus.** Ils notent leurs observations dans des séries interminables dont plusieurs sont parvenues jusqu'à nous presque dans leur entier.

Les observations de la lune, reflet du dieu Sin, permettent de déterminer la longueur du mois lunaire et fixer à l'équinoxe de l'automne le début de l'année, au moment où s'arrête sa descente sur l'écliptique pour la remontée des mois d'hiver. De la lune, ils observent les phases, les occultations, la grandeur apparente, la luminosité, les halos divers.

Les observations du soleil, reflet de Shamash, permettent de fixer le début de l'année à l'équinoxe de printemps. Ils enregistrent la constellation dans laquelle il se lève, sa présence au ciel en même temps que la lune ou que d'autres astres, sa forme à son lever et à son coucher, ses variations d'éclat et de couleur, les différents rayons qui s'en échappent à son lever et à son coucher, et sa lumière zodiacale. **Les éclipses de soleil par la lune constituent l'une de leurs principales préoccupations.**

Le décalage entre les mois lunaires avec l'année solaire entraîne l'addition (cf. Le calendrier, ch. V), de manière erratique, de mois supplémentaires plus ou moins complets.

Les Mésopotamiens divisent les autres astres en deux catégories : **les astres fixes** sur la voûte céleste, se déplaçant avec elle, et **les astres errants.** Ce dernier vocable désigne non seulement les planètes qu'ils ont identifiées, Mercure, Saturne, Vénus, Mars et Jupiter, mais aussi les phénomènes qui se déplacent plus rapidement sur la voûte céleste comme les comètes, les météores ou les étoiles filantes.

La plus observée des planètes est Vénus qui les frappe par ses phases, par son éclat, tantôt brillant le soir, tantôt brillant avant le lever du soleil. Elle est le reflet de la déesse Ishtar. La planète Jupiter est l'astre de Marduk, Mars est le miroir du dieu Girra, divinisation du feu, Saturne celui de Ninurta, un dieu de la guerre, Mercure, enfin, celui de Nabu, le fils de Marduk et le dieu de la sagesse.

L'existence de l'écliptique où se déplacent le soleil, la lune et les planètes est très tôt remarquée. Ils la divisent en trois zones parallèles (le chemin du dieu Enki/Éa, celui d'Anu et celui d'Enlil) et en douze tranches inégales où ils désignent, comme points de repère, les douze signes du zodiaque auxquels ils donnent les noms suivants :

HUN.GA	agru	le Journalier	le Bélier
MUL.MUL	mulmullu	les Pléiades	le Taureau
MASH.TAB.BA	tuâmê	les Gémeaux	les Gémeaux
NAGAR	nagaru	le Charpentier	le Cancer
UR.GU.LA	urgullû	le Lion	le Lion
ABSIN	absinnu	le Sillon	la Vierge
RIN	zibânîtu	la Balance	la Balance
GIR.TAB	aqrabu	le Scorpion	le Scorpion
PA.BIL		le Sagittaire	le Sagittaire
MASH	urisu	le Chevreau	le Capricorne

Tableau n° 4 : les signes du zodiaque.

Ils répartissent les astres en constellations dont plusieurs portent toujours le même nom, comme « le grand chariot ». Ils notent également les relations de ces constellations avec les astres errants, à leur lever héliaque, et **sont en mesure de remarquer la précession des équinoxes.**

LA MÉDECINE

Les trois branches de la médecine, la pharmacie, la chirurgie et l'incantation, l'une qui soigne à l'aide de médicaments, l'autre qui a recours à l'intervention instrumentale, la troisième qui en appelle à la magie, sont bien connues. Car le médecin, *asû*, n'est pas seul à s'occuper des malades ; les magiciens, les exorcistes et les barbiers les soignent de même, selon les symptômes qu'ils présentent.

L'essentiel des connaissances médicales est regroupé dans un traité des diagnostics et pronostics qui se subdivise en non moins de quarante tablettes ou chapitres. L'essentiel du corpus se compose d'une sorte de sémiologie analytique où sont minutieusement énumérés les multiples aspects que peuvent présenter toutes les parties du corps humain malade ainsi que les conclusions que l'on en tire. D'autres chapitres sont consacrés à des maladies étudiées dans leurs phases successives. Les dernières tablettes sont consacrées aux maladies féminines, à la grossesse ou aux règles, et aux maladies du nourrisson. **On y voit apparaître une méthode propre d'investigation :** prise de la température à différents moments de la journée, observation du pouls, odeur de l'haleine, couleur et consistance des urines, répercussions externes des troubles internes. Le médecin palpe également son malade.

Le mal défini, le médecin prescrit son traitement. Ces traitements font l'objet d'innombrables tablettes dont chaque paragraphe est à peu près toujours construit sur le même schéma : symptômes, généralement diagnostic, médication, suites du traitement. Des indications concernent parfois le remède, s'il est doux, fort, violent, bon pour les hommes ou les femmes, s'il a déjà été éprouvé, preuve de **l'intérêt que le médecin porte à une forme d'expérimentation**.

Les médications sont de type et d'application variés : cataplasmes, pansements, fumigations, insufflations, injections et lavements ; on relève l'emploi de suppositoires faits de substances émollientes ou astringentes et trempés dans de l'huile, du miel ou du beurre.

Les applications externes comportent des frictions et des massages avec des pommades et des onguents. L'hydrothérapie, avec ses bains, ses douches, ses lotions, est également très employée. Les médicaments internes sont surtout à base de potions aux formules souvent compliquées. Certains médicaments sont ingérés sous forme de pilules ou de boulettes. À ces traitements, les textes ajoutent fréquemment des indications alimentaires. Les notions comme celle de la contagion sont connues.

La pharmacopée mésopotamienne est à base de simples auxquels s'ajoutent quelques substances minérales et organiques. Il est impossible d'identifier toutes les essences et les substances médicinales énumérées dans les textes. Une source énumère des substances médicinales suivant la place qu'elles occupent sur des étagères et où certaines sont conservées dans des bocaux.

Les formules pharmaceutiques sont rarement simples. Les principes actifs des pharmacopées, minéraux et végétaux, sont souvent mélangés à des excipients, miel, produits lactés, gras ou fermentés, qui en facilitent l'absorption ou l'application.

À côté de ces ingrédients figurent parfois des organes d'animaux, foie de scorpion, tête de mouche ou peau de caméléon, également des os, des coquilles, de la corne, des ongles de corbeaux, des excréments d'animaux, de l'urine ou du sang menstruel, voire de petits animaux copulant (il peut s'agir, dans ce dernier cas, d'une plante désignée métaphoriquement).

La chirurgie est mal connue ; à l'exception de quelques rares informations, une excision dans le troisième ou le quatrième espace intercostal qui fait penser à la ponction de l'amibiase hépatique, ou de la remise en place d'un os cassé, elle l'est surtout par des textes non médicaux, notamment les codes de lois où il est parfois question de mutilations effectuées par des spécialistes. La césarienne est peut-être pratiquée si l'on en croit certains anthroponymes comme « Arrachement ».

LA MAGIE

La magie, l'*ashipûtu* ou le métier de l'*ashipu*, **repose sur la croyance que des comportements peuvent avoir une efficacité immédiate et des effets bénéfiques pour un sujet donné,** qui veut échapper à la souffrance, à la maladie, aux privations, à la déchéance, qu'il s'agisse de maladies épidémiques, de la disgrâce du souverain, de la menace de calvitie ou des piailleries d'un nourrisson lesquelles sont réputées porter malheur.

En Mésopotamie, elle peut être au service du religieux, les deux dimensions s'articulant dans les pratiques exorcistiques et les théurgies. Elle se fonde sur une conception particulière de l'origine de la souffrance qu'elle recherche dans des agents extérieurs au mal à réduire : les fantômes des morts, les sorcières, les démons.

Ses procédures consistent dans des formules et des rites qui sont supposés efficaces. Les rites manuels sont d'authentiques charmes ou enchantements et les rites oraux de véritables conjurations parce qu'ils agissent d'eux-mêmes. Ainsi jette-t-on à l'eau, après extraction, le produit avorté, non viable et mal formé qui porte malheur, enterre-t-on en effigie le mort persécuteur, déchiquette-t-on ou brûle-t-on les substituts du patient chargés, par contact, de son mal, ou commande-t-on aux démons de s'en aller.

Les rites manuels consistent dans des gestes par lesquels on s'affaire pour contrer le mal. Ce sont des procédures de remplacement qui s'effectuent communément au moyen de figurines censées représenter soit l'intéressé soit ses ennemis surnaturels, l'une de ces doublures qui, par contact ou par ressemblance, prennent le mal en question. Tel est le cas, par exemple, du substitut royal, en Assyrie (cf. Le roi, ch. III). Ils peuvent être fort simples : il suffit au médecin, se rendant chez un malade et trouvant à ses pieds un tesson fiché en terre, de l'enfoncer dans le sol pour écarter le danger. Un ample usage est aussi fait de moyens apotropéens et purificatoires : l'eau, le feu et des ingrédients divers mélangés dans de savantes mixtures.

Les rites oraux, implorations ou prières exorcistiques, paroles incantatatoires ou conjuratoires, demandes adressées à des dieux individués, sont complémentaires et inséparables des précédents. Il peut s'agir aussi de courts récits sur le mode narratif, comme des mythes ou des légendes.

Un grand soin est apporté à préciser l'usage spécifique de chaque procédure particulière. Ainsi se constitue un vaste corpus de littérature exorcistique, malheureusement en grande partie perdu. Certains recueils, comme celui des exorcismes contre le mal annoncé par des présages divinatoires, se montent jusqu'à cent trente-cinq tablettes, celui pour dissoudre les sorcelleries jusqu'à soixante-trois.

LA DIVINATION

Les Mésopotamiens élèvent la divination – *barûtu* en akkadien, soit le métier du *barû*, avec ses nombreuses procédures, au premier rang desquelles figurent l'hépatoscopie et l'astrologie, mais on y trouve aussi, parmi beaucoup d'autres, la tératomancie, l'oniromancie et jusqu'à l'étude des faits et gestes de la vie quotidienne – au rang du savoir par excellence. Elle se veut une connaissance du réel qui mêle constamment la théorie et la pratique ; elle se fonde sur l'expérience et, dans le même temps, considérant les coïncidences établies entre des faits sociaux et des configurations naturelles comme des corrélations obligatoires et devant se reproduire, elle repense les événements dont elle a la connaissance selon les principes qui gouvernent ses propres opérations cognitives.

Au début du IIe millénaire, mais probablement dès avant, les Mésopotamiens inscrivent des oracles sur des maquettes de foies en argile, la maquette elle-même exposant la situation du présage. Sur certaines d'entre elles, l'oracle et le présage sont notés à l'inaccompli : « Si le pays d'Amurru s'amoindrit, cela (= le présage illustré par la maquette) se présentera ainsi. » La formule dit le lien indissociable qui unit, aux yeux des devins, la nature et la culture, puisque la situation du présage y est déduite de l'oracle. D'un mot, **elle témoigne que la pensée des devins s'est décrochée en s'éloignant de la connaissance sensible et cherche à s'affirmer comme un système. Il s'exprime là une première forme de rationalité.**

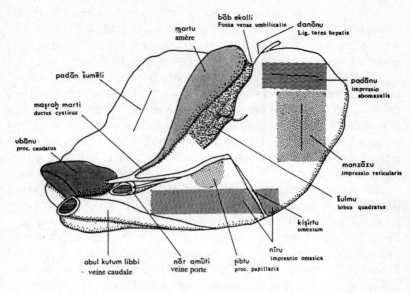

Les sites omineux, sur un foie de mouton.

Au Iᵉʳ millénaire, un changement considérable s'est produit et une nouvelle forme de rationalité fait son apparition. Les devins se trouvent aux prises avec une archive volumineuse. Les signes omineux sont légion. Pour en dominer toute la matière et la diversité, il leur est indispensable de faire œuvre de synthèse. En termes plus ou moins clairs, ils tentent d'exprimer des règles générales. Partant, des commentaires et des documents d'orientation font leur apparition qui attribuent aux divers sites des valeurs omineuses générales et expriment à l'aide de couples de termes ou de schémas les tendances auxquelles obéit, à ce moment, le système divinatoire. **La science divinatoire s'abrège en s'augmentant.**

Dans l'intervalle, au XVIIIᵉ ou au XVIIᵉ siècle, les devins commencent d'écrire des traités, adoptant la forme d'un exposé casuistique avec la formule « si... alors » (cf. Le droit, ch. III ; La sagesse, ch. VII). Parallèlement, ils s'attachent à isoler successivement, parmi toutes celles qui s'offrent simultanément à leur vue, des figures omineuses particulières dont ils décrivent les diverses parties, analysant ensuite, pour chaque figure ainsi répertoriée, l'apparence, le nombre et la position relative, examinant enfin des éléments secondaires comme des taches, des cavités ou des excroissances. Pour chaque cas mis en évidence, ils proposent une relation avec un événement spécifique

L'HOMME MÉSOPOTAMIEN

255

de la vie humaine. Ces traités deviennent, au cours des siècles, des ouvrages considérables : le traité canonique d'haruspicine se subdivise en dix chapitres et comporte près d'une centaine de tablettes ; le traité d'astrologie comporte plus de cent tablettes.

Désignées par leur nom, dénotées par leur aspect ou leurs composantes, situées par leur place relative, classées par leur nature, contrastant généralement de façon alternative selon la valeur qui leur est affectée, les marques omineuses signifient le devenir historique ou social. Elles fournissent les cadres de la classification, les dénotations qui servent à cette dernière et les indices sensibles qui permettent de la réaliser.

Un autre trait caractéristique des écrits divinatoires réside dans l'usage des temps verbaux. En haruspicine et en astrologie, les oracles sont notés à l'accompli ou à l'inaccompli ; par contre, à de rares exceptions près, les présages sont toujours exprimés au permansif. La frontière entre les emplois de ces divers temps est rigoureuse. Le permansif est le temps privilégié dont l'akkadien fait usage pour la description des données scientifiquement observées et avérées. Quant au sens, il marque un état, sans détermination du temps présent, passé ou futur, et il rend la voix active ou passive. Son emploi signifie l'instauration d'une certaine forme constante et durable de l'énonciation ; on peut le considérer comme affirmant hors du temps une vérité proférée comme telle ; **il signale la naissance d'une véritable science descriptive assurant la promotion d'événements singuliers au rang de faits historiques remarquables susceptibles d'être l'objet d'une analyse scientifique.** Car il s'agit bien d'une procédure discursive, la relation omineuse n'étant pas présente de tout temps, mais étant mise en place au moment où le devin interpelle la divinité. Cette permanence que le discours institue est le reflet d'une logique scientifique à travers laquelle s'exprime la certitude de détenir le monopole de la vérité. On devine quelles ressources les devins tirent de l'emploi de ces temps grammaticaux. S'agissant du mouvement de l'histoire, ils cherchent à en découvrir les régularités et les continuités. Dans ce but, **ils mettent le passé ou le futur de l'événement en présence d'un présent continu qui se veut être celui de la connaissance**. Le procédé permet la mise en correspondance de données d'ordres différents et ouvre la voie à la manipulation des faits ; avec lui, on passe d'une histoire brute à une histoire méditée, une histoire qui se joue du temps, qui s'installe dans la perspective d'un temps toujours présent, tant la vérité scientifique est permanente.

D'un mot, les devins mobilisent au service de leur ambition (fonder un savoir qui se prétend objectif et rationnel) un discours doté d'une logique scientifique et à travers lequel s'affirme la certitude de détenir le monopole de la vérité. Ils font en sorte d'en être les dépositaires légitimes et exclusifs.

Mais la divination n'annonce pas un avenir absolu, elle annonce un avenir conditionnel, un avenir « judiciaire » parce que sa décision et ses suites sont semblables à celles d'un arrêt de justice. Le contenu du présage ne proclame pas ce qui arrivera infailliblement à l'intéressé, mais ce à quoi, à un moment donné, il est promis et doit s'attendre. Et ce contenu peut être modifié, comme celui de toute sentence judiciaire. Il existe, à cet effet, des procédures de dissolution du mauvais sort promis par les oracles. Considérons, par exemple, *Le Livre des rêves* mésopotamien ; il se compose, dans l'une de ses éditions, de onze tablettes ; les tablettes II à IX en livrent le contenu ; les tablettes I, X et XI, qui encadrent le corps du texte, offrent un choix d'incantations et de prières exorcistiques ; or, celles-ci ont pour objet d'obtenir la mise à l'écart des menaces de malheur contenues dans les rêves de mauvais augure. Il est donc possible d'aménager les plans divins ! Plus généralement, et malgré la toute-puissance divine, l'homme a prise sur son propre avenir puisqu'il lui est possible de prévoir le comportement divin dès lors qu'il connaît le *stimulus* humain.

QUELQUES ŒUVRES MAJEURES

L'Épopée de Gilgamesh

Elle est l'œuvre littéraire la plus célèbre que produit la Mésopotamie antique. Quoique couchée par écrit en langue akkadienne, d'abord à l'époque paléo-babylonienne, plus tard à l'époque cassite, enfin à l'époque néo-assyrienne, elle s'inspire amplement d'un cycle de légendes et de récits sumériens qui, comme elle, chante les exploits héroïques du roi légendaire d'Uruk de ce nom, ses combats et ses guerres, les épreuves qu'il doit endurer, la mort, enfin, à laquelle il ne peut lui-même échapper. Cinq poèmes sumériens ont pu être en partie reconstitués : *Gilgamesh et le Pays des Vivants ; Gilgamesh et le taureau céleste ; Gilgamesh et le roi Aka de Kish ; Gilgamesh, Enkidu et les Enfers ; La Mort de Gilgamesh.* En sa version la plus complète, l'épopée akkadienne, quant à elle, comporte douze tablettes.

Le récit akkadien est avant tout l'histoire d'une amitié, celle qui unit le héros au personnage d'Enkidu. La ville d'Uruk geint sous la poigne énergique de son roi, et les dieux, à l'écoute des plaintes qui leur parviennent, décident de créer une réplique du roi qui saura rivaliser avec lui avant de devenir son ami et son compagnon de route, permettant aux habitants d'Uruk de jouir du repos. Les deux amis, donc, de partir en expédition, de combattre le redoutable géant Huwawa ou Humbaba, le gardien de la forêt des cèdres. Mais la démesure pousse le héros à offenser les dieux et il est peiné par la mort de son ami. Il prend alors conscience de la précarité de la vie et s'acharne à découvrir le secret de l'immortalité. En vain. Le dernier chant, précisément, est une évocation saisissante du monde des morts.

La Glorification de Marduk

Ce mythe est la mise en œuvre la plus achevée des conceptions mésopotamiennes en matière de cosmologie, de théologie et d'anthropologie. L'œuvre qui comporte sept chants, consacre le triomphe théologique de Marduk, dieu de Babylone.

Du chaos primitif, une matière aqueuse mais orientée selon un axe vertical que caractérise une bipolarité opposant l'En-Haut et l'En-Bas, du substrat au sein duquel les eaux douces et amères, Apsu et Tiamat, principes mâle et femelle, sont intimement mêlées, naissent tour à tour des générations de divinités turbulentes qui, par leur mouvement même, jettent le trouble dans l'univers originel immobile, silencieux et obscur. La procédure de la création suit ici le modèle de la procréation. Le corps féminin, déjà, y est considéré comme le lieu d'une mutation. D'autre part, les dieux étant les artisans de la genèse du monde, l'auteur complète le récit cosmologique par un discours sur les dieux et évoque, de génération divine en génération divine, la progressive dissociation des dieux d'avec la matière primordiale dont ils sont issus.

Des conflits résultent de cette situation dont les épilogues sont sanglants. Apsu est mis à mort et Tiamat prend la tête des puissances du chaos. Parmi les jeunes dieux épouvantés, nul n'a le courage de l'affronter ; seul Marduk accepte le combat, mais à la condition préalable d'avoir été désigné comme roi de tous les dieux. Sa victoire est totale et, nouveau souverain de l'univers, il organise le cosmos. Le mythe fonde l'ordre politique du monde et cet ordre est monarchique.

Marduk, donc, se met à l'œuvre et accomplit le geste fondateur : il divise le corps de Tiamat en deux comme un poisson à sécher et le dispose en deux moitiés se faisant face. Ce geste, qui divise pour ordonner, donne également le jour, chacune des deux moitiés ainsi séparées étant comme le reflet spéculaire de l'autre, à la dynamique de l'analogie.

On découvre, dans la suite du récit, l'esquisse d'une nouvelle thèse qui met en œuvre un autre modèle de création : le réel étant assigné dans le terme qui l'exprime, il suffit désormais au dieu créateur de prononcer un nom pour que la chose désignée existe. En disant les faits, la parole les instaure.

Trois moments forts ponctuent l'œuvre démiurgique : la création de l'espace, celle du temps, celle de l'homme, enfin.

Dans la partie supérieure du substrat, l'En-Haut, Marduk crée une grande demeure qu'il nomme « demeure de la totalité » et qui est le ciel, résidence des dieux, ornée d'astres et de constellations. Ce ciel qui abrite tous les dieux, et principalement les dieux cosmiques, personnifications des diverses parties du cosmos pourtant non encore achevé, préfigure, à vrai dire, l'accomplissement de l'œuvre en gestation puisque, partie supérieure de l'univers, il est à lui seul, déjà, la représentation de la totalité ; il est conçu comme l'image au miroir de l'Apsu, le palais du monde inférieur, tout comme Babylone, qui se situera sur le plan médian du cosmos et au cœur du monde, sera à son tour construite selon le modèle du palais céleste.

Ayant créé la représentation de l'espace, le démiurge dote les constellations et les astres d'un mouvement régulier qui anime le cosmos, en d'autres termes il crée le temps, trajectoire du monde, dont il réglemente la durée.

Enfin, Marduk délègue à son père, le dieu Enki/Éa, le soin de créer l'homme, un être ambigu fait d'argile et de sang divin, dont la vie s'inscrit dans les limites de l'espace et du temps, qui est mortel mais qui se reproduit socialement, assurance de la pérennité du monde, car l'homme est créé pour assurer le culte des dieux sans lequel ceux-ci ne peuvent vivre.

La Théodicée babylonienne

Ce poème de onze strophes, dont on a la chance de connaître le nom de l'auteur, Saggil-kinam-ubbib, est conçu sous la forme d'un dialogue entre deux lettrés et s'inscrit dans la tradition littéraire fort ancienne des débats académiques, très prisée par les Sumériens et les Akkadiens. Par sa forme – chaque interlocuteur, au moment de prendre la parole, résume les arguments énoncés par l'autre – comme par son contenu – le souci de s'élever au général –, ce poème confine à la rigueur de la pensée philosophique.

Le problème soulevé est celui de la justice divine et de son intervention dans la marche du monde. Le premier lettré, pessimiste et révolté par l'apparent bouleversement des valeurs morales, évoque l'appauvrissement, la misère, l'humiliation et le déclassement qui l'accablent, jugeant que, dans ce bas monde, les justes souffrent et sont opprimés alors que les méchants triomphent. Le second lettré, tout au contraire, se pose en défenseur de la religion et de la morale, encourageant son interlocuteur à vénérer et à respecter les dieux car c'est dans l'ignorance, selon lui, que réside la source de la détresse humaine.

Le Juste souffrant

Quoique tout entier à la gloire de Marduk, le texte dégage une morale d'un profond pessimisme. L'histoire est celle d'un noble et pieux personnage abandonné par son dieu et sur lequel s'abattent toutes sortes de malheurs. Il perd la confiance du roi et le respect de son entourage, devient miséreux et tombe malade. Mais, par trois songes successifs, il apprend que le dieu lui rend sa faveur et, de fait, il recouvre santé, richesse et honneurs. Si le poème connaît une fin heureuse, la leçon n'en est pas moins tirée : l'homme n'est qu'un instrument impuissant entre les mains d'un dieu lointain dont on ne sait qu'attendre : ni la justice, ni la magie ne peuvent contrecarrer sa volonté.

La Chronique de l'Ésagil

Cette chronique babylonienne rédigée sous la forme d'une lettre d'un roi à l'un de ses pairs se propose de narrer des événements du IIIe millénaire, présentant une succession de rois et de dynasties dont elle explique les chutes respectives par un manquement au culte et par l'intervention divine.

À la façon naïve d'une imagerie populaire, son auteur présente, en réalité, une thèse essentielle de la pensée mésopotamienne, mettant l'accent sur le mouvement cyclique du temps historique, chaque cycle étant inauguré par un mode de fondation et s'achevant par une catastrophe provoquée par l'incapacité d'un monarque à régner en harmonie avec les forces invisibles. La faute du prince provoquant la colère divine, son règne arrive à un terme, sa dynastie s'éteint et un nouveau souverain vient fonder une nouvelle maison royale.

La Descente d'Ishtar aux Enfers

Ce mythe nous est connu par des versions sumériennes et akkadiennes, les secondes étant postérieures de près de mille ans aux premières. Il s'agit d'un mythe naturaliste qui cherche à expliquer l'apparition et la disparition bisannuelles des divinités qui animent le croît des végétaux, Dumuzi et sa sœur, Geshtinanna. L'explication en est donnée par un séjour souterrain : le grain ne dort-il pas six mois sous terre avant de germer ?

Mais le mythe a été socialisé et politisé : c'est la déesse Inanna/Ishtar qui est rendue responsable de la disparition de son époux, Dumuzi, pour lequel la sœur va se sacrifier.

L'HOMME MÉSOPOTAMIEN

VIII

LES ARTS

Les seuls matériaux de construction locaux, si l'on excepte l'Assyrie et ses carrières de pierre, **sont l'argile et le roseau.** Il est bien connu que l'architecture de terre, d'une extrême fragilité, ne résiste que difficilement aux outrages du temps. C'est dire assez que la production architecturale mésopotamienne n'a laissé que peu de témoins à la postérité. Et ces témoins, lorsqu'ils existent, sont généralement dans un état pitoyable.

Parmi les autres arts, si l'on excepte la sculpture de l'époque d'Akkadé et les bas-reliefs des palais néo-assyriens, **seule la glyptique échappe à la monotonie.** De la peinture, pour les mêmes raisons obvies que précédemment, il ne subsiste presque rien.

L'ARCHITECTURE

a) Les matériaux

La terre argileuse est d'abord utilisée sous l'aspect de moellons informes. **Les briques** les plus anciennes, de forme ronde, sont modelées à la main et dites « en dos d'âne », leur fond étant plat, leur partie supérieure fortement bombée. Plus tard, elles épousent la forme de prismes quadrangulaires aux bords irréguliers. La brique moulée, ou plus exactement tassée à la main dans un moule ouvert, apparaît à la fin du Ve millénaire. Du milieu du IVe millénaire au début du IIIe millénaire, on emploie simultanément deux formats, celui de la demi-brique et celui de la brique entière carrée ; cette alternance assure une liaison plus solide, surtout dans les chaînages d'angle. Elle est adoptée partout.

L'évolution de la brique est interrompue au début du IIIe millénaire par l'adoption d'un type nouveau connu sous le nom de plan-convexe : la face supérieure est nettement bombée et marquée d'impressions digitales ou d'un sillon laissé par le tranchant de la main. **À partir de l'époque d'Akkadé**, cependant, **on revient définitivement à la brique carrée**.

La brique, très habituellement crue, impose à l'édifice ses formes caractéristiques : de grandes masses aux murs épais, aux ouvertures rares et étroites. L'ornementation elle-même fait corps avec la construction, telles des colonnes torsadées encastrées dans le mur. Son emploi entraîne de multiples servitudes : le bâtiment doit résister à l'effritement et aux poussées lorsque la couverture est voûtée ; il faut veiller au risque d'érosion et d'infiltration d'eau, d'où la présence de gouttières, de drains d'assèchement, de lits de roseaux, de jointoiements au bitume et de chaînages. Il arrive aussi que la brique soit utilisée pour les fondations, le dallage des sols, tandis que les murs sont montés en pisé.

Dans l'extrême Sud, **les plus anciennes habitations sont construites à l'aide de roseaux liés en bottes**, lesquelles servent à élever une charpente cintrée que recouvrent des nattes tressées avec le même matériau. De nos jours, les Arabes des marais continuent à en construire.

Les autres matériaux de construction sont le bois, usité pour les charpentes, les toitures ou le chaînage des murs (le bois de cèdre est particulièrement apprécié), et la pierre, peu employée sauf en Assyrie où l'on trouve un calcaire gypseux.

b) Les techniques

Les fondations : elles sont généralement faites de quelques assises de briques, crues ou cuites, plus rarement de pierres ; elles peuvent aussi prendre la forme d'un véritable radier, parfois surélevé en terrasse. À Uruk, au IVe millénaire, certaines constructions reposent sur des plates-formes faites de lits de roseaux et d'herbes alternant avec des lits d'argile.

Les murs : la pose des lits de briques varie selon les époques ; celle des briques plan-convexes est la plus difficile : les briques sont posées horizontalement, le plat de la brique supérieure sur l'arrondi de la brique inférieure, ou rangées en épi ; les assises posées en épi sont presque toujours coupées par des assises posées de lit ; aux

Les constructions en roseau, anciennes et modernes.

angles et aux ouvertures, apparaissent toujours des massifs à lits horizontaux. Ce procédé disparaît au milieu du IIIe millénaire et est remplacé par les briques plates, les murs étant désormais montés en assises régulières à joints alternés. Cuites ou séchées, les briques sont jointoyées avec un mortier d'argile ou de chaux. Les lits de roseaux disposés entre des séries d'assises de briques sont réservés aux constructions monumentales comme les *ziggurat*. Enfin, pour protéger le parement des murs, on recouvre habituellement ceux-ci d'un enduit de terre ou de chaux.

L'HOMME MÉSOPOTAMIEN

265

La brique sert aussi au décor des murs. L'usage de graver ou d'estampiller un texte sur l'une des faces d'une brique cuite se répand à partir de la fin du IIIe millénaire. Les briques de parement sont parfois cuites ou émaillées ; elles ont la double fonction de renforcer la solidité de l'ensemble et d'en assurer l'ornementation : disposées en frises ou en vastes panneaux, elles étalent sur les murs ternes leurs symphonies de couleurs.

La **mosaïque** est également employée comme procédé de décoration. Aux IVe et IIIe millénaires, des mosaïques de cônes d'argile colorés tapissent certains murs de bandes colorées disposées en chevrons ou en losanges, ou certaines colonnes en forme de troncs de palmiers qui encadrent des portes.

Certaines parties des constructions sont toujours en pierre : les seuils, les crapaudines ou les marches. Il existe du reste quelques grands ouvrages en pierre comme le pont de Babylone aux piles de briques cuites jointoyées au bitume, revêtues de dalles de pierres scellées au plomb, ou l'aqueduc de Djerwan. Pour tout le reste, la pierre est réservée au décor, principalement les orthostates corsetant les bases des murs.

Piliers ou colonnes : à quelques exceptions près où ils jouent le rôle de supports, ils n'ont pratiquement pas de fonction structurale et interviennent à titre d'ornement.

Toiture : le toit en terrasse, reposant sur des poutres transversales recouvertes de nattes ou de branchages qui supportent un lit de terre battu, constitue la solution la plus fréquente. L'emploi de la brique oblige les architectes à bâtir des pièces oblongues dont les plus grandes portées atteignent 8 m de large.

Certaines pièces sont coiffées de calottes semi-sphériques ou de coupoles surhaussées. Les hypogées royaux d'Ur sont voûtés en encorbellement (cf. Rites de passage et étapes de la vie, ch. V). Mais la véritable voûte existe aussi, en plein cintre ou légèrement surhaussée ; sa construction s'échelonne par tranches verticales auxquelles on donne, dès le départ, une inclinaison qui facilite l'adhérence de la brique ; le berceau progresse ainsi, tranche par tranche, à partir d'un mur de tête ou d'un arceau monté sur cintre ; la voûte véritable, à claveaux, paraît employée alors uniquement à petite échelle, pour couvrir des éléments de portée minime comme des canalisations, des fours ou des couloirs étroits.

c) Aperçu diachronique

C'est aux époques de Tell Halaf et d'El Obéid que l'architecture devient monumentale. La construction la plus typique de l'époque de Tell Halaf est un **édifice de plan circulaire** appelé *tholos* par analogie avec les chambres funéraires de Crète et dont seules subsistent les fondations en gros blocs de pierres jointoyées de terre ; la partie haute devait être en pisé. Certaines de ces chambres mesurent jusqu'à 6 m de diamètre intérieur et les murs sont parfois épais de plus d'un mètre. La chambre ronde est quelquefois précédée d'un passage rectangulaire que peuvent recouper, à angle droit, des chambres latérales. La destination de ces constructions est incertaine.

Aux époques d'Obéid et d'Uruk, l'architecture est caractérisée, principalement, par **deux types de bâtiments**. L'un, un **édifice tripartite**, est conçu autour d'une **salle centrale cruciforme flanquée de pièces annexes** disposées tout autour de manière plus ou moins symétrique. Le second se présente également comme un **édifice tripartite, de plan à peu près carré, mais il est constitué par une vaste salle centrale rectangulaire dotée, de part et d'autre, de petites pièces latérales**. Il s'agit, avec les uns et les autres, d'habitations et non de temples, sous peine de considérer tous les établissements humains du temps comme autant de fondations pieuses ; du reste, le matériel domestique qui a été découvert, ici ou là, dans certains d'entre eux, ne laisse place à aucun doute quant à leur fonction.

C'est à ces mêmes époques que se manifeste également un élément de décoration qui restera l'un des traits distinctifs de l'architecture mésopotamienne : les longs murs de brique tendent à être coupés par l'alternance régulière de saillants simples ou composés, pouvant même former des niches profondes, et qui vise à rompre la monotonie des surfaces.

Une véritable architecture monumentale se développe surtout à l'époque d'Uruk. C'est dans la ville d'Uruk même que l'on rencontre des constructions à très grande échelle, élevées sur des terrasses artificielles ; l'une mesure 76 m de long sur 30 m de large. Parallèlement, et comme par contraste, à Éridu, un tout petit édicule de plan presque carré, et dont le mur du fond se rétrécit pour former une niche, conserve toute son énigme.

À dater du milieu du IIIe millénaire, **l'architecture religieuse**, difficilement identifiable jusque-là, semble adopter des programmes divers. Il est vrai qu'antérieurement à cette date un seul temple, à

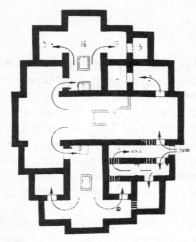

Exemple de construction tripartite.

plan à peu près carré, a été identifié avec certitude sur le site d'Uruk. Une cour fermée en devient partie intégrante ; des chambres annexes, non liées directement aux activités du culte, font aussi partie du sanctuaire qui, extérieurement, est doté d'une enceinte aux formes géométriques simples : **ovale** comme à Hafadjé ou à Lagash, **carrée** comme à Tell Agrab.

Les palais royaux qui apparaissent en Mésopotamie du Nord se composent de corps de logis distribués autour d'une cour intérieure. Par juxtaposition d'unités, on aboutit à de grands ensembles, en quelque sorte **des agglomérats de plusieurs demeures à cour centrale**, dans lesquels chaque partie se développe organiquement en fonction de sa destination.

L'âge d'or de l'architecture dans l'ancien Orient se situe à l'extrême fin du IIIe millénaire. **La réalisation la plus significative en est l'édifice connu sous le nom de *ziggurat*.** Elle a l'aspect d'une tour à étages ; à son sommet se trouve un temple. Celle d'Ur est l'œuvre du roi Ur-Namma. Elle est encore conservée jusqu'à son deuxième étage. C'est un massif de briques crues entouré d'un coffrage de briques cuites. Ses dimensions à sa base sont de 62 m sur 34 m. Sur la face nord-est, trois escaliers conduisent à une plate-forme d'où part un escalier unique donnant accès au sommet. Cœur du sanctuaire, la *ziggurat* se dresse au milieu d'une vaste cour ; elle fait partie d'un ensemble délimité par une enceinte et comprenant en outre trois autres corps de bâtiments.

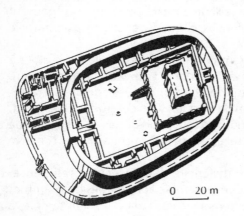

0   20 m

Le temple ovale de Hafadjé.

Avec la *ziggurat*, lorsqu'il en est doté, le temple se distingue définitivement de tout autre édifice. La construction de ces énormes masses de briques pose aux architectes quantité de problèmes : questions de pesées, de poussées,

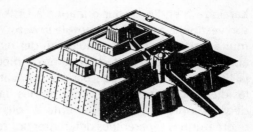

La ziggurat d'Ur.

de tassements, d'infiltrations, d'écoulements des eaux. Le soin qu'ils apportent à sa réalisation, avec l'incorporation de nattes de roseaux, de poutres formant chaînage à l'intérieur des massifs, l'abondance des drains d'assèchement et des gouttières, indique qu'ils sont conscients de tous ces problèmes.

Arrivée à ce stade, au début du IIe millénaire, l'architecture mésopotamienne est en possession de ses principes et de ses moyens qui ne varieront guère pendant plusieurs siècles. Pourtant, pendant la seconde moitié du IIe millénaire, des œuvres totalement étrangères à la Mésopotamie des siècles antérieurs voient le jour. On est frappé par **le caractère imposant des constructions entreprises**. Il suffit, pour s'en convaincre, de jeter un rapide regard sur le plan du palais de Dur-Kurigalzu : jamais encore on n'avait construit si grand ! Tout à côté du palais, la *ziggurat* domine encore aujourd'hui la plaine de sa masse imposante ; avec ses 57 m de hauteur. D'une manière générale, les Cassites sont de grands bâtisseurs. Le bâtiment le plus caractéristique de leur temps est le temple construit par le roi

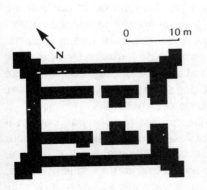

0   10 m

N

Plan et décor des façades du temple de Karaindash.

269

Karaindash en l'honneur d'Inanna à Uruk. Le plan, avec sa *cella* et son vestibule, annonce le temple *in antis*. L'édifice est entouré d'un mur à redans en brique moulée où des niches sont aménagées qui abritent des figures de déesses et de dieux portant un vase d'où jaillissent des filets d'eau ; par les imbrications de leurs vêtements, les dieux sont caractérisés comme des dieux des montagnes ; les déesses portent des vêtements à plis très fins ; des motifs géométriques séparent les différentes figures. Cet usage de la brique moulée en relief est une innovation. On obtient par ce procédé une décoration organique de l'architecture.

En Assyrie, au même moment, Tukulti-Ninurta commence le nouveau palais d'Assur avec les matériaux de construction rapportés comme butin de ses nombreuses campagnes. Mais, sans même en attendre l'achèvement, il décide de bâtir une nouvelle capitale qui porte son nom, Kar-Tukulti-Ninurta. Après lui, les rois Ashur-résha-ishi et Téglath-phalasar Ier sont les commanditaires d'un curieux temple double dédié aux dieux Anu et Adad. Les deux *cellae*, très allongées, courent côte à côte entre les deux *ziggurat*. L'ensemble est précédé par une cour protégée par une enceinte et accessible par une porte monumentale en chicane.

Au Ier millénaire, le même principe – à monarque puissant il faut une résidence luxueuse – est affirmé avec toujours plus de force. Il avait déjà conduit Tukulti-Ninurta et Assurnasirpal à fonder des capitales nouvelles, Kar-Tukulti-Ninurta et Kalhu. Mais les rois ne sont pas les seuls à fonder des villes. Un puissant personnage, haut dignitaire du palais et deux fois éponyme, Bel-Harran-bel-usur, élève à l'ouest de Ninive une ville à laquelle il donne son nom, la dotant d'un temple et lui garantissant privilèges et immunités.

C'est sur la ville de Kalhu que le roi Salmanasar III porte toute son attention. Il y construit un arsenal et une résidence royale. C'est un immense complexe trapézoïdal couvrant quelque 30 ha. Trois grandes cours servent aux parades de l'armée. Deux d'entre elles donnent accès aux magasins et aux ateliers, la troisième ouvre sur les logements des officiers et des soldats. Le palais royal, avec sa salle du trône, se dresse au sud de cet ensemble.

C'est encore une nouvelle ville qui est fondée par Sargon II d'Assyrie avec Dur-Sharrukin. Le palais, au lieu de se situer à l'intérieur de l'enceinte, la chevauche et fait saillie à l'extérieur. Il s'ordonne autour de plusieurs cours plus ou moins grandes. La salle du trône, conçue en largeur, est reliée sur l'un de ses côtés à une seconde salle qui lui est semblable ; son petit côté ouvre sur une cage d'escalier.

Cette salle est donc accessible au public au moyen d'une grande porte, le roi pouvant, de son côté, y entrer par la pièce voisine ou en empruntant l'escalier. Le trône se dresse sur une estrade le long d'un petit côté. L'entrée du palais comporte un portique dont les quatre colonnes reposent sur des lions en bronze. Accolées au palais se dressent une *ziggurat*, richement décorée de briques émaillées, et les chapelles des dieux Sin, Nergal, Shamash, Adad, Ninurta et Éa. Cet ensemble est construit sur une vaste terrasse devant laquelle se trouvent les palais des officiers de la maison du roi et le temple de Nabu.

Cependant, **sur le pourtour de la Mésopotamie, s'est développée une architecture en grande partie indépendante** et c'est du côté de l'Anatolie que l'on recherche le point de départ d'un édifice que les Assyriens, qui prétendent l'avoir emprunté aux Hittites, appellent *bît-hilani*. Cette construction, dont le plan s'étale en largeur, ouvre sur l'extérieur par un portique à colonnes. C'est cette ordonnance que l'on trouve en Syrie dès le XVIIe siècle. Sennachérib s'en fait construire un à Dur-Sharrukin. Mais l'introduction de ce genre de construction paraît relever simplement de la fantaisie royale.

Sennachérib abandonne Dur-Sharrukin pour s'établir à Ninive. Lui-même et ses successeurs, Asarhaddon et Assurbanipal, y élèvent leurs palais respectifs. On devine chez eux le goût du grandiose.

Avec Nabuchodonosor II, Babylone redevient la grande capitale qu'elle n'avait plus été depuis bien des siècles. La ville ancienne n'existe plus et le roi trouve un terrain presque vierge où il peut rebâtir à sa guise temples et palais. On y a recensé cinquante-

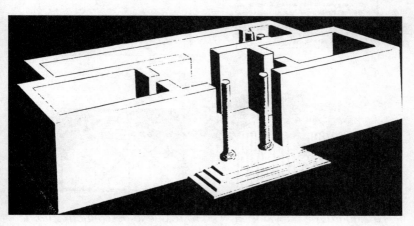

Le bît-hilani de Dur-Sharrukin.

L'HOMME MÉSOPOTAMIEN

trois temples. Le principal d'entre eux est l'Ésagil, le sanctuaire de Marduk ; il est au centre de la ville, près du fleuve ; au sud, se trouve le temple bas, construit au niveau du sol ; au nord, se dresse la *ziggurat*, l'Étémenanki, dont la restauration avait été entreprise par Nabopolassar, avec le temple supérieur. Comme à Dur-Sharrukin, le palais chevauche le mur d'enceinte. Au nord, hors de la ville proprement dite, Nabuchodonosor fait construire un second palais, qu'il inclut dans la cité par une extension du mur d'enceinte. Ces palais néo-babyloniens apparaissent, à l'image de leurs lointains prédécesseurs du IIIe millénaire, mais en plus imposants, comme des agglomérats de demeures à cour centrale.

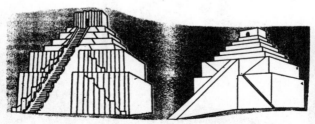

La ziggurat de Babylone : il n'en reste que la description, sur une tablette d'argile ; quelques essais de restitution.

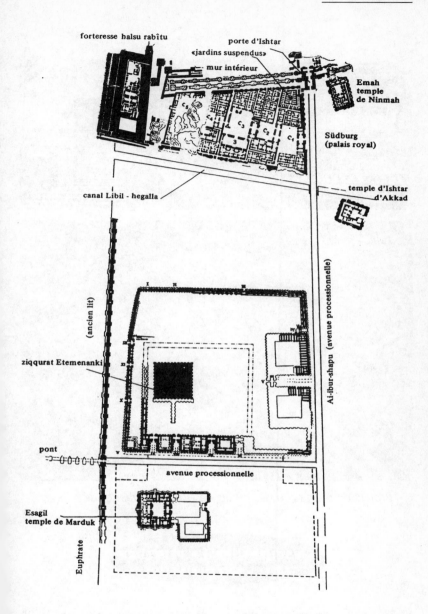

La partie centrale de Babylone.

273

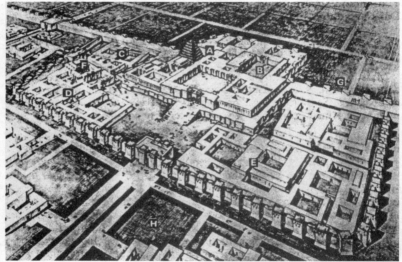

Projets de restitution des palais de Dur-Sharrukin et de Ninive.

LA SCULPTURE, LA PEINTURE ET LES ARTS MINEURS

Toutes les techniques de la sculpture sont au point dès le IIIe millénaire et elles ne feront plus de progrès.

Au dynastique archaïque, la sculpture est de qualité très inégale, selon les écoles. Les sites de la Diyala fournissent des œuvres très frustes, des statuettes aux corps cylindriques et aux yeux exorbités. Les écoles

Tête de Naram-Sin.

de Mari ou de Lagash paraissent moins timorées. Le monument le plus important qui nous soit parvenu est la **stèle dite des Vautours** qui relate les guerres victorieuses d'Éanatum de Lagash. Le récit est illustré par un bas-relief dont les scènes successives sont disposées en registres. Sur une face apparaît le dieu Ningirsu, le grand dieu de Lagash, qui enveloppe dans son filet une multitude de prisonniers dont l'un dresse la tête hors des mailles pour se voir asséner un coup de massue. Sur l'autre face, Éanatum marche à la tête d'un corps de troupe, une phalange compacte et lourdement armée. Le champ de bataille est jonché de cadavres qui servent de pâture aux vautours. Sur un second registre, le roi, monté sur un char, achève à la lance un adversaire dont on ne voit plus que la tête.

À l'**époque d'Akkadé, les arts plastiques illustrent l'une des périodes les plus brillantes de l'art mésopotamien.** Sous le règne de Naram-Sin, tout particulièrement, la sculpture se dégage presque totalement de l'influence des périodes antérieures. La **tête de Naram-Sin** en est l'exemple le plus achevé. Le monarque porte encore toutes les marques extérieures des notables des époques antérieures : le bandeau frontal, la barbe longue, bouclée et calamistrée, la coiffure finement tressée et nouée derrière la nuque en un chignon que maintient un triple cordon. Malgré cela, dans le traitement même de la tête, le reste de la statue est perdu, on ne connaît rien qui dans une période antérieure puisse lui ressembler.

Sur la **stèle de Sippar,** un monument érigé à la gloire du même souverain, l'artiste abandonne la composition en registres superposés qui était de mise et centre toute la scène sur le triomphe du roi. Celui-ci est beaucoup plus grand que tous les autres personnages, il est paré de la tiare à cornes et gravit en vainqueur une montagne, foulant au pied ses ennemis.

Stèle de Sippar.

275

Après la chute d'Akkadé, l'appauvrissement du répertoire sculpté est frappant. **Les statues de Gudéa font exception**, par la maîtrise complète du travail de la diorite, la finesse du modelé, l'expression de la sérénité et de la force d'âme ; elles « sont purgées de ce qui dans l'homme est accidentel ». Cette statuaire exceptée, l'ensemble de la production est d'apparence très froide, toute l'attention est portée aux manifestations du culte.

À l'époque paléo-babylonienne, la production artistique étonne par sa banalité et sa froideur. Les traits dominants en sont un académisme plat et un manque total d'esprit de création. Ils sont parfaitement illustrés par le relief qui orne **la stèle portant le texte du code de Hammurabi**. On y voit le roi en adoration devant une divinité assise sur un trône, coiffée d'une quadruple tiare à cornes et tenant en main l'anneau et le bâton, symboles du pouvoir. Seule la production de figurines et de reliefs en terre cuite, bénéficiant des multiples facettes de l'imagination populaire, tranche par sa variété et sa spontanéité.

Au cours de la seconde moitié du IIᵉ millénaire, la ronde-bosse et le bas-relief nous sont parvenus en un état trop fragmentaire pour qu'il soit possible d'en juger. L'**autel de Tukulti-Ninurta** en est la meilleure illustration. Le roi, représenté tout à la fois debout et à genoux, prie devant un podium isomorphe orné d'un symbole énigmatique, apparemment la tablette et le stylet du dieu Nabu. Le socle a dû servir de support à un symbole divin, peut-être le dieu Nuska auquel s'adresse la dédicace. **Les *kudurru*, des stèles ovoïdes, de dimensions moyennes, qui sont entreposées dans des temples et où sont enregistrées des donations royales à des serviteurs de haut rang**, donnent une autre image de la sculpture, par certains côtés plus naïve et plus maladroite. La surface que le texte laisse libre sur la pierre est entièrement recouverte de symboles divins superposés. Il arrive parfois que le roi et le donataire soient également figurés. Comme auparavant, les terres cuites, dépourvues de toute convention, sont l'expression la plus riche et la plus imagée de l'art du temps.

Dans l'empire néo-assyrien, c'est essentiellement l'art du bas-relief qui est développé dans les palais. C'est un art aulique, entièrement à la gloire du souverain, à l'exception des génies ailés qui président aux rituels. Les portes des palais sont flanquées de génies monumentaux destinés à écarter les forces du mal et à impressionner les visiteurs. Le plus souvent, ils prennent la forme de taureaux ailés anthropomorphes. Les grandes surfaces murales sont couvertes de bas-reliefs qui racontent inlassablement les exploits des souverains. Ces innombrables reliefs d'orthostates sont du domaine de la « prose

Taureaux androcéphales à l'entrée de la salle du trône de Dur-Sharrukin.

illustrée » ; ils figurent des scènes rituelles, de guerre et de chasse. Chaque orthostate comporte habituellement une scène unique : l'armée en campagne, le siège d'une ville, le camp militaire, le transport d'une pièce lourde, la reddition de l'adversaire, le défilé des prisonniers, la litanie des tributs, les chasses au

Sculpteur au travail sous les ordres d'un lettré.

lion (celles d'Assurbanipal sont particulièrement renommées). Chaque scène est empreinte d'un très grand réalisme, reproduisant la faune et la flore, mais aussi les vêtements, les armes des personnages avec un grand souci du détail.

Exemples de sculpture assyrienne : le roi sur son char.

L'HOMME MÉSOPOTAMIEN

Partout, jusque dans les représentations de ses moments de repos, à l'ombre des arbres de ses jardins, le roi est constamment glorifié dans ses actions. Les stèles, les obélisques et les statues n'ont pas d'autre but. Les portes de bronze du palais de Salmanasar III à Balawat sont également couvertes du récit de ses triomphes. Des inscriptions abondantes complètent et commentent le répertoire iconographique.

Les Mésopotamiens aiment les décors richement colorés, **les palais et les temples sont aussi ornés de peintures polychromes**. Mais la peinture, plus fragile, s'est moins bien conservée que d'autres décors. Dans le **temple d'Uqair**, à la fin du IVe millénaire, un fragment conservé permet de connaître déjà certaines règles : un fauve est silhouetté d'un trait noir assez épais ; la teinte est appliquée ensuite, de manière uniforme ; des taches sombres parsèment la toison. Le cerne qui dessine le sujet, l'emploi de teintes plates, l'absence d'ombres sont des caractéristiques qui demeureront jusqu'à la fin du Ier millénaire.

Le plus important ensemble de peintures connu orne les murs du palais de Mari, d'époque paléo-babylonienne. Un bandeau rouge et noir, à près de 2 m du sol, se détache de l'enduit de plâtre blanc et court le long des murs de certaines pièces ; ailleurs, une double tresse ressort en bleu, blanc, orange et noir ; ces éléments décoratifs forment un ensemble enrichi par des lambris et des tentures. La peinture figurative n'est représentée que dans quelques salles et une cour par des tableaux. L'un d'eux décrit une cérémonie religieuse où intervient la déesse Ishtar. Ailleurs, des animaux mythiques montent la garde. Malgré l'altération des couleurs due au temps, on voit que la palette de l'artiste est riche : toute une gamme d'ocres, allant du beige au jaune et au brun rouge sombre, des gris-vert et des bleus. Une autre grande composition a pour principal sujet un sacrifice.

Plus tard, dans la seconde moitié du IIe millénaire, à Dur-Kurigalzu, et au Ier millénaire, à Til Barsip et à Dur-Sharrukin, les murs des palais continuent d'être couverts de fresques. Le décor peint rappelle généralement l'architecture à cloisonnage. Les quelques vestiges retrouvés dans les ruines de Kar-Tukulti-Ninurta permettent de reconstituer des panneaux couverts de motifs héraldiques, animaux ou monstres flanquant un arbre stylisé. Des compositions d'hommes en marche et des thèmes floraux ont été découverts à Dur-Kurigalzu. Sur les fresques du palais de Nuzi on relève la présence de palmettes, de têtes de bovidés et de visages humains au milieu de motifs

L'HOMME MÉSOPOTAMIEN

Peintures de Mari et de Kar-Tukulti-Ninurta.

architecturaux. Comme les bas-reliefs, les peintures des palais relatent les hauts faits royaux. La peinture sert aussi à rehausser certains détails des bas-reliefs ou des statues qui portent quelquefois des traces de couleur.

On a souvent voulu expliquer par l'altération des couleurs les teintes peu réalistes de certaines peintures. Des chevaux assyriens sont colorés en jaune clair ou même en vert. En fait, il semble que, seule, l'originalité du peintre soit en cause. En d'autres cas, les couleurs sont très proches de la réalité, comme l'oiseau bleu qui prend son vol dans la partie supérieure de la grande peinture de Mari.

La mosaïque, ce procédé de décoration qui consiste à incruster dans un support de petits morceaux d'une matière pour former des dessins figuratifs ou géométriques, est bien connue. De véritables tableaux sont constitués en incrustant sur fond de bitume, pavé de lapis-lazuli, des éléments de coquilles ou d'ivoire représentant de petits personnages réunis en des scènes de la vie quotidienne. **On s'en sert surtout pour orner des coffrets, des jeux ou des instruments de musique.**

Rare aux époques anciennes, **l'ivoire** est très recherché au Iᵉʳ millénaire. Les rois assyriens le prélèvent sous forme de tribut ou l'importent de Syrie ou de Phénicie. Il s'agit **aussi bien de dents d'éléphants que d'hippopotames.** Il sert à la décoration des mobiliers. Une savante technique de découpage à la scie permet d'ajourer les plaques qui reçoivent des incrustations en or ou en émail. Souvent, les ivoires sont peints.

LA GLYPTIQUE

Dans un espace de temps relativement court, vers le milieu du IVᵉ millénaire, les Mésopotamiens inventent deux systèmes sémiologiques différents ; l'un est l'écriture cunéiforme, l'autre est le répertoire iconographique des sceaux-cylindres. Cet objet, tout à fait caractéristique de la production artistique mésopotamienne, présente, par rapport au cachet plat en usage dans les pays environnants, une différence importante : le lapicide y dispose d'une surface graphique beaucoup plus grande puisque c'est tout son revêtement cylindrique qu'il peut orner de motifs gravés. Après avoir choisi un morceau de pierre de belle qualité, il l'amène à la forme cylindrique en recoupant ses arêtes et en le polissant. Puis il perfore le cylindre dans le sens de l'axe afin de pouvoir y glisser un bâtonnet pour le dérouler aisément ou une cordelette pour le suspendre. Sur la surface ainsi préparée, il peut graver un dessin en creux, soit à la bouterolle dont l'emploi crée un style heurté, soit avec d'autres outils offrant un meilleur rendu du dessin.

À la fin de l'époque d'Uruk, le répertoire décoratif est réduit. L'inventaire en est le suivant : des êtres humains, notables, chefs de guerre, chasseurs ou officiants, hommes et femmes du commun, prisonniers ligotés et agenouillés ; des êtres mythiques dont, peut-être, des divinités ; des animaux réels, domestiques ou sauvages ; des animaux imaginaires, ambigus divers ; il peut arriver que seule la tête en est représentée ; des plantes, des objets manufacturés comme des pièces de mobilier, des vêtements, des poteries, des outils ou des armes ; des représentations architecturales. Ces figures, parfois mêlées les unes aux autres, entrent dans des compositions diverses : alignements, frises, défilés, thèmes héraldiques, scènes à caractère religieux, militaire, cynégétique, activités de la vie quotidienne.

À l'époque d'Akkadé, vers 2300-2100, après une longue période où sont privilégiées les scènes de combats épousant l'aspect de frises de personnages affrontés, **la glyptique produit des représentations fortement personnalisées**. La glyptique atteint alors sa maturité. Le motif des frises est abandonné au profit de scènes sculptées en léger relief et avec un très grand réalisme. La thématique est entièrement renouvelée. Le répertoire iconographique s'enrichit tout particulièrement par de multiples allusions à des mythes ou des légendes dont la majorité nous est autrement inconnue.

Par la suite, l'originalité disparaît presque totalement. À la fin du IIIe millénaire et pendant les premiers siècles du IIe, quelques thèmes sont sans cesse répétés, parfois avec quelques légères variantes. La scène la plus répandue est celle, reproduite inlassablement, de l'introduction du fidèle devant son dieu, le dieu étant assis et une divinité secondaire conduisant le fidèle par la main.

Au cours de la seconde moitié du IIe millénaire, la glyptique subit un changement profond ; **en Babylonie, la représentation figurée cède le pas à l'inscription** ; les motifs gravés se composent simplement d'un adorant ou d'un dieu ; l'inscription, à zones multiples, comprend souvent une prière. **La glyptique assyrienne est fortement influencée par l'art mitannien** ; on y trouve à foison animaux, êtres hybrides ou divinités ; seule différence, les scènes y sont mieux ordonnées que sur les exemplaires mitanniens. Au Ier millénaire, les sceaux-cylindres assyriens adoptent le style quelque peu pompeux de la sculpture de l'époque et présentent une richesse de motifs d'une extrême variété qui n'est pas sans évoquer, par certains côtés, la production de l'époque d'Akkadé.

Le sceau a toujours une double fonction, celle d'identifier et de valider en même temps que de fermer, le second aspect de cette double fonction n'étant qu'un corollaire du premier. Le sceau est donc une signature ; il attire l'attention sur son détenteur ou son dépositaire et le soustrait à l'anonymat. Son emploi permet d'obtenir, toujours et partout, des empreintes strictement identiques à leur matrice. Pour le contrefaire, il est nécessaire d'en fabriquer un faux ! Or, s'agissant de l'iconographie, le projet des lapicides n'est aucunement de narrer, simplement, des gestes quotidiens, des actions héroïques ou des scènes mythologiques, moins encore de décrire

L'HOMME MÉSOPOTAMIEN

Exemples de sceaux de l'époque d'Akkadé.

les variétés de la faune ou de la flore. Le décor ne constitue pas une figuration simple qui se satisfait de ce niveau de lecture. C'est un langage complexe qui sert à informer sur l'identité, la position ou le statut social du dépositaire ou du propriétaire, sur l'institution à laquelle il appartient, la part d'autorité dont il est investi, les préoccupations d'ordres religieux, politique ou économique qui l'animent. Le fait d'ajouter à cette iconographie un texte écrit disant expressément le nom, le patronyme ou la fonction du détenteur, renforce encore la référence à l'identité. Un sceau peut être utilisé par un individu, ses fils et sa descendance, pendant de longues années. Semblablement, il existe des sceaux dynastiques.

LA MUSIQUE ET LA DANSE

La musique et la danse accompagnent tous les moments importants de la vie individuelle et collective. On trouve parfois, dans les hymnes, des annotations liturgiques qui portent sur le rythme et la manière de chanter ; on possède même quelques partitions musicales. L'archéologie vient confirmer et mettre en image une partie de ces informations.

Les documents les plus remarquables proviennent de la nécropole d'Ur. Les vestiges de plusieurs instruments à cordes en bois, en or et en argent, ainsi qu'une flûte double à quatre trous en argent et des cymbales en cuivre y ont été découverts. Les instruments à cordes sont de deux types, la harpe et la lyre. Une harpe à onze cordes obliques de longueur inégale, fixées par des clous d'or sur un montant vertical, a pu être reconstituée avec sa tête de taureau en or et en lapis-lazuli en guise de figure de proue. Ailleurs, les cordes, dont le nombre varie entre huit et onze, sont verticales et de même longueur, fixées à leurs extrémités sur un cadre en bois ou en métal.

Les représentations figurées apportent à leur tour un complément d'information non négligeable. Il nous est parvenu, toujours des mêmes tombes d'Ur et décorant la harpe, une représentation d'animaux dans des attitudes humaines, tel un âne assis sur son train arrière, jouant d'une lyre à huit cordes verticales et dont la caisse de résonance est formée par un taureau couché ; devant l'instrument danse un ours, tandis qu'à ses pieds un petit chacal assis brandit un sistre et frappe sur un tambourin. Cet embryon d'orchestre est souvent répété, accompagnant, par exemple, des scènes de banquets ; ailleurs, un harpiste accompagne des chanteurs dont la mélodie est scandée par des cymbales en forme de bâtons courbes. Les mêmes instruments, la harpe à cordes inégales, la lyre portative, une sorte de cithare à cordes horizontales, les cymbales et le tambourin, continuent à être en usage aux IIe et Ier millénaires. Un

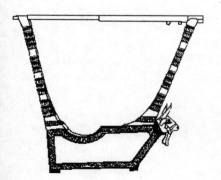

Harpe d'Ur et son décor en mosaïque.

relief du palais d'Assurbanipal à Ninive représente quatre musiciens barbus, en longue robe, jouant de ces différents instruments. Outre ces instruments, il existe un luth à long manche sur une caisse de résonance piriforme que l'on tient sous le bras.

Sur les musiciens eux-mêmes, les textes sont peu explicites. Le *nârum* en akkadien, *nar* en sumérien, est-il le musicien, l'instrumentiste ou/et le chanteur ? On ne sait.

Dans l'art de la danse ou de la ronde, les femmes doivent jouer un rôle important. Dans le palais de Mari, par exemple, au moins deux troupes de chanteuses semblent représenter des chœurs ou des manières de corps de ballet ; l'une est composée de jeunes filles ou de jeunes femmes, l'autre de fillettes.

IX

LES LOISIRS

Le concept de loisirs, à l'évidence, **a peu de chances d'être un concept autochtone**. Toutefois, les Mésopotamiens se montrent adeptes ou passionnés par un certain nombre d'activités auxquelles ils se prêtent et qui ne sont pas nécessairement en rapport direct avec l'accomplissement d'un rituel religieux ou d'une activité quelconque. **Le jeu existe et, quoique très habituellement associé aux activités religieuses, il divertit, tout en se confondant avec les nécessités de la vie.**

LES JEUX ET LES SPORTS

Les enfants jouent, à l'instar de tous les enfants du monde. On a retrouvé des figurines en os ou en bois qui sont des jouets d'enfants, des crécelles, des poupées figurant des hommes ou des animaux dont certains sont montés sur roues, ainsi que des chariots ou des chars miniatures. On connaît mieux la corde à sauter, le cerceau et le bâton, peut-être aussi le jeu de palets.

Deux types de jeux sont extrêmement répandus. Le premier, où l'on se sert de jetons et de dés, est constitué par deux carrés, divisés chacun en un nombre variable de cases et reliés par une troisième série de cases alignées, également en nombre variable ; cet appareil peut être tracé sur une brique ou une pierre, il peut aussi être exécuté avec beaucoup d'art, en véritable objet de luxe. Cela évoque quelque chose comme nos jeux de dames. Le second épouse une forme arrondie, en semelle de chaussure ; au lieu de cases il comporte uniquement des trous, percés en un ordre défini. Les dés, en argile ou en pierre, les totons à faces numérotées et les osselets peuvent servir à d'autres jeux.

Lutteurs affrontés.

Il y a également **des spectacles qui peuvent servir de divertissement**. Ils requièrent un personnel spécialisé : soit des chanteurs, des chanteuses, des musiciens, des aèdes et des ménestrels (on ne saurait oublier que les mythes, les légendes et les épopées sont chantés en public), soit des acrobates, des jongleurs ou des bateleurs comme ceux qu'un texte de Mari met en scène à l'occasion de la célébration d'une fête.

Le sport consiste en divers exercices violents rappelant la chasse et la guerre. On connaît des figurines représentant des athlètes, des lutteurs ou des manières de boxeurs, et des textes font référence à leurs affrontements. Le mythe du mariage du dieu Marduk informe de l'organisation de concours de luttes diverses lors de la tenue de foires, près des portes des villes.

Un texte nous parle de tir à l'arc. Au Ier millénaire, l'existence de singes dressés ne fait pas de doute.

LA CHASSE ET LA PÊCHE

On reconnaît **diverses chasses** sur les reliefs assyriens : à l'affût ou à courre, à cheval, en char, avec des chiens, au filet, au faucon, à la pique, à l'arme blanche ou à l'arc ; elles se déroulent dans tous les terrains, les montagnes, les steppes, les marécages ou les lagunes ; nul gibier n'est épargné, le lion ni le buffle, le sanglier, le cheval sauvage, la gazelle, l'éléphant et des oiseaux de toutes sortes.

Les rois assyriens ne manquent jamais de louer leurs exploits cynégétiques. Le lion est une proie qui leur est réservée, le roi des hommes pouvant seul chasser le roi des animaux. **La chasse est ici le complément de la guerre**. Le roi assyrien, en les exerçant toutes deux

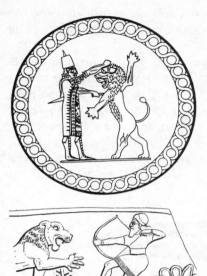

victorieusement, impose son autorité aux mondes de la culture et de la nature et montre sa capacité à dominer la terre entière. Téglath-phalasar Ier rapporte que, lors de l'une de ses campagnes en Syrie du Nord, il tue dix gros éléphants mâles, en prend quatre vivants, abat cent vingt lions au corps à corps et huit cents autres depuis son char de guerre. Et tout le monde a en mémoire les bas-reliefs du palais d'Assurbanipal où le monarque chasse les lions et les lionnes que des hommes d'armes ont préalablement extraits de leurs cages et qu'il transperce de ses traits.

L'HOMME MÉSOPOTAMIEN

Les chasses au lion : sceau royal assyrien, bas-reliefs de palais assyriens.

Dans une sépulture découverte à Éridu et qui date du IVᵉ millénaire, le chien de chasse du défunt a été placé sur le corps de son maître.

La pêche se pratique à mains nues, au filet ou à la nasse, également au fil et à l'hameçon. Celle en eau douce s'exerce non seulement dans les lacs, les étangs et les grands fleuves, mais aussi dans les canaux d'irrigation. Il existe du reste des viviers pour conserver les poissons vivants. En dehors du Golfe arabo-persique, la pêche en mer est aussi pratiquée en Méditerranée où les grosses pièces comme les thons ne sont pas rares. Le plus souvent consommé frais, mais on sait le sécher et le saler, le poisson constitue un élément important de la nourriture.

LES REPAS ET LES BANQUETS

Semblable à l'animal, l'être sauvage (cf. Les étrangers, ch. III) ne fait que brouter l'herbe et étancher sa soif aux points d'eau. Seul l'homme social cuisine et consomme les mets qu'il a préalablement élaborés en se pliant aux règles de conduite que lui dicte sa culture. **L'acte de prendre un repas s'assimile, pour lui, à un rituel qui sacralise le temps et l'espace en les ponctuant et les ordonnant.**

a) L'alimentation

L'homme mésopotamien consomme, pour **nourriture de base, le pain et la bière** qui, synonymes de cultures céréalières, sont des éléments importants de la cohésion sociale. Le régime habituel paraît être de deux repas quotidiens, l'un du matin, l'autre du soir. Chacun de ces repas peut être doublé d'un second, un « repas de second rang », qui vient compléter le « repas principal ».

b) Le partage de la nourriture

Le repas du maître, au cours duquel celui-ci consomme, essentiellement, les propres produits cuisinés de ses terres et de ses troupeaux, n'est pas un acte solitaire. **Le maître ne mange pas seul**

et son repas n'a pas pour unique raison de le nourrir. Il se doit de partager son repas, d'offrir la nourriture. Pour les Mésopotamiens, l'établissement et le maintien des relations sociales passent, précisément, par ce partage.

Il y a, tout d'abord, l'obligation faite à tout homme d'offrir le couvert à ses proches, en premier lieu à son épouse, et à toute sa domesticité. Semblablement, à une toute autre échelle, le roi entretient ses troupes et les personnels de ses palais. Sargon d'Akkadé se vante de faire manger quotidiennement devant lui 5 400 hommes ! Les palais distribuent également leurs viatiques aux personnels, dignitaires et officiers en déplacement.

c) Le repas des dieux

Les dieux et les déesses exigent d'être quotidiennement abreuvés et sustentés. Leur repas diffère de ceux du particulier ou du roi en ce que le dieu y participe sous la forme de son image, de sa représentation. Les cérémonies débutent par les opérations d'ouverture et de lavage de la bouche de l'effigie. Des repas de fête viennent compléter et enrichir le service quotidien. Les dieux ayant mangé leur part, la desserte de la table divine revient aux prêtres et aux personnels des temples.

d) La convivialité

Les transferts et le partage de nourriture sont un constat rituel des relations sociales et des rapports avec le surnaturel, la solidarité étant fortement affirmée lors de banquets où le fait de partager la même nourriture renforce entre les convives les liens de parenté, d'affinité ou d'amitié. Le geste de manger ensemble dans le même plat ou de boire à la même coupe est interprété comme un témoignage d'accord.

Hormis les repas quotidiens, les fêtes qui scandent la vie familiale, sociale, politique et religieuse, sont autant d'occasions de banqueter. Outre les banquets privés, les occasions sont multiples, ainsi : l'inauguration d'un palais ou d'un temple ; les assemblées et les accords politiques ; la réception d'un hôte étranger ; les noces ; le banquet mensuel offert aux défunts ; les cessions immobilières.

L'HOMME MÉSOPOTAMIEN

e) Les modes d'alimentation et l'ordonnance des repas

Chaque repas se compose de plusieurs mets et de plusieurs services. On a une bonne connaissance de la cuisine mésopotamienne dont on a conservé jusqu'à quelques recettes. La nourriture de base est la nourriture panifiée ; viennent ensuite les vesces, les dattes et les pistaches, ainsi qu'une bière de sirop qui doit servir de condiment. Comparée à cette alimentation végétale, la consommation animale est mal documentée ; cette disproportion marque sans doute l'importance moindre de la nourriture carnée. Mais on ne peut omettre le poisson.

Les aliments servent dans une large mesure à catégoriser les situations et les statuts sociaux. On s'attend donc à voir une différence entre un repas servi aux visiteurs, aux riches ou aux pauvres, aux enfants, aux mendiants, aux malades, aux hommes ou aux femmes.

Il faut sans doute abandonner l'idée selon laquelle les petites gens doivent se contenter de sempiternelles bouillies de céréales ou de légumes : l'usage de la viande paraît relativement répandu. Il n'empêche que, selon le degré de richesse et le rang tenu dans la société, les habitudes de table varient. L'étude quantitative des éléments du menu offert à ses commensaux, non moins de 69 574 convives pendant dix jours, par le roi d'Assyrie Assurnasirpal II, lors de l'inauguration de la ville de Kalhu, prouve que l'ensemble des invités n'est pas uniformément traité et que plusieurs menus sont servis conjointement, sans doute selon le rang dans la hiérarchie administrative, la fonction politique ou l'origine sociale du participant.

Un banquet.

f) Les manières de table

Le fait de se nourrir est un acte culturel et médiatique. **Les manières de table forment un code** dont les termes transmettent une certaine quantité de messages et qui est conforme à l'ensemble des normes qui régissent la société. Les bonnes manières et les ustensiles de table sont les moyens de la médiation, jouant le rôle d'isolants et d'étalons de mesure. Leur fonction est, tout à la fois, de modérer les échanges avec l'environnement et d'imposer à chaque geste un rythme domestiqué.

À l'évidence, au moins dans les demeures d'une certaine importance, il existe des salles à manger. À leur arrivée, les hôtes s'embrassent et prennent langue, le maître de maison les salue, les revêt de ses étoffes et les oint de ses parfums. Avant de passer à table, chacun se lave les mains. Le repas est généralement pris assis sur un siège, mais la position allongée sur une banquette n'est pas inconnue. Lorsqu'il est présent, le roi s'installe le premier et l'on place la table devant lui. Certains protocoles de banquets montrent combien les hiérarchies sociales sont scrupuleusement respectées à table, établissant une différence entre les convives « qui sont assis sur un siège » et ceux « qui sont accroupis ». Le repas est servi sur des plateaux posés sur des socles mobiles. Les convives ne se pressent pas tous autour d'une même table, mais ils se répartissent autour d'une pluralité de petites tables. Des musiciens et des danseurs accompagnent les banquets. Le repas achevé, chacun se retire selon un ordre réglé.

L'HOMME MÉSOPOTAMIEN

X

LA VIE PRIVÉE

Il est indéniable que dans sa demeure le Mésopotamien ne se livre pas exclusivement à des occupations religieuses ou professionnelles et qu'il existe, pour lui, une vie privée.

Le **cercle familial** au sein duquel cette vie se déroule n'a pas de limites rigides. Il peut aller de la relation conjugale qui unit un époux à sa femme et ses enfants à divers types de groupes domestiques. Selon les époques, il peut se fondre dans des groupements beaucoup plus importants.

Dans le cadre historique qui est celui de la formation de grands États territoriaux à vocation universaliste, on a pu avancer que les associations religieuses et les confréries artisanales sont prédominantes sur les groupements de parenté, ces derniers ne remplissant plus leurs fonctions essentielles : conférer un statut et accorder une protection à l'individu. La réalité est autre, car l'on a quelques lumières sur les justices privées et les liens de solidarité qui donnent à la famille toute la vigueur de sa cohésion.

Les législations de l'époque paléo-babylonienne, par exemple, et tout particulièrement celle de Hammurabi de Babylone, peuvent être interprétées comme autant de tentatives de briser ces juridictions privées et de rompre les cercles des solidarités familiales.

DES COMMUNAUTÉS DE GÉRANCE

Les sociétés mésopotamiennes, au cours des deux premiers tiers du IIIᵉ millénaire, et sans doute antérieurement, se caractérisent par la présence d'**importants groupements de parenté ou de localité qui gèrent en commun les terres qu'ils occupent**, l'appartenance au groupe ouvrant l'accès à la terre en question. Ils sont composés de lignées et de lignages en nombre variable. La présence d'une lignée dominante et les écarts observés dans les montants des libéralités distribuées à chacun de leurs membres lors de cessions immobilières montrent que **ces groupes sont inégalitaires**.

Il est indispensable de séparer les Sumériens des Akkadiens dont les coutumes diffèrent sensiblement. En pays de langue akkadienne, l'accès aux biens est commandé, principalement, par les rapports de filiation agnatique ; les femmes ne semblent jouer aucun rôle. En terre sumérienne, où certaines femmes peuvent tenir des fonctions importantes, les groupes semblent d'une texture moins inégalitaire ; quelques indices donnent à penser que l'accent y est mis davantage sur la communauté de voisinage et les rapports d'alliance que sur ceux de sang.

LA MAISON ET LA FAMILLE NUCLÉAIRE

a) L'habitat

La maison est vraiment le centre de la vie domestique. Elle forme un bloc clos sur lui-même. L'espace dans lequel s'inscrivent la cour centrale et les pièces qui la bordent ne communique avec l'extérieur que par la porte d'entrée. Il n'est aucune fenêtre donnant sur l'extérieur ; seule la cour fournit l'air et la lumière. Considérons, par exemple, une **maison d'Ur à l'époque paléo-babylonienne**. L'entrée ouvre sur un vestibule ; une cruche y est placée, à côté d'une rigole, afin de faire ses ablutions avant de pénétrer plus loin. La cour est pavée et pourvue, en son milieu, d'un bassin pour recueillir l'eau de pluie. La plus grande salle est destinée aux réceptions. Le départ d'un escalier montre qu'il y a un étage. Une galerie de bois soutenue par des poteaux court autour de la maison et donne accès aux chambres.

Le **mobilier**, par contre, **est mal connu**. Des lits ou des divans doivent servir de jour comme de nuit. Des chaises en bois, des tables ou plateaux sur pieds, des coffres, enfin, doivent en constituer l'essentiel.

*Une maison d'Ur
et une huilerie.*

b) L'homme

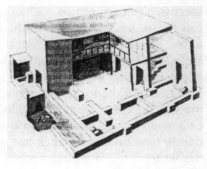

Il est le maître ; maître de son épouse, il a pouvoir sur elle ; chef de famille, il ordonne à ses proches ; propriétaire, il a autorité sur toute personne dépendant de lui. **Dans la force de l'âge, marié, comblé d'enfants et nanti, tout lui sourit.**

Cette autorité émane directement de sa personne. Il est le chef incontesté qui sait imposer sa volonté, perpétue le culte des ancêtres et veille à la satisfaction des dieux du foyer. Selon son bon vouloir, il punit ou pardonne les fautes, délits et manquements graves commis contre sa personne par son épouse ou ses enfants. La société lui impose cependant un certain nombre de limites. D'aucune manière, un époux n'a le droit de vie ou de mort sur sa femme, tout comme il lui est interdit de la répudier en cas de maladie grave ; on refuse, en outre, à un

295

père de déshériter ses enfants sans motif grave. C'est en Assyrie, dans la seconde moitié du IIe millénaire, que les privilèges du mari sont affirmés avec le plus de vigueur. Là, il exerce sur son épouse un droit de correction d'une rare brutalité, toute latitude lui étant donnée pour la battre, la fouetter, lui tirer les cheveux, bref la « meurtrir » ou « l'endommager » à sa guise. Dans l'hypothèse d'un flagrant délit d'adultère, il a droit de vie ou de mort sur elle.

c) La femme

Parmi les bribes d'informations qui ont survécu jusqu'à nous depuis le milieu du IIIe millénaire, il en est une qui illustre, à sa manière, le principe quasi universel de la dominance masculine : dans un groupe de parenté, les épouses qui participent à une transaction sont reléguées au rang des enfants, seules les veuves mères de famille figurent au même rang que les vendeurs principaux. Et encore ! D'autres sources, de même époque, ne considèrent pas sur un pied d'égalité un homme chef de famille et une veuve également chef de famille ! **Le caractère inégalitaire de la relation entre les sexes est donc flagrant.**

Tout au long de sa vie, la femme est soumise aux volontés successives des hommes qui l'entourent : son père, son beau-père, son époux, ses fils. **Elle est toujours, en quelque sorte, celle d'un autre**, et cette soumission tient d'abord au fait qu'elle habite chez lui, que sa liberté de mouvement lui est comptée et qu'elle ne peut guère s'éloigner de son domicile sans danger.

Sa qualité d'épouse fait d'elle, cependant, une « maîtresse de maison » ; elle lui ouvre certains horizons et ne la confine pas exclusivement au fond de son gynécée, préoccupée surtout de la bonne marche des activités domestiques. N'y a-t-il pas, du reste, des femmes d'affaires assyriennes en Cappadoce ? Elle a ses biens propres qui lui viennent de ses parents ou de son époux, même si ce dernier, de son vivant, en assure la gestion. Le mari a également la possibilité de lui constituer un douaire, une sorte de gain de survie destiné à lui assurer ses vieux jours en cas de veuvage ; il peut aussi lui confier en dépôt des bijoux et des objets de prix.

Le mariage avec résidence uxorilocale sauvegarde mieux les droits de l'épouse. Un homme dépourvu de fils et n'ayant qu'une fille peut, s'il le souhaite, importer un gendre qui devient son héritier ; ce faisant, il prend la précaution supplémentaire de l'adopter, sinon les enfants issus de cette union auraient appartenu à une autre lignée que la sienne.

Le destin de la femme est de mettre au monde des enfants. Les seules méthodes contraceptives connues à l'époque sont les « pierres pour ne pas concevoir » et la sodomie. L'avortement est sévèrement réprouvé. Une fois mère, la femme jouit de prérogatives supplémentaires : son mari ne peut plus la répudier et elle-même peut refuser toute autre présence féminine à ses côtés.

Le décès de l'époux ne signifie l'extinction du mariage, pour la veuve, que si celle-ci est sans enfants et sans beau-père, ou si elle part en abandonnant ses biens, à l'exception de sa dot. Elle est alors une femme relativement libre, pouvant choisir un époux « selon son cœur », la cohabitation avec un homme pendant deux années successives suffisant à légitimer la nouvelle union. Elle n'est jamais, autrement, qu'une femme dont le mari est décédé et se trouve dans la mouvance de ses fils ou de son beau-père.

d) Le divorce

Théoriquement, **seul l'homme a le droit de répudiation ou de divorce**. Tout comme le mariage, celui-ci comporte l'accomplissement de certains gestes rituels, comme couper une frange du vêtement de l'épouse. La femme n'a la capacité d'exiger le divorce que si elle fait la preuve de sa bonne conduite.

e) Les enfants

Il est vraisemblable que l'enfant reçoit son nom peu de temps après la naissance. Non encore nommé, il ne peut bénéficier d'aucune protection divine et risque d'être l'objet de mauvais traitements de la part de démons malfaisants puisqu'il n'a encore aucune existence sociale. On connaît, du reste, des noms d'enfants « à la mamelle ».

L'enfant en bas âge, « à la mamelle », est confié à la mère jusqu'au sevrage qui se situe aux alentours de trois ans. Il cesse ensuite d'être un bébé et passe sous l'autorité du père qui prend en charge son éducation. À partir de ce moment, le sort des garçons diffère de celui des filles.

L'éducation de la jeune fille l'oriente vers le mariage et la maternité. On ne possède malheureusement guère d'informations sur celle du fils qui est l'espoir de la famille.

L'HOMME MÉSOPOTAMIEN

f) La transmission des biens

L'une des fonctions de la famille est de pourvoir aux enfants et aux morts. Les biens patrimoniaux ne sont donc pas indifférents : ils forment avec ceux qui les cultivent, leurs ancêtres et leurs dieux un ensemble réputé indissociable et qui fonde entre eux des liens inextricables. Ceux qui en héritent reçoivent donc en partage les biens matériels, mais aussi les dieux, les mânes, les lieux et les accessoires du culte, les manières de sacrifice et tout un mode de vie.

La mort du chef de famille met le groupe familial en danger car il est menacé d'éclatement. Les dieux et les ancêtres courent le risque momentané d'être privés du culte, et le partage de l'héritage entre les enfants achève de le disperser.

Les enfants du père sont ses héritiers. Cette affirmation, cependant, est fausse dans sa simplicité. Dans une société où la monogamie n'est pas la règle stricte et où diverses épouses de rang inégal, voire des concubines, peuvent donner des enfants à un même homme, **seuls les enfants nés d'une union reconnue comme légitime sont admis à la succession**. Pour les autres, le père a toujours la faculté de les adopter. Sauf exception, il n'y a pas de différence, en matière de succession, entre des enfants légitimes ou légitimés.

Les filles ne peuvent prétendre à la succession de leur père que s'il n'y a pas de fils et si elles ne sont pas mariées. Dans tous les autres cas, elles reçoivent une dot, en guise de compensation, lors de leur mariage.

Au sein du groupe des héritiers, la prééminence de l'aîné est un principe assez généralement reconnu ; à Babylone, cependant, au siècle de Hammurabi, l'égalité est la norme. Cette position se trouve justifiée, notamment, par la possession des dieux, statuettes et ustensiles de culte, qui lui reviennent le plus souvent. Quant aux autres héritiers, les usages les concernant sont plutôt égalitaires.

L'aversion manifestée par les membres d'une famille à voir disperser un patrimoine les conduit parfois à demeurer en indivision. Il arrive aussi qu'un héritier rachète leurs parts à des cousins.

LA SEXUALITÉ

On a dit du mariage mésopotamien qu'il est une « monogamie tempérée » puisque, sous la forme du concubinage ou celle d'unions multiples, **la polygynie a droit de cité**. La Babylonie du temps de Hammurabi admet volontiers la présence de deux épouses, une « épouse principale » et une « seconde épouse », au côté d'un même époux. La société nuzite, au XIVe siècle, est polygame, on en a la preuve *a contrario* grâce à certaines clauses de contrats écrits qui prennent soin d'interdire la bigamie ; dans la Cappadoce des marchands assyriens, il est défendu à un homme de contracter un second mariage « dans le pays », c'est-à-dire en Cappadoce, mais il lui est reconnu le droit d'avoir une concubine « à la ville », c'est-à-dire à Assur.

Un homme peut épouser deux sœurs. La convention matrimoniale prévoit alors que la seconde est la servante de l'aînée. Ainsi, dans l'hypothèse d'un mariage avec une *nadîtum*, une prêtresse de haut rang à laquelle il est formellement interdit d'avoir des enfants, celle-ci peut en « procurer » à son mari en lui faisant épouser l'une de ses jeunes sœurs ; elle peut aussi lui accorder une esclave. À défaut, et pour assurer sa descendance, le mari a le droit de prendre comme seconde épouse une prêtresse de rang subalterne.

Bref, **dès qu'une société existe, elle a ses règles en matière sexuelle**. En Mésopotamie, **c'est la liberté des hommes qui est prônée dans leur conduite hétérosexuelle**. Le Mésopotamien adultère est celui qui a des rapports avec une femme mariée, exclusivement réservée à un tiers. Mais il a d'autres recours, sans parler de la relation qu'il peut entretenir avec l'une de ses esclaves et qui ne porte pas à conséquences puisque, s'il en naît des enfants, ils ne pourront hériter de lui ! Les femmes avec lesquelles il peut avoir des rapports sont celles qui bénéficient de statuts particuliers, des musiciennes, des chanteuses, des sages-femmes, des nourrices, notamment, mais aussi des veuves sans enfants ou, plus générale-ment, toutes celles que les sources nomment des « concubines ». Parmi ces femmes figurent les servantes des cabarets dont le statut social est d'une extrême fragilité ; c'est parmi ces dernières que l'on rencontre également les prostituées.

On ignore tout des règles qui commandent les alliances matrimoniales. Un mariage préférentiel existe-t-il ? En sumérien, l'oncle ou le grand-père paternels entretiennent avec le neveu ou le petit-fils une relation privilégiée ; quelques sources paléo-babyloniennes postulent, de leur côté, pour un rapport similaire entre l'oncle maternel et son neveu chez certaines populations ; la langue amorrite, par contre, insiste, à l'instar du sumérien, sur le rôle de l'oncle paternel.

Les Mésopotamiens connaissent la prohibition de l'inceste. Les textes médicaux font allusion à certaines pratiques que les textes législatifs réprouvent et condamnent : les relations d'un fils avec sa mère ou, sous certaines conditions, sa mère adoptive. Pour tous ces actes, il est prévu des châtiments variables qui vont de la peine du bûcher à la noyade ou au bannissement. Un extrait d'un texte divinatoire d'époque néo-assyrienne s'énonce à son tour comme suit : « ...Un jeune homme eut des rapports avec sa mère ; un jeune homme eut des rapports avec sa sœur ; un jeune homme eut des rapports avec sa fille ; un jeune homme eut des rapports avec sa belle-mère ; un bœuf saillit un âne ; un renard saillit un chien ; un chien saillit un cochon... » Le rapprochement entre les comportements humains et animaux, l'inscription de ces observations au sein d'une liste de quarante-sept présages défavorables et qualifiés d'« étranges », « qui survinrent pour annoncer la chute du royaume d'Akkadé », disent assez le sentiment de réprobation de l'auteur.

LE SOIN DU CORPS

Une rumeur veut que les Mésopotamiens se lavent moins que les autres populations de l'ancien Orient ! Elle est amplement démentie par les faits. Des pratiques hygiéniques existent, comme celle de se laver les mains avant le repas ; du reste, une divinité spécifique existe à cet effet, qui se nomme Nadin-mé-qati, « celui qui apporte l'eau pour les mains ». Les hémérologies égrènent les jours où il est déconseillé de se laver les pieds, de se purifier ou d'aller aux thermes, *bît mê*, « la maison des eaux ». Un grand soin est pris des cheveux que l'on lave à grande eau avant de les graisser avec des huiles parfumées et de les peigner. La balnéothérapie est attestée par des textes médicaux.

Le bain est considéré comme produisant le bien-être, comme le laisse entendre un passage de l'épopée de Gilgamesh qui conseille de danser jour et nuit, de s'ébattre, de porter des vêtements propres,

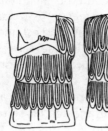

de se laver la tête et de se baigner. Ce bain peut avoir lieu dans les eaux courantes ou dans une pièce appropriée, la salle de bains, *bît ramâki/rimki*, dont les archéologues ont découvert un certain nombre d'exemplaires, avec leur sol soigneusement dallé, rendu étanche par le bitume, et leur système d'évacuation des eaux usées.

Les Mésopotamiens ne se contentent pas de se laver à l'eau. Ils s'oignent aussi d'huile. Les rois et les grands usent d'huile parfumée avec de l'essence de cèdre.

LES COSTUMES ET LES PARURES

Il existe principalement **deux types de vêtements**. Le premier consiste dans un rectangle coupé dans une matière à l'aspect floconneux et qu'on enroule autour du corps, soit en jupon droit, laissant libres et nus les épaules et les bras, soit en châle asymétrique qui dégage le côté droit et couvre entièrement le côté gauche. On

Exemples de vêtements.

L'HOMME MÉSOPOTAMIEN

Détail d'une broderie sur un vêtement d'Assurnasirpal II.

a coutume, à l'imitation des Grecs, de nommer ce tissu **kaunakès**.

Le second est une **tunique** plus ou moins longue, serrée à la taille par une ceinture souvent drapée. La jupe se drape sur le côté droit comme une jupe portefeuille avec une frange partagée en fils se terminant par des glands. Sur cette tunique, les rois portent souvent un châle coupé dans un tissu différent. À partir de la fin du IIe millénaire, la robe à ceinture devient la tenue habituelle du roi babylonien et assyrien. Le manteau droit, ouvert devant, devient également très commun dans la seconde partie du IIe millénaire.

Les vêtements ne se différencient pas seulement par la matière dans laquelle ils sont tissés, mais aussi par la couleur. **Les vêtements rouges ou dotés de bordures polychromes sont les plus prisés.**

Les femmes portent des robes dont la partie antérieure est constituée par un étroit fourreau sans manches avec de larges bretelles qui, après s'être croisées dans le dos, viennent recouvrir les épaules comme une écharpe pour redescendre par-devant assez bas.

Les Mésopotamiens portent des sous-vêtements ; on connaît une ceinture pour les reins et un cache-sexe ; les femmes portent des sortes de culottes.

Les vêtements des dieux sont parsemés d'incrustations d'or et de pierres précieuses.

Le port de la perruque semble assez fréquent dans les hautes sphères de la société. On dédie également des perruques aux dieux.

L'odeur est pour les Mésopotamiens une manifestation essentielle des qualités intrinsèques de l'être humain. Lorsqu'un événement funeste intervient, il faut s'abstenir de se parfumer, afin de ne pas attirer l'attention, comme l'enseigne un épisode de l'épopée de Gilgamesh. Les parfums ne sont donc pas seulement un signe de propreté ou de raffinement.

Parmi les noms de plantes et de bois aromatiques dont on extrait les huiles et les parfums, on n'identifie guère avec certitude que le cèdre, le cyprès, la myrrhe, l'olivier, le genévrier et le cassia. La plupart sont des produits d'importation. Les techniques employées pour la fabrication combinent les procédés de macération avec l'extraction des essences par l'eau d'abord, qu'on porte au degré de chaleur exigé, puis par l'huile.

Les cosmétiques jouent un rôle au moins aussi important que les onguents. Hommes et femmes peignent le pourtour des yeux et des paupières avec du *kohl*, *guhlu* en akkadien, un terme qui, de cosmétique pour les yeux, finit par signifier « poudre fine », « esprit subtil », et sera emprunté par nos langues sous la forme « alcool ». La signification magique et la valeur esthétique attribuées à l'œil font que le *kohl* est aussi un moyen destiné à agrandir l'œil, à augmenter son intensité et son éclat. L'acte de farder les yeux, lors du mariage par exemple, constitue aussi un moment important dans un rite de passage.

L'HOMME MÉSOPOTAMIEN

REPÈRES BIOGRAPHIQUES

• **ABA-ENLIL-DARI**

Plus connu sous son nom araméen d'Ahiqar, il vit sous les règnes de Sennachérib et d'Asarhaddon. Il se rend surtout célèbre comme auteur d'une collection de textes sapientiaux en araméen.

• **ADDA-GUPPI'**

Femme babylonienne, prêtresse du dieu Sin de Harran, elle est la mère de Nabonide, le dernier roi de Babylone. Elle serait née pendant la 20ᵉ année du règne d'Assurbanipal ; elle aurait exercé une forte influence à la cour des rois Nabopolassar et Nabuchodonosor II. Elle meurt alors que son fils règne depuis neuf ans, soit en 547 ; elle aurait donc atteint l'âge de 102 ans.

• **ASARHADDON**

Roi d'Assyrie, fils et successeur de Sennachérib (680-669). Issu de l'union de son père avec son épouse araméenne Naqi'a/Zakutu, il est le cadet des fils de Sennachérib qui le désigne toutefois pour lui succéder. Après l'assassinat de son père par l'un de ses frères, il doit fuir pour sauver sa vie avant de pouvoir monter sur le trône. Les deux grands événements de son règne sont la conquête de l'Égypte et la restauration de Babylone que son père avait mise à sac.

• **ASSURBANIPAL**

Roi d'Assyrie, fils et successeur d'Asarhaddon (668-vers 630). Désigné pour être roi d'Assyrie à la mort de son frère aîné, il supplante son autre frère Shamash-shum-ukin dont il est également le cadet et qui est choisi pour être roi de Babylone. C'est un roi lettré qui monte sur le trône, son éducation l'ayant conduit primitivement à exercer une fonction de prêtre. Il part à la reconquête de l'Égypte que la mort prématurée de son père avait fait perdre, poussant jusqu'à Thèbes. Mais les deux grands terrains d'opérations qui occupent l'essentiel de son règne sont l'Élam et la Babylonie. Il doit faire face, d'une part, à la révolte de son frère Shamash-shum-ukin qui entraîne derrière lui la quasi-totalité de l'empire ; ce n'est qu'après plusieurs années de guerre civile qu'il est en mesure de l'assiéger dans Babylone où il se donne la mort. Quant à la guerre contre l'Élam, l'un des principaux alliés de son frère, elle culmine avec la victoire remportée, près de la rivière Ulai, sur Tempt-Humban-Inshushinak dont la tête finit exposée dans les jardins du palais royal de Ninive, et, plus tard, par le sac de la ville de Suse.

Il est l'unique roi assyrien à ne jamais commander lui-même ses armées et à se contenter d'observer les aléas du monde depuis ses palais où il vit sous l'influence de ses astrologues.

• ASSURNASIRPAL II

Roi d'Assyrie (883-859), il est le véritable artisan du renouveau de la puissance assyrienne. Il mène quatorze campagnes qui lui permettent, notamment, de rouvrir la route de la Méditerranée dans laquelle il lave ses armes en grande cérémonie. Il se montre impitoyable à l'égard de tout acte de révolte ou d'insoumission. C'est un grand fondateur de villes : Al-Assurnasirpal, Dur-Assur, et surtout Kalhu, où il établit sa nouvelle capitale.

• ASSUR-UBALLIT

1er : roi d'Assyrie (vers 1365-1245). Il sait se faire admettre dans le petit cercle des grands souverains de son époque, le pharaon d'Égypte, le grand roi hittite et le roi cassite de Babylone. Il marie l'une de ses filles, Muballitat-Sherua, au roi cassite Karaindash. Lorsque le fils issu de cette union, Karahardash, est assassiné, il intervient dans les affaires babyloniennes, met à mort l'usurpateur Nazibugash, et place Kurigalzu II sur le trône de Babylone.

II : dernier roi d'Assyrie, après la chute de Ninive (vers 611-610) ; il fait de Harran sa capitale.

• ATRAHASIS

Les Mésopotamiens connaissent plusieurs héros qui survivent au déluge, Ziusudra selon les sources sumériennes, Atrahasis ou Utanapishtim selon les sources akkadiennes. C'est le héros civilisateur qui rétablit la jonction entre le ciel et la terre, lorsque le déluge s'achève, en offrant un sacrifice aux dieux.

• BEL-HARRAN-BEL-USUR

Haut dignitaire assyrien (VIIIe siècle). Il occupe la fonction de héraut du palais sous plusieurs règnes successifs. Il est également gouverneur de Guzana. Sur une stèle, son nom précède celui du roi, ce qui montre l'immense autorité dont il est le détenteur. Il fonde également une ville nouvelle à laquelle il donne son nom, Dur-Bel-Harran-bel-usur.

• BEL-SHAR-USUR/BALTHAZAR

Prince babylonien, fils de Nabonide. Le Balthazar de la Bible. Pendant que son père réside à Teima, il est en charge de tout le pouvoir à Babylone. Après la prise de Babylone par Cyrus, on ignore ce qu'il devient.

• BÉROSE

Érudit babylonien et prêtre de Marduk ; de son vrai nom Bel-ré'ushu (première moitié du IIIe siècle). Vers 280, il écrit ses *Babyloniaka*, une histoire de la Mésopotamie à l'usage des Grecs et des Macédoniens. L'ouvrage, qui n'est connu que par des citations tardives, se subdivisait en trois volumes ; le premier contenait une description géographique et narrait les origines de la civilisation ; le second commençait avec les rois antédiluviens et se poursuivait jusqu'au règne de Nabonassar (VIIIe siècle) ; le dernier traitait de l'occupation assyrienne et s'achevait avec les victoires d'Alexandre le Grand. Il dédicace son ouvrage au roi séleucide Antiochos Ier.

• ÉANATUM

Roi de Lagash (XXIVe siècle). Également connu sous le nom de Lumma. Il poursuit une politique expansionniste qui le conduit à s'attaquer à Kish, Ur, Mari, l'Élam et le Subartu. Il triomphe provisoirement d'une longue guerre qui oppose son royaume à celui, voisin, d'Umma.

• ENHÉDUANA

Fille de Sargon d'Akkadé, prêtresse du dieu Lune d'Ur (xxiiᵉ siècle). Elle est considérée comme l'auteur de multiples hymnes.

• ENMERKAR

Roi légendaire d'Uruk. Il est le héros d'un cycle épique qui narre le conflit qui l'oppose, moins au moyen des armes que de l'intelligence et de la magie, à un adversaire étranger à Sumer, le seigneur d'Aratta, une ville imaginaire. Il est l'inventeur de l'écriture et l'auteur présumé d'un certain nombre d'ouvrages. Pourtant, selon la tradition historiographique, Naram-Sin d'Akkadé lui reprochera amèrement de n'avoir laissé à la postérité nul écrit susceptible de l'éclairer sur la conduite à suivre dans les affaires d'État.

• GILGAMESH

Roi légendaire d'Uruk, il est surtout le héros d'un certain nombre de contes ou de légendes en langue sumérienne ainsi que de l'épopée en langue akkadienne et qui porte son nom.

• GUDÉA

Roi de Lagash (xxiᵉ siècle). Il parvient à maintenir son indépendance face à la puissance croissante d'Ur. Il est surtout célèbre pour la statuaire le représentant et qu'il a léguée à la postérité, ainsi que pour une longue inscription royale, en langue sumérienne, qui décrit les cérémonies et les rituels à accomplir lors de la construction d'un temple.

• HAMMURABI

Roi de Babylone (1792-1750). Sous son règne, la première dynastie de la ville, de souche amorrite, connaît son apogée. Il devient pour un court moment le seul maître de la Mésopotamie entière. Il est l'auteur du code législatif le plus célèbre que la Mésopotamie

ANNEXES

308

ait produit. Il sera encore copié dans les écoles de scribes à l'époque néo-assyrienne.

• IDRIMI

Fils cadet du roi d'Alep Ilim-ilimma (milieu du xvı^e siècle). Une révolution probablement favorisée par le roi du Mitanni le contraint à fuir avec ses frères à Émar où réside sa famille maternelle. Il s'engage sur les pistes du désert et erre pendant un certain temps. Parvenu au pays de Canaan, il rencontre des gens d'Alep et de Mukish qui le reconnaissent et se joignent à lui. Pendant sept ans, il vit au milieu de bandes de marginaux qui louent leurs services aux plus offrants, puis il embarque et accoste sur la côte de Mukish dont il devient le roi. Mais il ne peut rentrer à Alep.

• IRIKAGINA

Roi de Lagash (xxıv^e siècle). Il est l'auteur des plus anciennes réformes sociales et fiscales connues. Il est défait par son voisin le roi d'Umma Lugalzagesi.

• ISHBI-ERRA

Prince de souche amorrite, gouverneur de Mari, c'est un haut dignitaire de l'empire d'Ur, à la fin du xxı^e siècle. Il prend, sous le règne d'Ibbi-Sin, le contrôle de Nippur et d'Isin et est en mesure d'affamer la population de la capitale. Après la chute de l'empire, il s'établit à Isin où il fonde une nouvelle dynastie (début du xxe siècle).

• KABTI-ILI-MARDUK

Érudit babylonien, contemporain du roi Nabu-apla-iddina (ıx^e siècle). Il est l'auteur du mythe d'Erra.

• KURIGALZU

Ier : roi cassite de Babylone (début du xıv^e siècle). Il établit des relations amicales avec l'Égypte et donne l'une de ses filles au pharaon Aménophis III. Sa politique pacifique semble être un succès. Il renonce à résider à Babylone et fonde une nouvelle capitale qui porte son nom, Dur-Kurigalzu.

ANNEXES

II : roi cassite de Babylone (1332-1308). Il est installé sur le trône par son beau-père, le roi d'Assyrie Assur-uballit Ier. Il semble remporter des victoires importantes contre l'Élam et l'Assyrie. Il est le héros d'un texte épique.

• LUGALZAGESI

Roi d'Umma, puis d'Uruk (XXIV-XXIIIe siècles). Il s'empare de la ville de Lagash dont il chasse Irikagina et tente d'unifier toute la Mésopotamie sous son autorité. Il est défait en pleine ascension par Sargon d'Akkadé. Capturé vivant, il est exhibé, sous un joug, au cours du triomphe de son adversaire.

• MÉRODACH-BALADAN II

Chef de la principauté chaldéenne du Bit-Yakin, peut-être descendant d'un roi de Babylone, il convoite le trône sur lequel il monte à plusieurs reprises. Mettant à profit les rébellions en Assyrie même, il monte une première fois sur le trône en 722 et s'y maintient jusqu'en 710, date à laquelle il est chassé par Sargon II. En 709, celui-ci peut mettre à sac sa capitale, Dur-Yakin. Mais après la mort de Sargon, il se réinstalle sur le trône de Babylone d'où il est rapidement chassé par Sennachérib. S'étant enfui dans les marais du sud de la Babylonie, Sennachérib le poursuit en vain. Il finit cependant par être contraint de fuir en Élam, en emportant les ossements de ses ancêtres.

• NABONIDE

Usurpateur, dernier roi de Babylone (555-539). Dignitaire palatin, il est, avec son fils Bel-shar-usur, à la tête d'un complot qui renverse son prédécesseur et qui le désigne comme roi. Son règne débute dans le respect des traditions ; il entreprend de nombreuses restaurations de temples qui s'inscrivent strictement dans la continuité des usages anciens. C'est de là que naît l'image de roi archéologue qu'on lui prête souvent. Il doit avoir un grand âge lorsqu'il monte sur le trône, ce qui explique peut-être que son fils est immédiatement et très directement associé aux affaires de l'État. En l'an 5 de son règne, il part pour l'Arabie et s'installe à Teima, une oasis dont le dieu protecteur est Sin. Les raisons de ce séjour, surveiller les routes commerciales, exil ou attrait pour le dieu local, restent mystérieuses.

Il est possible qu'un conflit l'oppose au clergé de Marduk. Quoi qu'il en soit, lorsqu'il revient dans sa capitale, il reprend solidement en main les rouages de l'administration. Mais il n'a guère que le temps de préparer la défense de Babylone, car les Perses entrent dans la plaine par la vallée de la Diyala. Le gouverneur de la capitale, Gubaru, trahit son souverain et livre la ville sans combat. Nabonide, fait prisonnier, part pour l'exil.

• NABOPOLASSAR

Prince chaldéen, fondateur de l'empire néo-babylonien (626-605). Il débute sa carrière comme dignitaire appointé par l'Assyrie. Se proclamant roi du Pays de la mer, il s'engage, dans un premier temps, dans une longue guerre de libération de la Babylonie, chassant progressivement les armées assyriennes et les élites pro-assyriennes. Arrivé à ses fins, et avec l'aide des Mèdes dont il se fait des alliés, il s'attaque à l'Assyrie elle-même. Il contribue à la prise de Ninive. Par la suite, il associe son fils, le futur Nabuchodonosor II, aux affaires de l'État, le chargeant principalement de conduire les campagnes militaires en Syrie et en Palestine.

• NAQI'A/ZAKUTU

Femme d'origine araméenne, épouse de Sennachérib, mère d'Asarhaddon et grand-mère d'Assurbanipal. C'est elle qui réussit à imposer, successivement, son fils et son petit-fils sur le trône.

• NABUCHODONOSOR

Ier : roi de Babylone (1126-1105). Il rend son prestige à Babylone, occupée successivement par des Assyriens et les Élamites. Pourfendeur des Élamites qu'il parvient à chasser de Babylonie, il ne connaît pas de succès comparable contre les Assyriens. Grand protecteur des arts et des lettres, c'est très vraisemblablement sous son règne qu'est composée *La Glorification de Marduk*.

II : prince chaldéen, roi de Babylone (605-562). L'empire néo-babylonien connaît son apogée sous son règne. Il guerroie en Syrie, embellit la ville de Babylone. Il est surtout célèbre pour avoir déporté les Juifs de Jérusalem en Babylonie et en Susiane.

• NARAM-SIN D'AKKADÉ

Petit-fils de Sargon d'Akkadé et roi d'Akkadé (2202-2166). Son règne correspond à l'apogée de l'empire. À la mort de son père et au moment de son accession au pouvoir, l'ensemble de ses États se révolte contre lui, le condamnant à trouver refuge à l'abri de l'enceinte de sa capitale. De là, il se lance dans une contre-offensive de grande envergure et, remportant neuf batailles en une seule année, il triomphe des trois usurpateurs qui s'étaient dressés contre lui en prenant la tête de la rébellion. Son règne est dominé par les succès militaires, notamment contre l'Élam, avec lequel il finit par signer un traité de paix, et contre le royaume d'Ébla dont la capitale est conquise et détruite. Il conduit une expédition en Oman, l'antique Magan, dont il bat les troupes au cours d'une bataille navale.

• RIM-SIN

Roi de Larsa (1822-1763). Il commence par ériger des œuvres pieuses et restaurer des temples. Au cours de la treizième année de son règne, il écrase une coalition d'États mésopotamiens. En 1796, il entre en vainqueur dans Isin, la capitale du royaume rival. Mais lorsqu'il hésite à rejoindre une coalition de royaumes mésopotamiens dirigée contre l'Élam, Hammurabi de Babylone tourne ses armes contre lui. Il est capturé avec ses fils en 1764. Sous son règne, l'État a tendance à contrôler les activités commerciales.

• SAMSI-ADDU

Prince amorrite (1834-1776). Membre de la famille régnante d'Ékallatum, il est contraint de fuir son pays et trouve refuge en Babylonie où il est initié à la culture suméro-akkadienne. Plus tard, devenu sans doute roi de Shehna, il reconquiert sa ville natale, avant de partir à la conquête d'Assur et de Mari. Il est tour à tour roi d'Ékallatum et d'Assur et s'établit à Shehna dont il fait la capitale du royaume de haute Mésopotamie sous le nom de Shubat-Enlil. Il effectue de longs séjours à Akkadé, manifestation ostentatoire de l'admiration qu'il voue aux vieux rois de cette cité dont il se veut le continuateur. Il se revêt de leur titulature devenant, à leur image, « roi d'Akkadé », « roi de la totalité (des terres socialisées) », titres auxquels il ajoute l'épithète « celui qui lie le pays entre le Tigre et l'Euphrate ».

• SARGON II

Roi d'Assyrie (721-705). Il est probablement un usurpateur, comme son nom de trône, *Sharru-kênu*, « le roi légitime », le laisse entrevoir. Il est peut-être un fils cadet de Téglath-phalasar III. Il aurait restauré les privilèges et les exemptions de taxes de certaines villes assyriennes, principalement celle d'Assur. Grand combattant, s'étant emparé de Gaza, il impose un tribut au pharaon Osorkon IV. En Babylonie, après avoir subi un revers au début de son règne, il rétablit l'autorité assyrienne en 710, chassant le prince chaldéen Mérodach-baladan de Babylone. Il triomphe, enfin, vers le nord, de l'Urartu déjà fortement ébranlé, il est vrai, par des envahisseurs venus du Caucase. Il s'empare principalement de la ville de Musasir qu'il prend d'assaut, selon les conseils de ses astrologues, la veille de l'éclipse de lune du 24 octobre 714. Vers la fin de son règne, il s'établit dans sa nouvelle capitale qui porte son nom, Dur-Sharrukin. Il meurt en Cilicie, le camp de l'armée assyrienne étant pris d'assaut, de nuit.

• SARGON D'AKKADÉ

Fondateur de l'empire d'Akkadé ; selon des traditions tardives, il est peut-être un haut dignitaire de la cour de Kish (2295-2229). Il est le premier souverain, dans l'histoire, à unifier sous son sceptre la Mésopotamie entière. Une partie de son règne est consacrée à la guerre qui l'oppose à son rival, le roi d'Uruk Lugalzagesi et à la consolidation de ses conquêtes. Il installe des gouverneurs dans les provinces conquises et guerroie ; notamment, contre l'Élam. La légende et l'historiographie s'emparent de sa personne pour en faire l'exemplification du héros civilisateur exposé, lors de sa naissance, dans un couffin au gré des flots, recueilli par un jardinier qui lui apprend son métier avant d'être distingué par la déesse Ishtar et de monter sur le trône.

• SÉMIRAMIS

Reine d'Assyrie, belle-fille de Salmanasar III, épouse de Shamshi-Adad V et mère d'Adad-nirari III (fin du IXe siècle). Hérodote en fait une reine de Babylone et lui attribue la construction des jardins suspendus. Elle n'a jamais régné elle-même, mais une inscription indique, fait exceptionnel, qu'elle accompagne son royal époux lors d'une campagne militaire.

ANNEXES

313

REPÈRES BIOGRAPHIQUES

• SENNACHÉRIB

Roi d'Assyrie, fils de Sargon II (704-681). Excepté ses campagnes contre le royaume de Juda, tout son règne est consacré aux affaires babyloniennes. Dès la première année, il est confronté à une révolte de la province à l'instigation de Mérodach-baladan II. Ayant chassé l'intrus et ses alliés, il installe sur le trône de Babylone un roi fantoche en la personne de Bel-ibni. Devant l'échec de cette tentative, il place son propre fils Ashur-nadin-shumi sur le trône et poursuit les troupes babyloniennes et chaldéennes hostiles jusque dans les marais du Sud ; il fait transporter une flotte de mer depuis la Méditerranée jusque dans le Golfe et mène une campagne contre l'Élam. Mais, alors qu'il triomphe au sud, les Élamites pénètrent en Babylonie par le nord, prennent Sippar et s'emparent de la personne d'Ashur-nadin-shumi. Un certain Nergal-ushézib est porté sur le trône de Babylone, mais il est rapidement défait par Sennachérib. Mushézib-Marduk, un fils de Mérodach-baladan, revendique alors le trône de Babylone. En 690, le roi d'Assyrie met le siège devant la ville qui est prise après quinze mois et mise à sac, Sennachérib laissant alors libre cours à sa vengeance. Babylone est totalement ruinée, sa population déportée. En 681, il meurt de mort violente, apparemment assassiné par l'un de ses fils.

• SHAMASH-SHUM-UKIN

Prince assyrien, fils d'Asarhaddon et frère d'Assurbanipal. Roi de Babylone (667-648). Il accepte mal d'être supplanté par son cadet sur le trône d'Assyrie et il fomente un ample complot contre son frère. La guerre civile éclate en 652, elle s'achève, après une alternance de succès et de revers, par la prise de Babylone, en 648. Il meurt dans l'incendie de son palais. Cette mort donne naissance à la légende de Sardanapale, illustrée, notamment, par le célèbre tableau de Delacroix.

• SHAMSHI-ILU

Notable assyrien d'origine araméenne ; sous son nom araméen de Bar-Ga'ah, il régnait sur un petit royaume indépendant. Devenu un fidèle serviteur de l'Assyrie, il exerce les fonctions de lieutenant général sous quatre règnes successifs, d'Adad-nirari III à Ashur-nirari V, soit de 796 à 745. Il est également gouverneur de la province de

Harran. Sa compétence militaire s'exerce sur toutes les frontières de l'empire. Il va jusqu'à exercer une souveraineté toute réelle dans son fief de Guzana, l'actuel Til Barsip, où il laisse des inscriptions à sa propre gloire.

• SHULGI

Roi d'Ur (2094-2047). Il est l'organisateur de l'empire fondé par son père Ur-Namma. Il établit une frontière stable et lutte contre l'infiltration des populations étrangères, principalement les Hurrites. Son règne marque une période de créativité littéraire et de progrès social.

• TÉGLATH-PHALASAR

Ier : roi d'Assyrie (1114-1076). Il initie un changement important dans le style des inscriptions royales en introduisant le genre des annales qui s'imposera dorénavant. C'est un grand soldat. Il mène les Assyriens jusqu'à la Méditerranée et au lac de Van. Il combat surtout contre la Babylonie où il s'empare de Sippar, Dur-Kurigalzu et Babylone. C'est un protecteur des arts et des lettres et un réformateur du droit.

III : roi d'Assyrie (744-727). Il semble être un usurpateur. Il est le véritable bâtisseur de l'empire néo-assyrien. Guerrier infatigable, il réforme l'armée qu'il rend plus opérationnelle. Il combat avec succès contre l'Urartu et ses alliés de Syrie du Nord. Plus au sud, il écrase une coalition dirigée par le roi de Damas et qui comprend des contingents arabes, mais il ne peut s'emparer de Damas. En 729, il entre en Babylonie et s'empare de Babylone où il se fait proclamer roi sous le nom de Pulu.

• TUKULTI-NINURTA Ier

Roi d'Assyrie (1244-1208). L'Assyrie connaît sous son règne l'une des périodes les plus glorieuses de son histoire. Il s'empare, notamment, de Babylone dont il exerce la royauté pendant non moins de trente-deux ans, une période au cours de laquelle l'influence culturelle babylonienne sur l'Assyrie se fait fortement sentir. Il donne à l'Assyrie une nouvelle capitale, Kar-Tukulti-Ninurta. Il est renversé par un mouvement de rébellion, enfermé dans une chambre de son palais et mis à mort.

REPÈRES BIOGRAPHIQUES

• UR-NAMMA

Roi d'Ur (2113-2096). Fondateur de l'empire d'Ur. Il chasse les Élamites de Sumer, impose son autorité à ses rivaux, donne à l'empire une administration efficace. Il est l'auteur d'un code de lois.

• YAHDUN-LIM

Roi de Mari (fin du XIXᵉ siècle). Ses inscriptions rappellent ses travaux d'irrigation et ses campagnes militaires, particulièrement contre les tribus sémitiques de l'Ouest. Il est assassiné par le père de Samsi-Addu.

• ZIMRI-LIM

Roi de Mari (vers 1775-1761). On le considère, parfois, comme un fils de Yahdun-Lim. À la mort de Samsi-Addu, il rentre d'exil et récupère le trône de ses ancêtres. Les archives diplomatiques découvertes dans son palais sont une mine d'informations sur la politique internationale au XVIIIᵉ siècle. Il est vaincu par Hammurabi de Babylone.

ORIENTATION BIBLIOGRAPHIQUE

Cette bibliographie se limite à un choix d'ouvrages en langue française ou traduits en français.

Sources

ASURMENDI (Jésus) et collab., *Prophéties et oracles*, Cerf, Paris, 1994.

BOTTÉRO (Jean), *L'Épopée de Gilgamesh*, Gallimard, Paris, 1992.

BOTTÉRO (Jean), *Textes culinaires mésopotamiens*, Eisenbrauns, Winona Lake, 1995.

BOTTÉRO (Jean) et KRAMER (Samuel Noah), *Lorsque les dieux faisaient l'homme, Mythologie mésopotamienne*, Gallimard, Paris, 1989.

BRIEND (Jacques), SEUX (Marie-Joseph), *Textes du Proche-Orient ancien et Histoire d'Israël*, Cerf, Paris, 1977.

BRIEND (Jacques) et collab., *Traités et serments dans le Proche-Orient ancien*, Cerf, Paris, 1992.

CARDASCIA (Guillaume), *Les Lois assyriennes*, Cerf, Paris, 1969.

DURAND (Jean-Marie), *Documents épistolaires du palais de Mari*, 3 volumes, Cerf, Paris, 1997-2000.

FINET (André), *Le Code de Hammurabi*, Cerf, Paris, 1983.

GLASSNER (Jean-Jacques), *Chroniques mésopotamiennes*, Les Belles Lettres, Paris, 1993.

JOANNÈS (Francis), sous la direction de, *Rendre la justice en Mésopotamie*, Presses universitaires de Vincennes, Saint-Denis, 2000.

KUPPER (Jean-Robert) et SOLLBERGER (Edmond), *Inscriptions royales sumériennes et akkadiennes*, Cerf, Paris, 1971.

LABAT (René), *Un Calendrier babylonien des travaux, des signes et des mois*, Champion, Paris, 1965.

LABAT (René), CAQUOT (André) et collab., *Les Religions du Proche-Orient ancien*, Fayard/Denoël, Paris, 1970.

MICHEL (Cécile), *Correspondance des marchands de Kanish au début du IIe millénaire avant J.-C.*, Cerf, Paris, 2001.

MORAN (William L.), *Les Lettres d'El-Amarna*, Cerf, Paris, 1987.

Seux (Marie-Joseph), *Hymnes et prières aux dieux de Babylonie et d'Assyrie*, Cerf, Paris, 1976.

Tournay (Raymond) et Shaffer (Aaron), *L'Épopée de Gilgamesh*, Cerf, Paris, 1994.

Histoire et civilisation, économie et société

Ouvrages généraux

Amiet (Pierre), *L'Antiquité orientale*, Coll. « Que sais-je ? », PUF, Paris, 1995.

André-Salvini (Béatrice), *Babylone*, Coll. « Que sais-je ? », PUF, Paris, 2001.

Arnaud (Daniel), *Le Proche-Orient ancien*, Hachette, Paris, 1970.

Bottéro (Jean), *Mésopotamie, l'écriture, la raison et les dieux*, Gallimard, Paris, 1987.

Bottéro (Jean), *Babylone, à l'aube de notre culture*, Coll. « Découvertes », Gallimard, Paris, 1994.

Bottéro (Jean), sous la direction de, *Initiation à l'Orient ancien*, Coll. « Point Seuil/Histoire », Paris, 1992.

Bottéro (Jean) et Stève (Marie-Joseph), *Il était une fois la Mésopotamie*, Coll. « Découvertes », Gallimard, Paris, 1993.

Deshayes (Jean), *Les Civilisations de l'Orient ancien*, Arthaud, Paris, 1969.

Frankfort (Henri), *La Royauté et les dieux*, Payot, Paris, 1951.

Garelli (Paul), *L'Assyriologie*, Coll. « Que sais-je ? », PUF, Paris, 1972.

Garelli (Paul) et collab., *Le Proche-Orient asiatique*, 2 volumes, « Nouvelle Clio », PUF, Paris, 1997.

Glassner (Jean-Jacques), « De Sumer à Babylone : familles pouor gérer, familles pour régner », dans Burguière (André), Klapisch-Zuber (Christiane), Segalen (Martine) et Zonabend (Françoise), *Hisoire de la famille*, 2 volumes, Armand Colin, Paris, 1986 ; 3 volumes, t. I, pp. 98-133 ; Le Livre de poche, t. I, pp. 127-174.

Glassner (Jean-Jacques), « La Mésopotamie jusqu'aux invasions araméennes », dans Lévêque (Pierre), *Les Premières Civilisations*, Coll. « Peuples et Civilisations », t. I/1, PUF, Paris, 1987, pp. 221-347.

Glassner (Jean-Jacques), « Des invasions araméennes à la chute de Babylone », dans Lévêque (Pierre), *Les Premières Civilisations*, Coll. « Peuples et Civilisations », t. I/2, PUF, Paris, sous presse.

Goossens (Geoffroy), « Asie occidentale ancienne », dans *Histoire universelle*, « Encyclopédie de la Pléiade », t. I, Gallimard, Paris, 1955.

Harmand (Jacques), *La Guerre antique*, PUF, Paris, 1973.

ORIENTATION BIBLIOGRAPHIQUE

Huot (Jean-Louis), *Les Sumériens*, Errance, Paris, 1989.

Huot (Jean-Louis), Thalmann (Jean-Paul) et Valbelle (Dominique), *Naissance des cités*, Nathan, Paris, 1990.

Joannès (Francis), sous la direction de, *Dictionnaire de la civilisation mésopotamienne*, Bouquins/Robert Laffont, Paris, 2001.

Kramer (Samuel Noah), *L'Histoire commence à Sumer*, Arthaud, Paris, 1975.

Lafont (Sophie), *Femmes, Droit et Justice dans l'Antiquité orientale*, Éditions universitaires, Fribourg (Suisse), 1999.

Larsen (Mogens Trolle), *La Conquête de l'Assyrie, 1840-1860, histoire d'une découverte archéologique*, Hachette, Paris, 2001.

Lemaire (André), éditeur, *Le Monde de la Bible*, Coll. « Folio/Histoire », Gallimard, Paris, 1998.

Margueron (Jean-Claude), *Les Mésopotamiens*, 2 volumes, Armand Colin, Paris, 1991.

Margueron (Jean-Claude), Pfirsch (Luc), *Le Proche-Orient et l'Égypte antiques*, Hachette, Paris, 1996.

Moscati (Sabatino), *Histoire et civilisation des peuples sémitiques*, Payot, Paris, 1955.

Moscati (Sabatino), *L'Orient avant les Grecs*, PUF, Paris, 1963.

Oppenheim (Léo), *La Mésopotamie*, Paris, 1970.

Roux (Georges), *La Mésopotamie*, Seuil, Paris, 1985.

L'écriture cunéiforme

André (Béatrice) et Ziegler (Christiane), *Naissance de l'écriture*, Réunion des Musées nationaux, Paris, 1994.

Glassner (Jean-Jacques), *Écrire à Sumer, l'invention du cunéiforme*, Seuil, 2000.

Les prémisses

Childe (V. Gordon), *La Naissance de la civilisation*, Gonthier, 1964.

Forest (Jean-Daniel), *Mésopotamie, l'apparition de l'État*, Paris-Méditerranée, Paris, 1996.

Ébla

Matthiae (Paolo), *Aux origines de la Syrie, Ébla retrouvée*, Coll. « Découvertes », Gallimard, Paris, 1996.

Akkadé

Glassner (Jean-Jacques), *La Chute d'Akkadé, l'événement et sa mémoire*, Dietrich Reimer Verlag, Berlin, 1986.

ANNEXES

Les colonies assyriennes en Cappadoce
GARELLI (Paul), *Les Assyriens en Cappadoce*, Adrien Maisonneuve, Paris, 1963.

L'époque paléo-babylonienne
CHARPIN (Dominique), *Archives familiales et propriété privée en Babylonie ancienne*, Droz, Genève, 1980.
CHARPIN (Dominique), *Le Clergé d'Ur au siècle d'Hammurabi*, Droz, Genève-Paris, 1986.

Les empires du Ier millénaire
JOANNÈS (Francis), *Archives de Borsippa, la famille Éa-ilûta-bâni*, Droz, Genève, 1989.
JOANNÈS (Francis), *La Mésopotamie au Ier millénaire avant J.-C.*, Armand Colin, Paris, 2000.
LACKENBACHER (Sylvie), *Le Palais sans rival, le récit de construction en Assyrie*, La Découverte, Paris, 1990.
MALBRAN-LABAT (Florence), *L'Armée et l'organisation militaire de l'Assyrie*, Droz, Genève-Paris, 1982.

Vie quotidienne, mœurs

CONTENAU (Georges), *La Vie quotidienne à Babylone*, Hachette, Paris, 1950.

Religion

BOTTÉRO (Jean), *Mythes et rites de Babylone*, Champion, Paris, 1985.
BOTTÉRO (Jean), *La plus vieille religion, en Mésopotamie*, Coll. « Folio/Histoire », Gallimard, Paris, 1998.
BRUSCHWEILER (Françoise), *Inanna, la déesse triomphante et vaincue dans la cosmologie sumérienne*, Peeters, Louvain, 1987.
DHORME (Édouard), *Les Religions de Babylonie et d'Assyrie*, Coll. « Mana », PUF, Paris, 1949.
NOUGAYROL (Jean), « La religion babylonienne », dans *Histoire des Religions*, « Encyclopédie de la Pléiade », t. I, Gallimard, Paris, 1970.

Littérature et savoirs spécialisés

BARUCQ (A.), CAQUOT (A.), DURAND (J.-M.), LEMAIRE (A.), MASSON (E.), *Écrits de l'Orient ancien et sources bibliques*, Desclée, Paris, 1986.

BOTTÉRO (Jean), « Symptômes, signes, écritures », dans VERNANT (Jean-Pierre), *Divination et rationalité*, Seuil, Paris, 1974, pp. 70-197.

CASSIN (Elena), *La Splendeur divine, introduction à l'étude de la mentalité mésopotamienne*, Mouton, Paris-La Haye, 1968.

CASSIN (Elena), *Le Semblable et le différent, symbolismes du pouvoir dans le Proche-Orient ancien*, La Découverte, Paris, 1987.

CAVEING (Maurice), *Essai sur le savoir mathématique dans la Mésopotamie et l'Égypte anciennes*, Presses universitaires, Lille, 1994.

DAVID (M.), *Les Dieux et le destin en Babylonie*, Coll. « Que sais-je ? », PUF, Paris, 1949.

KRAMER (Samuel Noah), *Le Mariage sacré*, Berg International, Paris, 1983.

LEIBOVICI (Marcel), « Les songes et leur interprétation à Babylone », dans *Les songes et leur interprétation*, Coll. « Sources orientales », Seuil, Paris, 1959.

LEIBOVICI (Marcel), « La Lune en Babylonie », dans *La Lune, mythes et rites*, Coll. « Sources orientales », Seuil, Paris, 1962.

LEIBOVICI (Marcel), « Génies et démons en Babylonie », dans *Génies, anges et démons*, Coll. « Sources orientales », Seuil, Paris, 1971.

LAMBERT (Maurice), « La lune chez les Sumériens », dans *La Lune, mythes et rites*, Coll. « Sources orientales », Seuil, Paris, 1962.

NEUGEBAUER (Otto), *Les Sciences exactes dans l'Antiquité*, Actes Sud, Arles, 1990.

REINER (Erica), « La magie babylonienne », dans *Le Monde des sorciers*, Coll. « Sources orientales », Seuil, Paris, 1966.

Art et archéologie

AMIET (Pierre), *La Glyptique mésopotamienne archaïque*, Éditions du CNRS, Paris, 1980.

AMIET (Pierre), *L'Art d'Agadé au musée du Louvre*, Éditions des Musées nationaux, Paris, 1976.

BARRELET (Marie-Thérèse), *Figurines et reliefs en terre cuite de la Mésopotamie antique*, Geuthner, Paris, 1968.

CONTENAU (Georges), *Manuel d'archéologie orientale*, tomes 1-4, Geuthner, Paris, 1927-1947.

ORIENTATION BIBLIOGRAPHIQUE

HROUDA (B.), *L'Orient ancien*, Bordas, Paris, 1991.

MARGUERON (Jean-Claude), *Recherches sur les palais mésopotamiens à l'âge du Bronze*, 2 volumes, Paris, 1982.

PARROT (André), *Archéologie mésopotamienne*, 2 volumes, Albin Michel, Paris, 1946-1963.

PARROT (André), *Sumer*, Coll. « L'Univers des formes », Gallimard, Paris, 1960.

PARROT (André), *Assur*, Coll. « L'Univers des formes », Gallimard, Paris, 1961.

SETON-WILLIAMS (M.V.), *Les Trésors de Babylone*, Princesse, Paris, 1981.

SPYCKET (Agnès), *Les Statues de culte dans les textes mésopotamiens des origines à la Ire dynastie de Babylone*, Gabalda, Paris, 1968.

SPYCKET (Agnès), *La Statuaire du Proche-Orient ancien*, Brill, Leyde, 1981.

STROMMENGER (E.) et HIRMER (R.), *Cinq Millénaires d'art mésopotamien*, Flammarion, Paris, 1964.

WOOLLEY (Léonard), *Mésopotamie, Asie antérieure. L'art ancien du Moyen-Orient*, Coll. « L'Art dans le monde », Albin Michel, Paris, 1961.

INDEX GÉNÉRAL

ANNEXES

INDEX DES ANTHROPONYMES, THÉONYMES ET TOPONYMES

Toponymes
et noms de populations

ANTHROPONYMES, THÉONYMES, TOPONYMES

333

Ce volume,
le septième
de la collection « Guide Belles Lettres des Civilisations »,
publié aux Éditions Les Belles Lettres
a été achevé d'imprimer
en janvier 2002
dans les ateliers
de Normandie Roto Impression s. a.
61250 Lonrai

N° d'édition : 4000
N° d'impression : 013224
Dépôt légal : janvier 2002